Doreen Virtue und Robert Reeves

Engel Detox

DOREEN VIRTUE
& ROBERT REEVES

ENGEL DETOX

Den Körper von emotionalen,
körperlichen und
energetischen Giften befreien

Aus dem Amerikanischen übersetzt
von Angelika Hansen

Allegria

Die Originalausgabe erschien 2014 unter dem Titel
ANGEL DETOX
im Verlag Hay House, Inc., Carlsbad, CA, USA

Wichtiger Hinweis

Sämtliche Ratschläge und Informationen in diesem Buch sind von Autoren und Verlag sorgfältig geprüft worden. Sie bieten jedoch keinen Ersatz für eine ärztliche oder therapeutische Behandlung. Jede Leserin und jeder Leser ist für sein eigenes Handeln selbst verantwortlich. Weder die Autoren noch der Verlag können für eventuelle Folgen, die sich aus den im Buch gemachten praktischen Hinweisen ergeben, eine Haftung übernehmen.

MIX
Papier aus verantwortungsvollen Quellen
FSC® C014889
www.fsc.org

Allegria ist ein Verlag der Ullstein Buchverlage GmbH

ISBN: 978-3-7934-2276-1

Übersetzung: Angelika Hansen
Lektorat: Vera Baschlakow
Umschlaggestaltung: FranklDesign, München
Covermotiv: Josephine Wall
Innenillustrationen: fotolia: zemlanika/pushinka11
Satz: Keller & Keller GbR
Gesetzt aus der Minion
Druck und Bindearbeiten: Pustet, Regensburg
Printed in Germany

Für alle, die eine höhere Energie anstreben und etwas für ihre Gesundheit tun möchten

Inhalt

Detox – eine Einführung

D*etox* oder Entgiftung ist der Prozess der Beseitigung ungesunder Substanzen und Energien aus Ihrem Leben. In diesem Buch stellen wir physische, emotionale und spirituelle Entgiftungsmethoden vor. Mit der Entwicklung und Sensibilisierung Ihrer Spiritualität werden Sie angeleitet, alles, was Ihnen schadet, loszulassen. Das kann sich sowohl auf Nahrungsmittel und Getränke als auch auf Freundschaften, Beziehungen, Beruf und Umgebung beziehen. In diesem Buch stellen wir Ihnen Heilungsmethoden vor, die Ihnen helfen können, Ihr Leben zu entgiften. Und wie Sie mehr Freude erfahren können, indem Sie negative Verhaltensweisen und Substanzen loslassen und vermeiden.

Sie – und wir alle – verdienen es, glücklich zu sein, da jeder von uns mit demselben Potenzial für Glück und Erfolg auf die Welt gekommen ist. Wenn Sie die Gifte aus Ihrem Leben entfernen, werden Sie in der Lage sein, den vor Ihnen liegenden Weg klar zu sehen. Und indem Sie unter den wachsamen Augen der Engel mit natürlichen Heilmitteln arbeiten, werden Sie den Prozess der Entgiftung mit großer Wahrscheinlichkeit sogar genießen.

Entgiftung wird häufig als rein körperlicher Prozess verstanden. Der Begriff beschwört Bilder von kathartischen und abführenden Behandlungsmethoden herauf, die schnell und aggressiv unerwünschte Giftstoffe aus dem Körper leiten. Doch so unangenehm muss es nicht sein. Die liebevolle Führung der Engel bietet Ihnen simple, effektive und sichere Methoden an, um Ihr

Wohlbefinden zu verbessern. Indem Sie alles loslassen, was Ihnen nicht länger dient, öffnen Sie sich der Freude und dem Frieden.

Warum Entgiftung?

Sie kommen in einem physischen Körper auf die Welt, der einzige, den Sie bis an Ihr Lebensende haben werden. Er ist das »Gefäß«, das Ihre Seele in dieser Inkarnation trägt. Ihr kostbarer Körper ist Ihr wichtigstes Werkzeug für Ihre von Gott verliehene Lebensaufgabe, und Sie müssen auf ihn achten und ihn optimal versorgen, da er nicht ersetzt werden kann.

Jeder Mensch wird mit einer individuellen, persönlichen Aufgabe geboren: um Mitgefühl zu lernen; Trauer zu heilen; empfangen zu können; Vergebung zu akzeptieren und vieles mehr. Doch nicht jedem werden globale Aufgaben zugewiesen, sondern nur jenen Menschen, die eine Aufgabe zum Wohle ihrer Mitmenschen haben – vielleicht um Heiler oder spiritueller Lehrer zu werden; Bücher zu schreiben; die Umwelt zu schützen; ein neues Produkt zu erfinden, das das Leben verbessert; oder ein Anwalt für all jene zu sein, die für ihre Rechte selbst nicht einstehen können.

Sie sollten alles unternehmen, um Ihre Aufgabe in dieser Inkarnation zu Ende zu bringen. Wenn Ihnen das nicht möglich ist, werden Sie eventuell auf die Erde zurückgeschickt, um dieselbe Lektion noch einmal zu lernen. Indem Sie Ihre göttliche Mission vollenden, werden Sie mit einem Gefühl größeren Glücks und Liebe belohnt.

Wenn Sie Ihr Leben von niederen Energien und ungesunden Substanzen entgiften, können Sie die göttliche Stimme deutlicher hören, die von Gott, Jesus, Ihrem höheren Selbst und Ihren

Engeln kommt. Sie werden merken, dass Sie diese Botschaften klarer vernehmen. Das wiederum wird Ihnen helfen zu erkennen, was zu Ihrer Lebensaufgabe gehört, damit Sie die entsprechenden göttlich geführten Schritte tun können.

Die Stimme des Egos versucht Ihnen einzureden, dass es zu schwer sei, alte Gewohnheiten aufzugeben. Das Ego behauptet, dass Sie bestimmte Substanzen, Nahrungsmittel und toxische Situationen brauchen, um sich »glücklich« und »sicher« zu fühlen. Es versucht Ihnen weiszumachen, dass Sie depressiv werden, Ihre Freunde verlieren und sich in ein Häufchen Elend verwandeln, wenn Sie sich entgiften.

Doch die Engel und Gott lieben Sie über alles und wollen nur das Beste für Sie. Also hören Sie bitte auf Ihr höheres Selbst, während es Sie auf den Weg der Entgiftung führt. Die Engel helfen Ihnen, jetzt sofort damit anzufangen.

Entgiftung geht mit vielen positiven Aspekten einher. Vor allem werden Sie einen neuen, natürlichen Zustand des Wohlgefühls erleben. Zu den weiteren Vorteilen gehören größere Klarheit und Vitalität, eine stärkere Intuition, Selbstakzeptanz, emotionale Reinigung, überschwängliche Energie sowie eine generell bessere Gesundheit.

Was Sie von einer Entgiftung erwarten können

Durch den Prozess der Entgiftung beseitigt Ihr Körper »giftigen Müll«. Wie Sie Ihren Entgiftungsprozess erleben, hängt davon ab, wie viele chemische Substanzen und toxische Ablagerungen Sie angesammelt haben. Ein Engel-Detox berücksichtigt Ihre Sensitivität und kombiniert energetische Reinigungsmethoden mit naturheilkundlichen Therapien.

Wenn Sie bereits Erfahrungen mit einem normalen Entgiftungs-Kit gemacht haben, werden Sie die Unterschiede zum Engel-Detox bemerken. Viele dieser zum Kauf angebotenen Detox- oder Reinigungspackungen enthalten Kräuter zum Abführen sowie Nährstoffe, die Ihre Darmtätigkeit anregen sollen. Sie glauben, dass Ihr Körper eine wohltuende Reinigung erfährt, doch tatsächlich hat diese Entgiftungsmethode ihre Grenzen. Ein Standard-Detox ignoriert Ihre Energie, Ihre Emotionen und Ihr Umfeld. Sie werden feststellen, dass eine ganzheitliche Herangehensweise für Ihre empfindsame Seele das Beste ist. Zudem beseitigen Sie damit Giftstoffe aus *allen* Bereichen Ihres Lebens! Darüber hinaus empfinden hochsensitive Personen eine normale Entgiftung als unangenehm. Wir möchten aber, dass Sie Ihre Detox-Erfahrung genießen!

In den frühen Stadien einer Entgiftung werden Sie eventuell Kopfschmerzen, Müdigkeit, Wut, Frustration sowie eine vermehrte Darmtätigkeit erleben. Es können auch Hautunreinheiten auftreten, während Ihr Körper Giftstoffe ausscheidet. Der Grund für diese vorübergehenden Belastungen ist die Zirkulation der Giftstoffe in Ihrem Körper. Die Toxine müssen während des Entgiftungsprozesses in Bewegung gebracht werden, bevor sie aus Ihrem Organismus ausgeschieden werden können.

In energetischer Hinsicht ist die Leber das Organ, in welchem sich Wut und Ärger anstauen. Während also die Leber verstärkt in Aktion tritt, kann es sein, dass Sie sich hin und wieder gereizt fühlen. Doch auch das wird bald vorbeigehen. Solange Sie mit Ihrer Entgiftung fortfahren, werden Sie feststellen, dass diese Symptome schnell wieder verschwinden. In der Regel dauern sie nur ein paar Tage an. Halten sie jedoch länger an, sollten

Sie sich mit Ihrem Heilpraktiker oder Arzt beraten, um dafür zu sorgen, dass Ihre Entgiftung im richtigen Tempo, d. h. nicht überstürzt, vorangeht.

Nehmen Sie sich Zeit, um sich ruhig hinzusetzen und ein vertrauliches Gespräch mit den Engeln zu führen. Erzengel Raphael (der Heilungs-Engel) wird sich mit Erzengel Michael (dem Engel der Kraft und des Mutes) zusammentun, während Sie Ihren Entgiftungsprozess durchführen.

Notieren Sie Ihre Gedanken, Gefühle und Fragen in ein Heft, und beraten Sie sich bei allen eventuellen Sorgen oder Bedenken mit den Engeln. Sie könnten beispielsweise mit der Frage beginnen: *Was kann ich außerdem noch tun, um meinen Entgiftungsprozess zu verbessern?* oder: *Warum habe ich heute Kopfschmerzen?* Warten Sie auf die Antworten, die Ihr höheres Selbst Ihnen gibt.

Alles, was Sie sehen, hören, fühlen oder denken, ist eine göttliche Botschaft der Engel. Machen Sie sich Notizen, um sie später nachlesen zu können. Sie werden sehen, dass Ihre Gespräche mit den Engeln im Laufe der Zeit immer klarer werden. Die übermittelten Botschaften können lang und detailliert sein, oder Sie empfangen kurze und prägnante Mitteilungen mit tiefer Bedeutung. Doch welche Art von Botschaft Sie auch erhalten – machen Sie sich bewusst, dass die Engel während des gesamten Prozesses über Sie wachen und Ihnen den größtmöglichen Erfolg wünschen!

Die Lebenskraft von Nahrungsmitteln

Die Engel unterscheiden Nahrungsmittel und Getränke nach der Wirkung, die sie auf Ihre Lebensenergie und Ihr inneres Licht ausüben. Natürliche, frische Früchte und biologisch angebautes Gemüse haben die höchsten Vibrationen, da sie sowohl nahrhaft sind als auch eine inhärente Leuchtkraft haben. Die Sonnenstrahlen, die sie wachsen lassen, sind in ihren Zellen gespeichert. Und wenn Sie diese Nahrungsmittel zu sich nehmen, heißt Ihr Körper die heilende Energie der Sonne willkommen, und Sie beginnen, von innen her zu leuchten und zu strahlen.

Industriell verarbeitete und künstliche Nahrungsmittel haben die geringste Vibration. Diese Produkte sind weder gut für Ihren Körper noch für Ihre Energie. Aufgrund der Art, wie sie produziert wurden, verleihen sie Ihnen ein künstliches Gefühl der Energie oder Befriedigung, während Ihr Körper nicht das Geringste davon hat, diese »Lebensmittel« aufzunehmen und zu verarbeiten. Noch niedriger auf der Skala energetischer Vibrationen sind Nahrungsmittel, die Pestizide enthalten oder mithilfe dieser Substanzen gezüchtet wurden (»-zide« stammt vom Lateinischen *caedere* ab, was so viel bedeutet wie »töten«). Genetisch veränderte Organismen (GVO) enthalten von Anfang an Herbizide und Pestizide, sie wachsen sozusagen damit auf und haben daher die niedrigste Vibration aller Nahrungsmittel.

Zum Zeitpunkt der Veröffentlichung dieses Buches wurden in den USA und in Kanada genmanipulierte Nahrungsmittel nicht mit entsprechenden Etiketten versehen (in anderen Ländern müssen GVO-Produkte gekennzeichnet werden).

Hier nun eine Liste der am häufigsten genetisch veränderten Nahrungsmittel, die man nur kaufen sollte, wenn sie kontrolliert biologisch sind:

- Kartoffeln
- Mais (einschließlich Maissirup und Maismehl)
- Rüben
- Reis
- Soja-Produkte (einschließlich Sojaöl)
- Kürbis
- Weizen
- Papayas aus Hawaii
- Tomaten
- Hefe
- Bananen
- Honig (Bienen holen ihre Nahrung u. a. aus GVO-Raps, und in der Regel wird Honig mit GVO-Maissirup gepanscht)
- Lachs
- Aspartam (NutriSweet)
- Baumwolle (und Baumwollsaatöl)
- Rapsöl
- Erbsen

Fleisch, Eier und Milchprodukte (Kühe und Geflügel werden mit GVO-Futter gefüttert; außerdem werden ihnen Antibiotika, Hormone und andere Zusätze verabreicht, die in die Milch und das Fleisch gelangen. Und wenn ein Tier während seines Lebens leidet bzw. geschlachtet wird, sind sein Fleisch und seine Organe durchdrungen von der Energie des Schmerzes, die sich auf jeden überträgt, der diese Produkte isst).

Die Engel leiten uns an, organische Nahrungsmittel zu uns zu nehmen, die ohne den Einsatz von Chemikalien und Pestiziden gezüchtet und produziert werden.

Entgiften aus naturheilkundlicher Sicht

Entgiftung ist einer der Lieblingsbegriffe aller Heilpraktiker. Dabei steht die Leber im Mittelpunkt und die wunderbare Arbeit, die sie vollbringt. Dieses eine Organ hilft, toxische Substanzen aus dem Körper zu eliminieren. Zunächst scheint es, als würde die Leber die Toxizität dieser Substanzen noch verstärken. Auf diese Weise macht die Leber die Toxine aber wasserlöslich. Als Nächstes leitet die Leber die Giftstoffe in den Darm, wo sie vom Körper entsorgt werden können. Die Leber ist ein Organ, das sich voll regenerieren kann, da sie so zentral für einen optimal funktionierenden Körper ist.

Ohne eine gesunde Leber werden in Ihrem Körper giftige chemische Substanzen zirkulieren, was zur Folge hat, dass Sie sich müde und erschöpft fühlen und unter Kopfschmerzen leiden. Wenn jemand mit diversen gesundheitlichen Beschwerden zu einem Heilpraktiker geht, wird oft zuerst die Leber behandelt, da sie in der Naturheilkunde als wichtigstes Entgiftungsorgan betrachtet wird. Die Leber stärkt und unterstützt die anderen Entgiftungsorgane des Körpers, einschließlich Haut, Nieren, Lungen und Darm. Jedes dieser Systeme hat seine eigene Art, Giftstoffe zu beseitigen. Wenn sie alle aufeinander abgestimmt zusammenarbeiten, reinigt Ihr Körper sich selbst. Jedes System verarbeitet und entgiftet die Toxine, mit denen es in Kontakt kommt.

Da der naturheilkundliche Behandler Sie von einem ganzheitlichen Standpunkt aus betrachtet, beschäftigt er sich auch mit Ihren emotionalen Toxinen. Entgiftung von Stress und Konflikten hat eine ungeheuer positive Wirkung auf Ihr gesamtes Wohlbefinden. Indem Sie sich vornehmen, alle Formen von

Giftstoffen loszuwerden, werden Sie zu dem genau richtigen Team von Helfern geführt.

Zu den »Werkzeugen«, die Heilpraktiker ihren Klienten verschreiben, gehören Heilkräuter, Nahrungsergänzungsmittel und eine Veränderung Ihrer Lebensweise mithilfe von Yoga, Meditation etc. Diese Heilungsmethoden werden Ihren Körper kräftigen und Giftstoffe eliminieren.

Die jeweilige Ausbildung, die ein Naturheiler durchlaufen hat, wird sich auch auf seinen oder ihren Behandlungsstil auswirken. Naturheiler haben ihre eigene individuelle Gesundheitsphilosophie. Daher ist es am besten, sich in die Hände von Heilern zu begeben, die Ihre Individualität wie die jedes ihrer Klienten berücksichtigen. Noch besser ist es, einen Naturheiler zu finden, der an die Existenz von Engeln glaubt. Dieser Mensch wird Sie als sensitive Seele umsorgen und Ihnen helfen, Ihrer Intuition zu vertrauen.

Wie oft sollten Sie sich entgiften?

Ihre Ernährungsweise und Ihr Lebensstil werden bestimmen, wie häufig Sie sich entgiften müssen. Eine biologische Ernährung und regelmäßiges körperliches Training bedeutet, dass Sie sich vielleicht nur ein- oder zweimal im Jahr zu entgiften brauchen. Wenn Sie jedoch viel Fast Food oder industriell verarbeitete Nahrung konsumieren, Zigaretten rauchen, regelmäßig viel Süßes essen, Alkohol trinken oder in einer schadstoffbelasteten Umgebung leben, sollten Sie sich möglicherweise alle zwei Monate entgiften.

Im Laufe einer Entgiftung wird Ihr Körper freudig das Verlangen nach ungesunden Nahrungsmitteln und Getränken aufgeben. Die Lust auf Kaffee kann nachlassen, und vielleicht schmeckt er Ihnen schon bald gar nicht mehr. Wenn es so ist, lassen Sie es einfach zu und fließen mit der Energie. Gestatten Sie Ihrem Körper, die Substanz zu eliminieren, und freuen Sie sich darüber, dass Sie sich gesünder fühlen.

Menschen in bestimmten Berufen stellen fest, dass sie in einem Umfeld voller aggressiver Chemikalien und Giftstoffen arbeiten wie beispielsweise Maler, Friseure, Nagelpflegerinnen, Künstler, Reinigungspersonal, Militärangehörige und Mechaniker. Menschen in diesen Berufen täte eine regelmäßige Entgiftung gut.

Ähnliches gilt, wenn sie in einem Bereich mit industriell oder militärisch bedingter Verunreinigung arbeiten – in diesen Fällen ist eine regelmäßige Entgiftung ratsam. Autoabgase, Industrieabgase und Geo-Engineering (mittels wettermodifizierendem Spraying, was zu »chemtrails« von Aluminium- und Barium-Nanopartikeln führt, die als dicke weiße Streifen über den Himmel ziehen und in einen weißen silbernen Nebel auslaufen, der das Sonnenlicht blockiert) – dies alles sind Toxine, die aus dem Körper eliminiert werden müssen, um optimale Gesundheit und hohe Energie zu ermöglichen.

Wie schon erwähnt, täte es Menschen in diesen Umgebungen gut, sich regelmäßig zu entgiften, am besten alle zwei Monate, um Gesundheit und Wohlgefühl zu garantieren. Wir glauben, dass Entgiftung Teil einer gesunden Lebensweise ist; anstatt also zuzulassen, dass sich Giftstoffe überhaupt erst ansammeln, sollte man sie von Anfang an nach besten Kräften vermeiden.

Treffen Sie die Entscheidung, so gesund und frei von chemischen Schadstoffen zu leben, wie es Ihnen möglich ist. Und bitte arbeiten Sie das ganze Jahr über mit den folgenden Gesundheitstipps und energetischen Methoden zur Klärung.

1

Heilmethoden für eine erfolgreiche Entgiftung

Im Verlauf dieses Buches werden wir uns immer wieder auf spezifische spirituelle Heilmethoden beziehen. Aus diesem Grund werden Sie alle in diesem Abschnitt aufgelistet und detailliert beschrieben – ähnlich wie in der Zutatenliste eines Kochrezepts.

Lesen Sie jede Methode sorgfältig durch, um mehr darüber zu erfahren. Dann lernen Sie, wie jede Methode in spezifischen Situationen angewandt werden kann. Entscheiden Sie sich für einige dieser »Werkzeuge«, um Ihre Gesundheit allgemein zu unterstützen, oder nehmen Sie einfach nur eins. Vertrauen Sie dabei Ihrer Intuition, und bitten Sie die Engel, Ihnen Zeichen zu senden, damit Sie die richtige Wahl treffen. Sie können einige oder alle der folgenden Heilmethoden benutzen, um Ihre Entgiftung zu optimieren.

Erzengel Raphaels Methode, um Suchtverhalten loszulassen

Hierbei handelt es sich um eine machtvolle Reinigungsmethode für Substanzen, die Sie bereit sind loszulassen. Bitte vergewissern Sie sich, dass Sie diese Substanzen, Nahrungsmittel oder Getränke wirklich nicht mehr zu sich nehmen wollen. Jedoch funktioniert die Heilung auch dann, wenn Sie glauben, noch nicht so weit zu sein. Indem Sie erkennen, dass Ihr Leben ohne

Abhängigkeit – welcher Art auch immer – besser wäre, sind die Engel in der Lage, tätig zu werden. Viele Menschen können zum Beispiel nicht länger die negativen Wirkungen ignorieren, die bestimmte Produkte auf ihren Körper haben. Wenn die Engel Ihnen also Botschaften bezüglich der Dinge geben, die Sie loslassen sollten, vertrauen Sie diesen Gefühlen, und treffen Sie die Entscheidung, diese Substanzen nicht länger zu konsumieren.

Die Engel bitten Sie, diese Süchte loszulassen, damit Sie mehr Freude erfahren können. Betrachten Sie diesen Vorgang nicht, als würden Sie etwas *verlieren* – Sie verlieren nichts, sondern *gewinnen* stattdessen etwas! Ihre göttliche Lebensaufgabe ist eine wichtige Mission, die *nur Sie* übernehmen können. Daher braucht Gott Sie so gesund wie möglich.

Finden Sie einen ruhigen Ort, an dem Sie ungestört nach innen gehen können. Beginnen Sie, indem Sie tief bis in Ihren Bauch einatmen. Dann atmen Sie ganz aus und lassen jegliche Anspannung los. Atmen Sie ein paar Minuten so weiter. Jetzt visualisieren Sie die Nahrungsmittel, Substanzen und Getränke, die Sie loslassen wollen, wie sie über Ihrem Bauch schweben, direkt vor Ihrem Magenbereich. Unter Umständen sehen Sie vor Ihrem inneren Auge Fasern, die sich von Ihrem Körper zu diesen Produkten ausdehnen. Dies sind Schnüre der Sucht, mit denen die ungesunden Produkte in Ihrer Aura verankert sind.

Und nun wenden Sie sich an Erzengel Raphael mit den Worten:

»Erzengel Raphael, bitte befreie mich von diesen Schnüren der Sucht. Bitte beseitige diese Objekte aus meiner Aura und entlasse sie ins Licht.«

Vielleicht sehen oder fühlen Sie Raphael, wie er Ihren Körper reinigt. Dazu benutzt er einen weißen, reinigenden Schaum, der die Schnüre auflöst. Während er diese Schnüre der Sucht beseitigt, bleiben Sie weiterhin entspannt, indem Sie tief ein- und ausatmen. Sehen oder fühlen Sie die schädlichen Substanzen, wie sie Ihren Körper verlassen und im Licht aufgelöst werden. Bitten Sie Raphael um Heilung mit den Worten:

»Raphael, bitte sende dein heilendes smaragdgrünes Licht in meinen Magenbereich. Ich weiß und vertraue darauf, dass es jegliches Verlangen oder Wünsche nach diesen Substanzen verhindern wird. Ich danke dir.«

Fühlen Sie, wie Raphaels heilendes Licht Ihren Bauchbereich wärmt. Visualisieren Sie die ungesunden Produkte, wie sie davonschweben. Jetzt leiten die Engel Sie an, diese Nahrungsmittel und Substanzen auf eine sanfte und positive Weise loszulassen.

Erzengel Michaels spirituelles »Staubsaugen«

»Staubsaugen« ist eine spirituelle Reinigungsmethode, die von Erzengel Michael gechannelt wird. Sie ist äußerst wirksam, wenn es darum geht, Negativität loszulassen. Michael beseitigt außersinnliche Attacken und Blockaden, indem er sein ätherisches Saugrohr hervorholt, das wie ein Staubsauger aussieht. Wenn Sie Erzengel Michael in Ihr Leben einladen, geben Sie ihm damit die Erlaubnis, Ihnen zu helfen. Bitten Sie ihn, Ihren Körper, Ihre Aura oder Ihr Zuhause staubzusaugen, und er wird alle unerwünschte Negativität beseitigen. Sein Saugrohr beseitigt auch Angst, und am anderen Ende des Rohrs wartet die »Gruppe der Barmherzigen« – eine Anzahl kleinerer Engel, die

Erzengel Michael bei seiner Reinigungsarbeit zur Seite stehen. Sie verwandeln alle niederen Energien in eine höhere Vibration und arbeiten daran, Liebe und Frieden zu verbreiten.

Bitten Sie Michael um Hilfe, indem Sie sagen:

> »*Erzengel Michael, bitte komm jetzt zu mir. Ich bitte dich,* (mich, mein Zuhause, mein Büro, mein Land, den Planeten etc.) *staubzusaugen. Bitte sauge die niedere Energie der Angst weg. Entlasse alle Dunkelheit, damit Licht geweckt wird. Ich bitte dich, jetzt alle Spuren von Negativität zu beseitigen, auf dass nur Liebe zurückbleibt.*«

Stellen Sie sich vor Ihrem inneren Auge Michael vor, wie er jede negative Energie klärt. Durch diesen Prozess enthüllt er die Schönheit Ihres göttlichen Lichts. Sie können ihn bitten, das Tempo, mit dem er Angst wegsaugt, entweder zu erhöhen oder zu verlangsamen. Bitten Sie ihn, den Staubsauger auf niedrig, mittel, hoch oder extra hoch zu stellen. Setzen Sie Ihre Zusammenarbeit mit Michael fort, bis Sie fühlen, dass alle Spuren von Angst beseitigt sind.

Als Nächstes füllen Sie den betreffenden Bereich mit zusätzlichem heilendem Licht:

> »*Michael, bitte sende dein reines, liebendes Licht Gottes* (in meinen Körper, mein Zuhause, mein Büro, etc.). *Bitte beschütze mich vor niederen Energien und erinnere mich daran, dich jederzeit um Führung und Unterstützung zu bitten. Danke.*«

Erzengel Michael kann gleichzeitig bei jedem sein, der um seine Hilfe bittet. Wenden Sie sich an ihn, wenn Sie selbst Hilfe benötigen, und bitten Sie ihn auch, geliebten Menschen zu helfen, die Klärung brauchen. Michael kann nicht den freien Willen anderer unterwandern, daher wird er nur Heilungen vornehmen, wenn diese Menschen bereit sind, sie anzunehmen.

Durch ein spirituelles Staubsaugen wird Ihre Vibration erhöht, was zur Folge hat, dass Sie ein Verlangen nach Nahrungsmitteln mit einer höheren Energie entwickeln. Das bedeutet, dass dieser Vorgang Ihnen hilft, sich auf naturbelassene, gesunde Produkte und Getränke einzustimmen. Außerdem werden Sie feststellen, dass Sie sich zu Personen hingezogen fühlen, die Ihre Denkweise teilen.

Die Engel sind glücklich, Sie so oft zu klären, wie Sie es brauchen. Vielleicht werden sie Sie anleiten, Situationen aus dem Weg zu gehen, die Ihnen Schmerz verursachen könnten. Indem Sie zu einem reinen und klaren Gefäß werden, erhöhen Sie Ihre Sensitivität. Bald werden Sie die Situationen oder Personen, die Ihre Vibration schmälern, auf Anhieb erkennen und merken, dass Sie in ihrer Nähe Kopfschmerzen bekommen, müde werden, ständig gähnen, Juckreiz empfinden oder Schwierigkeiten haben, sich zu konzentrieren. Betrachten Sie diese Empfindungen als Zeichen Ihrer Engel, die Sie auffordern, die betreffenden Personen und Situationen zu meiden, da sie Ihnen nur schaden. Manchmal ist es das Beste, sich einfach aus ungesunden, negativen Situationen herauszubegeben.

Vertrauen Sie dieser höheren Führung und gehen Sie diesen ungesunden Situationen und Personen aus dem Weg. Sie sind ein wunderbares Beispiel der Liebe Gottes, und Sie haben die Fähigkeit, Ihr Licht auf jene scheinen zu lassen, die es brauchen, doch Sie müssen diesen Weg der Verzweiflung nicht mit ihnen gemeinsam gehen, um Ihr Licht leuchten zu lassen. Sie sind Ihren Freunden keine Hilfe, wenn Sie sich in ihre Dramen und Krisen verstricken lassen. Es würde nur bedeuten, dass noch ein weiterer Mensch Heilung braucht.

Erzengel Michaels Durchtrennung der Schnüre

Ätherische Schnüre sind negative oder angstbasierte Anhaftungen. Sie sehen wie Schläuche aus, die Sie mit anderen Personen, Orten oder Objekten verbinden, und können dazu führen, dass Sie sich müde fühlen und Ihre Motivation verlieren. Sie sind verantwortlich für unerklärliche Schmerzen – wenn es also keine klare physische Ursache für Ihre Beschwerden gibt, könnten diese ätherischen Schnüre die Ursache sein.

Viele Menschen spürten sofort Erleichterung, sobald diese Schnüre durchtrennt waren, was sich sowohl in der Übermittlung von Energie als auch ihrer Absorption auswirken kann. Diese Schnüre saugen Ihnen Energie und Lebenskraft ab und geben sie den anderen. Denken Sie an Freunde oder Bekannte, die Sie ermüden; oder an Personen, in deren Gegenwart Sie sich physisch und geistig erschöpft fühlen. Das liegt an angstbasierten Schnur-Anhaftungen. Die Betreffenden saugen Ihnen Ihre Energiereserven ab, um selbst bei Kräften zu bleiben.

Wenn andererseits jemand wütend oder gestresst ist, können diese Gefühle durch die Schnüre zu Ihnen gelangen. Dann kann es passieren, dass Sie sich plötzlich ohne erkennbaren Grund auch wütend oder gestresst fühlen. Diese Gefühle können ganz plötzlich auftauchen und Ihre Energie durcheinanderbringen. In einem Moment geht es Ihnen gut, und im nächsten fühlen Sie große Wut oder Schmerz.

Schnüre machen sich häufig an Menschen fest, die gerne helfen. Wenn Sie also gerne anderen helfen oder in irgendeiner Form als Heiler tätig sind, kann es gut sein, dass sich ätherische Schnur-Anhaftungen gebildet haben. Daher ist es so wichtig, dass Sie Ihre Schnüre regelmäßig durchtrennen. Tun Sie es nicht, werden Sie vielleicht von negativen Anhaftungen überwältigt, was Ihnen Kraft rauben und dazu führen wird, dass Sie sich chronisch erschöpft und ausgebrannt fühlen.

Von einem hellseherischen Standpunkt sehen diese Schnüre wie Schläuche aus, die sich von einem Menschen zu einem anderen erstrecken. Sie beginnen als dünne, fadenähnliche Drähte. Im Laufe der Zeit, während sich die Beziehung zwischen den beiden Beteiligten entwickelt, wachsen die Schnüre.

Die den Schnüren zugrunde liegende Energie kann Gedanken und Gefühle wie die folgenden stimulieren, die Ihr Gegenüber betreffen:

- Was ist, wenn sie oder er das nächste Mal nicht da ist, sollte ich Hilfe benötigen?
- Ich bin eifersüchtig und möchte haben, was er oder sie hat.
- Er oder sie hat mir ein so gutes Gefühl gegeben. Ich muss wieder mit ihm oder ihr reden, um mich so zu fühlen.
- Ich möchte nicht, dass er oder sie mich verlässt.
- Ich fühle Bitterkeit ihr oder ihm gegenüber.
- Er oder sie ist die Quelle meiner Kraft.
- Nur er oder sie kann mich heilen.

Erzengel Michael durchtrennt die Schnüre der Angst und befreit Sie von dem ungesunden Aspekt der Beziehung. Um diesen Prozess in Gang zu bringen, begeben Sie sich an einen stillen Ort.

- Beginnen Sie, tief ein- und auszuatmen. Vielleicht verspüren Sie den Wunsch, eine weiße Kerze zur Reinigung der Atmosphäre anzuzünden oder sich vor einen Strauß weißer Rosen zu setzen.
- Dann konzentrieren Sie Ihre Aufmerksamkeit auf Ihren physischen Körper. Machen Sie den Anfang, indem Sie Ihren Geist und Ihre Intuition benutzen. Achten Sie auf jegliche Bereiche, die sich besonders angespannt oder eingeschränkt anfühlen. Spüren Sie hierbei, welche Bereiche Ihres Körpers wärmer sind als andere.
- Als Nächstes scannen Sie Ihre Aura mit Ihrer dominanten Hand (die Hand, mit der Sie normalerweise schreiben). Achten Sie auch jetzt auf Veränderungen im Luftdruck, auf ein Kribbeln oder Hitze. Diese Empfindungen sind Hinweise, dass es dort ätherische Schnur-Anhaftungen gibt.

  Wenden Sie sich mit den folgenden Worten an Erzengel Michael, damit er Ihnen hilft:

  »Erzengel Michael, bitte durchtrenne und beseitige alle Schnüre der Angst. Ich bin bereit, diese ungesunden, unausgeglichenen Energien loszulassen. Stattdessen wähle ich, mich auf Liebe und Licht einzustimmen. Ich bitte dich, meinen Körper von allen negativen Energien zu befreien. Bitte beseitige jetzt alle Auswirkungen dieser Schnüre. Danke.«

- Folgen Sie Michaels Energie, während sie Ihren Körper scannt. Achten Sie auf Bereiche der Anspannung, die gelöst werden. Vielleicht sehen Sie blitzlichtartige Bilder von Personen oder Situationen, an denen die Schnüre festgemacht waren. Nehmen Sie diese Gefühle in Ihrem ganzen Körper wahr und lassen Sie sie dann los. All dies ist Teil des Entgiftungsprozesses.

  Erzengel Michael wird sich hingebungsvoll um Sie kümmern und Ihnen helfen, sich wohler zu fühlen. Vergessen Sie nicht, Sie können ihn jederzeit um zusätzliche Unterstützung bitten. Wenn Sie mit Michael zusammenarbeiten, wird er diese Schnüre der Angst von Ihrem Körper lösen. Entspannen Sie sich und geben Sie ihm die Erlaubnis, seine Arbeit zu tun.

- Wenn Sie sicher sind, dass bestimmte Schnüre nicht durchtrennt wurden, fragen Sie Ihre Engel nach dem Grund dafür. Vielleicht werden sie Ihnen Bilder zeigen oder Gefühle über die Person vermitteln, mit der diese Schnur Sie verbindet. Visualisieren Sie ein friedliches Gespräch mit diesem Menschen. Sagen Sie alles, was Ihnen auf dem Herzen und der Seele liegt. Vielleicht werden Sie ein Gefühl dafür bekommen, was der oder die Betreffende antworten würde.

- Wenn alles gesagt ist, richten Sie Ihre Aufmerksamkeit erneut auf Ihren Körper. Achten Sie auf die subtilen Unterschiede und die größere Energie, die Sie jetzt fühlen. Sie haben erfolgreich eine negative, unausgewogene Beziehung losgelassen! Sagen Sie dem Universum, dass Sie von diesem Moment an nur noch liebevolle Menschen in Ihrem Leben akzeptieren werden.

Erzengel Metatrons heiliger Lichtstrahl

Übersicht der Chakren

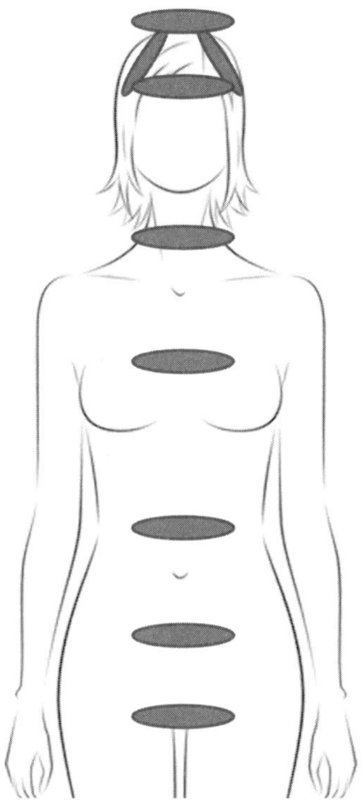

Ihre Chakras (Ihre Energiezentren und Lebenskraft) sind wie Schwämme, die Energien absorbieren, auch solche, die nicht gut für Sie sind. Um dafür zu sorgen, dass diese Kraftzentren nur positive und liebevolle Energien enthalten, ist es sinnvoll, Ihre Chakras zu klären. Die folgende Methode wird von Erzengel Metatron angeboten, der alle Bereiche Ihres Lebens ins Gleichgewicht bringt. Seine Aufgabe ist es, dafür zu sorgen, dass Arbeit sowie Zeiten der Ruhe und des Vergnügens in Ihrem Leben ausgewogen sind. Darüber hinaus bringt er Ihr Chakrasystem in eine energetische und spirituelle Balance. Wann immer Sie sich festgefahren, blockiert oder getrübt fühlen, wenden Sie sich mit der Bitte um Heilung an Erzengel Metatron.

- Begeben Sie sich an einen ruhigen Ort, und beginnen Sie, indem Sie tief ein- und ausatmen. Schließen Sie die Augen, und entspannen Sie sich. Rufen Sie Metatron an:

  »Erzengel Metatron, bitte nimm deinen heiligen Lichtstrahl und sorge dafür, dass meine Chakras gereinigt und im Gleichgewicht sind.«

- Visualisieren Sie einen reinen weißen Lichtstrahl, der vom Himmel herab zu Ihnen kommt. Entspannen Sie sich, und beobachten Sie, wie Metatron diese heilige Energie in die Scheitelspitze Ihres Kopfes fließen lässt. Sehen oder fühlen Sie, wie Sie von diesem reinen weißen Licht erfüllt sind. Spüren Sie, wie diese Energie jede Zelle Ihres Körpers mit der Reinheit himmlischer Liebe durchdringt. Vielleicht fallen Ihnen antike Symbole auf, die durch den Lichtstrahl geschickt werden. Sollte dies der Fall sein, erlauben Sie ihnen, ihre heilende Magie in Ihrer Seele wirken zu lassen. Es kann sein, dass Sie einige der Symbole erkennen, während andere Ihnen unbekannt sind. Es ist nicht wichtig, dass Sie alles verstehen. Vertrauen Sie stattdessen auf die Engel und auf Gott.

- Als Nächstes gestatten Sie dem Lichtstrahl, Ihren Körper durch Ihr Wurzelchakra – der Bereich am unteren Ende Ihrer Wirbelsäule – zu verlassen. Achten Sie darauf, wie dieser Lichtstrahl dabei eine rubinrote Farbe annimmt. Dieses rote Licht beseitigt alle Blockaden und sorgt dafür, dass Ihr Wurzelchakra voll erwacht.

- Wenn die Klärung abgeschlossen ist, wird Erzengel Metatron den Strahl seines heilenden Lichts durch Ihr Sakralchakra ausleiten lassen. An diesem Punkt verwandelt sich das Rubinrot in ein kräftiges Orange. Fühlen Sie, wie das orangefarbene Licht alle Dunkelheit beseitigt und Ihr Sakralchakra reinigt.

- Setzen Sie Ihre Zusammenarbeit mit Metatron fort, bis alle Chakras geklärt sind:

  - *Solarplexus* – Gelb
  - *Herz* – Grün und Pink
  - *Hals* – Himmelblau
  - *Drittes Auge* – Dunkelblau
  - *Kronenchakra* – Purpur und Weiß

- Wenn Sie sich bereit fühlen, danken Sie Metatron für seine Heilung mit den Worten:

  »Danke, Erzengel Metatron, für diese Heilung und Klärung. Bitte arbeite weiterhin mit mir, während ich alle alten Energien loslasse, die mich zurückgehalten haben. Ich bin jetzt bereit, mein inneres Licht voll anzunehmen und der göttlichen Führung zu folgen.«

Je öfter Sie mit dieser Methode arbeiten, desto einfacher und schneller wird es. Zu Beginn müssen Sie vielleicht ca. 5 Minuten für jedes Chakra einplanen. Klären Sie jedoch Ihre Chakras regelmäßig, gibt es nicht so viel Stagnation und seelischen Müll, der beseitigt werden muss. Dann brauchen Sie für den ganzen Prozess nur noch wenige Minuten. Metatron beseitigt negative Energien, ob Sie sich dessen bewusst sind oder nicht. Und natürlich – wie es das Gesetz des freien Willens verlangt – benötigen die Engel Ihre Erlaubnis, bevor sie Ihnen helfen können.

Heilende Kristalle

Kristalle sind Steine, denen eine heilende Energie innewohnt. Sobald Ihre Spiritualität erwacht, können Sie das sanfte Pulsieren der Energie fühlen, wenn Sie einen Kristall in der Hand halten. Diese Steine speichern und leiten Heilenergien, von denen Sie profitieren können. Ihr Körper kann diese Energie ohne Probleme absorbieren.

- Setzen Sie sich mit Ihrem Kristall an einen ruhigen Ort, und formulieren Sie eine Intention. Dies gibt dem Stein die Möglichkeit, seine Liebe in die gewünschte Richtung zu dirigieren.

Kristalle sind sensitive Instrumente, die schnell negative Energie aufnehmen können. Deshalb ist es empfehlenswert, Ihre Kristalle nach dem Kauf als Erstes zu reinigen. Dies ist auch als kleine freundliche Geste den Steinen gegenüber zu verstehen, weil Sie damit zeigen, dass sie Ihnen am Herzen liegen.

Sie sollten Ihre Kristalle auch dann reinigen, wenn Sie sie eine Zeit lang nicht benutzt haben. Denken Sie daran, wie oft am Tag Sie an Ihren Kristallen vorbeigehen. Wie schon erwähnt, sind Kristalle wie Schwämme. Sie helfen, indem sie schwere und niedere Energien aus Ihrem Körper beseitigen. Es ist ein sehr liebevoller Dienst, den die Steine Ihnen leisten. Daher ist das regelmäßige Reinigen der Kristalle Ihr Dank für die Heilung, die sie Ihnen zuteilwerden lassen.

Darüber hinaus beseitigt das Reinigen Ihrer Kristalle alle alten Verbindungen wie die Energien der vorherigen Besitzer, Länder und Umgebungen, aus denen sie stammen, und lässt nur reine, heilende Energie zurück. Kristalle werden auf dem ganzen Planeten gefunden und haben es ertragen, aus der Erde gebrochen, von Bergleuten sortiert und von Großhändlern verpackt zu werden, von Einzelhändlern einen Preis aufgedrückt zu bekommen und schließlich ihren Weg zu Ihnen zu finden. Auf dieser langen Reise können die Steine ihrer Energie beraubt und erschöpft werden.

Die frühzeitlichen Lemurianer, eine Zivilisation mit einer hoch entwickelten Spiritualität, die Atlantis vorausging, hatten eine andere Einstellung zur Reinigung, als wir sie heute haben. Sie arbeiteten eng mit kristallinen Energien und lernten effektive Methoden der Arbeit mit Kristallen. Sie stellten die Energie der Kristalle neu ein, damit sie auf der bestmöglichen Frequenz funktionierten, und arbeiteten mit der »inneren Schaltplatte« der Steine. Die Lemurianer wussten sehr viel über die Funktionsweise von Kristallen. Sie waren in der Lage, problemlos und effektiv alle energetischen Unausgeglichenheiten zu korrigieren und reparierten jede negative Energie, die die Kristalle möglicherweise absorbiert haben könnten.

Um zu ermöglichen, dass die Lemurianer heute Ihre Kristalle reinigen, wenden Sie sich einfach an sie, und bitten Sie sie mit den folgenden Worten um ihre Hilfe:

> *»Lemurianer, bitte helft mir, meine Kristalle jetzt zu reinigen. Frischt ihre Energien auf und verstärkt sie, damit sie mir als Instrumente zu meinem höchsten Gut dienen. Danke.«*

Wie Sie sehen können, gibt es viele Möglichkeiten, wie Sie Ihre Kristalle reinigen können. Die Lemurianer zu bitten, sie zu reinigen, ist nur eine Methode. Sie können es außerdem mit Smudging (Rauchzeremonie) versuchen, einer alten Methode zur Klärung von Energie. Hierfür müssen Sie Kräuter zum Schwelen bringen, vor allem weißen Salbei, um unerwünschte Energie zu entfernen.

Zu den wundervollen Kristallen und Steinen zur Entgiftung gehören:

Amethyst: Bietet Schutz vor toxischen Energien.

Klarer Quarz: Besonders gut geeignet für eine generelle Entgiftung.

Grüne Steine (Jade, Smaragd, Malachit etc.): Bieten heilende Unterstützung.

Mondstein: Hilft Ihnen, Dinge, Situationen und Beziehungen loszulassen.

Obsidian: Erdet Sie, damit Sie sich nicht so abgehoben fühlen, und hilft, Fokus und Konzentration aufrechtzuerhalten.

Oregonit (Metallspäne sowie im Harz eingeschlossener Quarzkristall): Schützt Sie vor »chemtrails« (Wetterveränderung aufgrund von Geo-Engineering durch Spraying von Aluminium- und Barium-Nanopartikeln).

Rosenquarz: Heilt Emotionen. Schenkt Hoffnung sowie Vertrauen.

Rauchquarz: Wunderbar geeignet, um toxische Beziehungsenergie zu klären, vor allem im Hinblick auf Personen aus Ihrer Vergangenheit.

Sie können diese Kristalle am Körper tragen, in der Hand halten, damit arbeiten oder in ihrer Nähe schlafen, um ihre heilende Hilfe zu empfangen.

Da Kristalle absorbierend sind, müssen Sie sie regelmäßig reinigen. Auch Erzengel Michael versteht es ausgezeichnet, Ihren Kristall von negativen Energien zu befreien. Bitten Sie ihn mit den folgenden Worten um seine Hilfe:

> *»Erzengel Michael, ich bitte dich, meine heilenden Kristalle mit deiner reinigenden Energie zu erfüllen. Bitte erwecke ihre innewohnende Weisheit, zu heilen und zu inspirieren. Bitte bereite meine Kristalle für die Heilarbeit vor und stimme sie jetzt auf meine Energie ein. Danke.«*

Als Nächstes laden Sie Ihre Kristalle mit positiver Energie auf. Ein Gebet eignet sich wunderbar dazu. Öffnen Sie Ihr Herz den heilenden Steinen, und bringen Sie Ihre Dankbarkeit zum Ausdruck. Oder setzen Sie Ihre Steine für vier Stunden dem Licht der Sonne oder des Mondes aus.

Jetzt sind Ihre Kristalle bereit, mit Ihren liebevollen Gedanken programmiert zu werden. Zu diesem Zweck arbeiten Sie *mit* den Kristallen. Sprechen Sie zu den Steinen, so als handele es sich um liebe Freunde, was sie auch tatsächlich sind. Schütten Sie ihnen Ihr Herz aus, und gestehen Sie jegliche Sorgen oder Ängste ein. Lassen Sie die Kristalle wissen, auf was genau Sie hoffen. Teilen Sie ihnen auch Ihre früheren Erfahrungen mit. Machen Sie in Ihrem Gebet außerdem deutlich, dass Sie bereit sind, etwas Größeres zu akzeptieren, was Ihnen Gott und die Engel vielleicht zugedacht haben. Falls die himmlischen Wesen eine einfachere Möglichkeit sehen, wie Sie erfolgreich sein könnten, seien Sie offen dafür! Sie müssen keine speziellen Worte oder Sätze benutzen, um Ihre Kristalle zu programmieren – das Einzige, was zählt, ist Ihre Intention. Wenn Ihre Intention rein ist, werden Sie das bestmögliche Resultat erlangen. Haben Sie den Mut, Ihre Komfortzone zu verlassen und aus dem Herzen zu sprechen.

Blumentherapie

Blumen verkörpern die Liebe unseres Schöpfers. Sie erinnern uns an die himmlische Präsenz, die uns stets umgibt.

Vielleicht fällt Ihnen bei einem Spaziergang eine einzelne kleine Blume auf, die aus einem Riss im Bürgersteig sprießt. Oder Sie sind entzückt über eine hinreißende Blumenpracht im Garten eines Nachbarn. Bislang haben Sie vielleicht nie bemerkt, dass sie da war, doch heute sind Sie von ihrem Anblick hingerissen. Die Engel sagen, dass in diesen Fällen die Blumen nur für *Sie* dorthin gezaubert wurden, als Teil ihrer göttlichen Aufgabe, Sie zu heilen. Und indem Sie die Gegenwart der Engel und Blumen wahrnehmen, geben Sie ihnen die Erlaubnis, zu helfen. Also bleiben Sie einen Augenblick lang stehen, um sich an ihrem Anblick und Duft zu erfreuen, was Ihrem Geist Klarheit und Gerichtetheit geben wird.

Zuweilen werden Sie sich vom Chaos und den Konflikten in Ihrem alltäglichen Leben überwältigt fühlen. Diese Gefühle erscheinen als seelischer Nebel in Ihrer Aura. Sind Sie von diesem Nebel eingehüllt, ist es sehr schwierig zu sagen, wo oben und unten ist, welche Richtung vorwärts geht und wohin Ihre Reise führen soll. Als Erstes müssen Sie diese Nebelwolke auflösen, damit Sie den vor Ihnen liegenden Weg klar sehen können. Dabei können Ihnen Blumen helfen. Indem Sie sie in Ihrem Umfeld wahrnehmen und sich an ihnen erfreuen, werden Sie spüren, dass sich jede negative Energie sofort verflüchtigt.

Um von ihrer heilenden Energie zu profitieren, schmücken Sie Ihr Zuhause mit frischen Blumen, oder legen Sie in Ihrem Garten ein Blumenbeet an. Sie können auch einfach Blumenbilder ausdrucken und Sie in Ihrem Haus oder Ihrer Wohnung aufhängen.

(Weitere Heilmethoden, um mit den Engeln der Natur Kontakt aufzunehmen, finden Sie in unserem Buch *Die Blumen der Engel.)*

Verbindung mit der Natur

Eine der besten Entgiftungsmethoden haben wir uns für den Schluss aufgehoben: Mutter Natur. Ein Großteil der Toxine, die wir in unserem Körper ansammeln, sind darauf zurückzuführen, dass so viele von uns in geschlossenen Räumen leben und arbeiten, was weder für Menschen noch für andere Lebewesen ein natürlicher Zustand ist. Wir sind nicht dazu geschaffen, klimatisierte Luft zu atmen oder bei künstlichem Licht zu arbeiten. Tatsächlich zeigen Studien, dass viele moderne Krankheiten genau zu dem Zeitpunkt erstmalig in Erscheinung traten, als künstliches Licht sich im Alltag durchsetzte!

Wir brauchen Sonnenlicht – in Maßen –, um die Produktion der Wohlbefinden fördernden chemischen Substanz *Serotonin* anzuregen. Serotonin ist auch eine Vorstufe von Melatonin, das unser Körper braucht, um schlafen und sich selbst reparieren zu können. Ohne ausreichend Melatonin sind Sie nach dem Aufwachen müde, schlecht gelaunt, haben Hunger auf Junkfood.

Darüber hinaus brauchen wir Sonnenlicht, damit genügend Vitamin D in unserem System gespeichert wird. Brustkrebs und andere schwere Erkrankungen werden u.a. auch auf einen Vitamin D-Mangel zurückgeführt.

Die Engel sagen, dass das volle Lichtspektrum eine Voraussetzung für optimale Gesundheit ist und dass das Regenbogen-Prisma des Sonnenlichts alle Farben in unserem Chakrasystem stärkt (da es ebenfalls ein Regenbogen ist). Wenn Sie zum Beispiel Schwierigkeiten mit dem Magen oder Machtprobleme haben, würde das gelbe Licht im Vollspektrum-Regenbogen die Heilung dieser Probleme unterstützen, da Gelb die Farbe des Solarplexus ist, der mit diesen Themen assoziiert wird.

Wenn Sie auch zu viel Sonne und damit einen Sonnenbrand vermeiden sollten, ist das Gegenteil, nämlich sich zu wenig dem Sonnenlicht auszusetzen, genauso gefährlich. Vor dem Kauf eines Sonnenschutzmittels sollten Sie sich aber unbedingt die Liste mit den Inhaltsstoffen anschauen. Viele dieser Produkte enthalten große Mengen toxischer Chemikalien. Achten Sie stets darauf, biologische Sonnenschutzmittel zu wählen, die Sie in jedem Bioladen oder online kaufen können.

Darüber hinaus sagen die Engel, dass Mondlicht, Sternenlicht, Sonnenuntergänge und Sonnenaufgänge Ihr allgemeines Wohlbefinden verbessern:

Sonnenuntergänge: Die Engel sagen, dass die Betrachtung eines Sonnenuntergangs unseren Chakras hilft, sich zu entspannen, und uns auf einen guten Schlaf vorbereitet.

Sternenlicht: Die Engel sagen, dass ein nächtlicher Aufenthalt unter dem Sternenhimmel unsere Kreativität anregt und unsere künstlerische Veranlagung fördert.

Mondlicht: Seit Menschengedenken haben unsere Ahnen unter dem Vollmond gestanden. Dies galt als eine machtvolle Methode, alles Toxische in ihrem Leben loszulassen.

Sonnenaufgang: Die Engel sagen, dass die Betrachtung eines Sonnenaufgangs die Chakras weckt und einen natürlichen Energieschub auslöst.

Baumtherapie

Bäume sind machtvolle Heiler und Lehrer für Personen, die sensitiv genug sind, die Stimmen der Bäume zu hören. Ich (Doreen) habe unter Bäumen gesessen und in meinem Buch *Die Heilkraft der Feen* über ihre Botschaften berichtet. Ich habe festgestellt, dass jeder Baum (genau wie ein Mensch) eine spezifische Lebensaufgabe hat. Manche Bäume helfen, das Vertrauen der Menschen zu stärken; andere helfen bei Beziehungsproblemen oder dabei, Fülle in das eigene Leben zu bringen und so weiter. Fragen Sie innerlich einen Baum nach seiner Aufgabe, und dann vertrauen Sie der Antwort, die Sie empfangen.

Außerdem nehmen Bäume physische Heilungen vor. Wenn Sie müde, krank oder seelisch verletzt sind, können Sie sich mit dem Rücken an einen Baum lehnen (entweder im Sitzen oder stehend). Der Baum wird sofort damit beginnen, Giftstoffe, Schmerzen und niedere Energien zu absorbieren. Sie werden diesen Prozess fühlen! Und kein Grund zur Sorge – der Baum wird dadurch nicht verletzt. Genauso wie Bäume Kohlendioxyd in Sauerstoff umwandeln, wandeln sie auch die Energie alter Schmerzen um und klären sie.

2

Ernährung und Pflege Ihres physischen Körpers

Engel-Detox ist ein allumfassender Körper-Seele-Geist-Prozess. Als Erstes wollen wir uns dabei auf den physischen Körper konzentrieren.

Heilung der Verdauung

Ein gesundes, ausgewogenes Verdauungssystem filtert die segensreichen Nährstoffe aus dem, was Sie essen und trinken. Dies ist ein automatischer Vorgang, der keine bewussten Anstrengungen Ihrerseits erfordert. Wenn jedoch etwas aus dem Takt gerät, verlangsamt sich Ihr Verdauungssystem, und Sie profitieren nicht länger von dem potenziellen Segen der Nahrung. Unter Umständen leiden Sie unter Symptomen wie zum Beispiel Völlegefühl, Verstopfung, Durchfall oder Übelkeit. Jedes dieser Symptome ist ein Warnsignal, dass es Probleme mit Ihrer Verdauung gibt. Der Darm ist eine unverzichtbare Komponente für Ihre Gesundheit. Als Erstes wollen wir über die Rolle von Nahrungsallergien, einer pathologisch durchlässigen Darmwand und dem mysteriösen Reizdarmsyndrom reden.

Die Verdauung beginnt im Mund und hängt davon ab, was Sie essen. Wenn Sie unter einer Nahrungsmittelallergie oder -intoleranz leiden, werden Sie wahrscheinlich Verdauungsprobleme haben, die mit Sodbrennen einhergehen können. Nahrungsmittelallergien sind heute weit verbreitet, werden jedoch oft nicht als solche erkannt. Aus naturheilkundlicher Sicht müssen diese Allergien beziehungsweise Unverträglichkeiten keine ernsten Reaktionen wie zum Beispiel Anaphylaxie hervorrufen. Die Reaktion des Körpers tritt häufig erst nach mehreren Stunden oder sogar Tagen ein. Es kann also an dem Glas Milch liegen, das Sie gestern getrunken haben und das der Grund für Ihre momentanen Symptome ist.

Wenn Sie weiterhin Dinge essen, die Ihr Körper nicht verträgt, werden Sie weiterhin unter Symptomen leiden. Ihr Darm entzündet sich, und anstatt Nährstoffe zu absorbieren, versucht er, gegen die Nahrung anzukämpfen, die Sie zu sich nehmen. Dies hat zur Folge, dass sich Ihre Verdauung weiter verschlechtert, begleitet von diversen Vitamin- und Mineralstoff-Mangelerscheinungen. Sie sollten also bereit sein, die Nahrungsmittel, die Ihnen Schmerzen und Unwohlsein verursachen, nicht mehr zu essen, um dafür zu sorgen, dass es Ihnen besser geht und Sie Ihre Vitalität zurückgewinnen.

Chronische Magenentzündungen aufgrund von Nahrungsmittelallergien können zu einer »durchlässigen Darmwand« führen. Ihr Verdauungssystem wird so geschwächt, dass es nicht länger zwischen guten Nährstoffen und Toxinen unterscheiden kann. Ihr Körper fängt dann an, die guten wie auch die toxischen Stoffe in den Blutkreislauf zu absorbieren. Dies führt zu Müdigkeit, Erschöpfung und Kopfschmerzen, begleitet von Stimmungsschwankungen und Wutgefühlen. Toxine zirkulieren in Ihrem Körper und sorgen dafür, dass Sie sich nicht mehr im Gleichgewicht fühlen.

Der erste Schritt besteht darin, alle Nahrungsmittel zu eliminieren, die Ihrem Körper nicht guttun. Als Nächstes müssen Sie Ihren Darm kräftigen. Das Heilkraut Gelbwurzel kann Ihre Darmschleimhaut wiederherstellen. Außerdem sollten Sie ein

Glutamin-Ergänzungsmittel in Erwägung ziehen, um Entzündungen zu reduzieren und die Darm-Gesundheit zu verbessern.

Das rätselhafte »Reizdarmsyndrom« kommt ins Spiel, wenn alle anderen Möglichkeiten für die Darmstörung ausgeschlossen werden können. Falls keinerlei Anzeichen für irgendwelche anderen Verdauungsprobleme vorliegen, kann es sein, dass Sie unter dem Reizdarmsyndrom leiden, was sich durch unregelmäßigen Stuhlgang zeigt, entweder mit Verstopfung, Durchfall oder einer Kombination von beidem. Wenn Ihre Diagnose »Reizdarmsyndrom« lautet, sollten Sie umgehend mehr Ballaststoffe zu sich nehmen. Die einfachste Methode besteht darin, mehr frisches Obst und Gemüse zu essen, das reich an Ballaststoffen ist und dabei hilft, Ihren Stuhlgang zu normalisieren. Oder Sie können Ulmenrindenpulver nehmen. Wichtig ist, das Pulver mit einem großen Glas Wasser zu trinken, damit es gut vom Körper aufgenommen werden kann.

Viele Reizdarm-Patienten stellen fest, dass frische Gemüsesäfte eine segensreiche Wirkung haben, da sie einen guten Nährwert bieten, in Kombination mit wasserlöslichen Ballaststoffen. Diese Säfte werden Ihnen einen Energieschub geben und helfen, Ihren Darm zu beruhigen.

Reizdarmsymptome werden eng mit dem Nervensystem und Emotionen in Zusammenhang gebracht. Wenn Sie gestresst sind, verschlechtern sich die Symptome. Also beruhigen Sie sich mit entspannenden Aktivitäten wie zum Beispiel Meditation, Tai-Chi und Yoga, versprühen Sie den Duft von Lavendel in Ihrem Haus, um ein Gefühl der Ruhe zu fördern. Auch Zeit mit mitfühlenden Freunden oder Freundinnen zu verbringen kann wahre Wunder wirken.

Nahrungsmittelallergien testen

Viele störende Zustände – wie beispielsweise Schwellungen, Hautprobleme, Gewichtszunahme und Esssucht – sind auf Allergien und gesteigerte Sensitivität in Bezug auf bestimmte Nahrungsmittel zurückzuführen. Indem unsere Nahrung immer mehr genetisch modifiziert und mit Pestiziden verseucht wird, treten vermehrt Allergien auf. Doch sobald Sie die Nahrungsmittel identifizieren, die Ihr Körper zurückweist, und diese nicht länger konsumieren, verschwinden die Symptome. Zu den Tests, mit denen Sie Ihre Allergien identifizieren können, gehören Hautstich- und Bluttests. Den Hautstichtest macht Ihr Arzt; jedoch richtet sich dieser Test in erster Linie auf akute Immunreaktionen wie bei Pollen oder einer Allergie gegen Tierhaare. Er ist nicht unbedingt für Nahrungsmittelintoleranz geeignet, die länger braucht, bis sie erkannt wird. Andere Optionen sind Blutuntersuchungen, die Ihr Heilpraktiker veranlassen kann. Diese Tests messen die Reaktion Ihres Körpers auf ein weites Spektrum von Nahrungsmitteln, sind allerdings oft teuer, da sie von privaten Labors vorgenommen werden. Jedoch können die Ergebnisse äußerst nützlich sein, da sie eine Liste von Nahrungsmitteln liefern, mit denen Ihr Körper Probleme hat, plus eine Skala, die anzeigt, wie sensitiv Sie auf bestimmte individuelle Produkte reagieren.

Eine einfache Möglichkeit zur Identifizierung von Nahrungsmittelallergien oder Produkten, die Ihr Körper nicht toleriert, ist eine wohlbegründete Vermutung: *Welche Nahrungsmittel oder Getränke verführen Sie zu Maßlosigkeit?* Mit anderen Worten: Wenn Sie einen Bissen nehmen oder einen Schluck trinken, haben Sie dann das Gefühl, nicht aufhören zu können? Esssucht ist oft ein Zeichen für eine Allergie. Außerdem sollten Sie auf eventuelle Schwellungen oder auftretenden Juckreiz nach dem Verzehr bestimmter Nahrungsmittel oder Getränke achten.

Viele Menschen sind süchtig nach den Nahrungsmitteln, die sie am wenigsten vertragen. Wenn Sie also ein unstillbares Verlangen nach Milchprodukten haben, sollten Sie versuchen, auf diese ein bis zwei Wochen zu verzichten, um zu sehen, was passiert. Nehmen wir zum Beispiel an, dass Sie zum Frühstück Getreideflocken mit Milch essen, mittags ein Käsesandwich, als Nachmittagssnack einen Yoghurt-Smoothie und Nudeln mit Sahnesauce zum Abendessen. Alle diese Mahlzeiten enthalten Milchprodukte. Wenn Sie also den Konsum einschränken, werden Sie höchstwahrscheinlich einen großen Unterschied bemerken. Nachdem Sie eine Zeit lang keine Milchprodukte gegessen haben, können Sie sie erneut zu sich nehmen. Beobachten Sie Ihre Symptome. Sollten Sie in den ersten paar Tagen eine Verschlechterung der Symptome feststellen, können Sie davon ausgehen, dass Ihr Körper zu kämpfen hat, um diese Nahrungsmittelgruppe zu verdauen. Es wäre dann empfehlenswert, mehrere Monate lang keine Milchprodukte mehr zu konsumieren und Ihrem Körper eine echte Ruhepause zu gönnen. Oder es kann sein, dass Sie sich nach den ersten Tagen ohne Milchprodukte so gut fühlen, dass Sie auf ihren Konsum auch weiterhin verzichten wollen. Das ist wunderbar, da es Ihnen zeigt, dass Sie auf Ihren Körper und die Botschaften Ihrer Engel hören.

Achten Sie auch auf Schwellungen, Blähungen oder Jucken, da all dies auf eine Allergie oder Sensitivität gegenüber bestimmten Nahrungsmitteln hindeuten kann. Essen oder trinken Sie diese Produkte nicht länger, und prüfen Sie, ob die Symptome verschwinden.

Vergessen Sie nicht, dass Sie Ihre Engel bitten können, Sie zu den für Sie optimalen Nahrungsmitteln zu führen und auf diese Weise vor Allergien zu schützen. Außerdem werden die Engel Ihnen helfen, das Verlangen nach ungesunden Produkten zu reduzieren oder komplett zu eliminieren.

Die am weitesten verbreiteten Nahrungsmittelallergien und Sensitivitäten sind auf folgende Lebensmittel zurückzuführen:

- Milch
- Eier
- Erdnüsse
- Baumnüsse (Cashewnuss, Walnüsse, Mandeln)
- Fisch
- Schalentiere (Krebse, Hummer, Garnelen)
- Sojaprodukte
- Weizen/Gluten

Es gibt jedoch noch viele andere Nahrungsmittel und Inhaltsstoffe, die zu gesundheitlichen Problemen führen können. Wenn Sie erst einmal herausgefunden haben, worauf Ihr Körper allergisch reagiert, sollten Sie in Zukunft die Liste der Inhaltsstoffe auf den Nahrungsmittelverpackungen aufmerksam lesen und im Restaurant nach den einzelnen Zutaten der Gerichte fragen.

Ganz wichtig: Wasser

Ihr Körper besteht zu 70 Prozent aus Wasser. Was interessant ist: Auch die Landmasse der Erde ist zu 70 Prozent von Wasser umgeben.

Wasser ist für uns alle lebenswichtig, um gesund und glücklich zu bleiben. Durch allgemeine Stoffwechselprozesse verliert Ihr Körper jeden Tag ca. einen Liter Wasser. Daher müssen Sie eine ausreichende Menge qualitativ hochwertiges Wasser trinken, damit Ihr System optimal funktionieren kann. Wasser ist wichtig für die Verdauung, den Kreislauf, den Transport von Nährstoffen sowie die Beseitigung von Abfallstoffen. Wenn alte Toxine aus Ihren Zellen geleitet werden, brauchen Sie Wasser, um sie aus Ihrem Körper auszuleiten. Der Körper muss angemessen hydriert sein, um zu verhindern, dass sich Schadstoffe anhäufen und Ihrer Gesundheit schaden.

Menschen verwechseln Durst häufig mit Hunger. Dann essen sie etwas, anstatt Wasser zu trinken. Wenn Sie »Hunger« verspüren, stimmen Sie sich auf Ihren Körper ein und fragen ihn, was es mit diesem »Hunger« wirklich auf sich hat. Braucht Ihr Körper Nahrung, oder sagt er, dass er mehr Wasser benötigt? Häufig werden Sie dann feststellen, dass Sie in Wahrheit durstig sind. Und Sie werden schnell merken, wie das Hungergefühl verschwindet, wenn Sie ein Glas Wasser trinken.

Unser Gehirn besteht zu 75 Prozent aus Wasser. Ohne die entsprechende Menge Wasser fällt es deshalb schwer, sich zu konzentrieren, und Sie werden müde, weil Ihr Gehirn »austrocknet«. Das Gehirn ist der Bereich Ihres Nervensystems, der die Botschaften aussendet. Wenn Sie den Tag über gut funktionieren wollen, müssen Sie dafür sorgen, dass Ihr Gehirn optimal versorgt ist. Wenn Sie dehydriert werden, fällt das Denken schwerer. Und wenn das Denken schwerer fällt, ist es schwieriger, sich auf positive und liebevolle Gedanken einzustimmen. Unter Umständen werden Sie feststellen, dass sich Ihre Stimmung infolge des Wassermangels verschlechtert. Indem Sie dafür sorgen, dass Sie genug trinken, werden Sie unbeschwerte Gedanken und eine starke Verbindung mit der göttlichen Ebene genießen.

Natürliches Quellwasser ist für Ihren Körper am besten. Es enthält weder schädliche Chemikalien noch Verschmutzungen, wie sie im normalen Leitungswasser zu finden sind. Quellwasser kommt direkt aus einer unterirdischen Quelle und wird praktisch so belassen, wie es ist. Was bedeutet, dass die Mineralstoffe und Spurenelemente im Wasser bleiben. Ihr Körper braucht diese Mikro-Mineralstoffe. Wasser ist ein extrem lebenswichtiges Element für die Funktionen Ihres Körpers, sodass ein gutes Quellwasser seinen Preis wert ist.

Fluorid

Fluorid ist ein Nebenprodukt der Phosphatdünger-Herstellung, das dem Trinkwasser beigegeben wird mit dem Versprechen, Karies vorzubeugen. Wenn man jedoch Fakten aus Ländern, die ihr Trinkwasser mit Fluorid anreichern, mit jenen vergleicht, die es nicht tun, gibt es keinen Unterschied in der Häufigkeit von Karies. Heute werden Fluoride als toxische Nebenprodukte der Schwermetallindustrie verstanden. Aktivisten verlangen, dass ihre lokalen Wasserwerke kein Fluorid mehr verwenden. Die Menge von Fluorid im Trinkwasser variiert von Stadt zu Stadt.

Viele Zahnpasten sind mit einem Warnhinweis versehen, da sie Fluoride enthalten. Jedes Jahr erkranken viele Kinder an

Magen-Darm-Störungen aufgrund der Fluoride, die sie durch die Zahnpasta aufgenommen haben. Die Menge von Fluorid in einem erbsengroßen Klacks Zahnpasta entspricht ungefähr einem Glas fluoridhaltigen Wassers. Einerseits sagt man uns, wir sollten dieses Wasser trinken, andererseits wird uns empfohlen, den Giftnotdienst anzurufen. Wir raten Ihnen dringend, Fluorid in jeder Form zu vermeiden. Stattdessen entscheiden Sie sich für eine Zahnpasta, die frei ist von chemischen Zusätzen, Fluorid oder Carrageen (auch als *Irisches Moos* bekannt, ein weitverbreiteter Nahrungszusatz, der aus Algen oder Seegras hergestellt wird und als Verdickungsmittel sowie Stabilisator verwendet wird und zu Entzündungen führen kann).

Noch besser ist es, wenn Sie Ihre eigene chemiefreie Zahnpasta aus Bio-Kokosöl, essbarem Pfefferminzöl und reinem Backpulver herstellen. Diese Zutaten finden Sie in jedem Bioladen. Mischen Sie diese Zutaten nach Ihrem persönlichen Geschmack.

Fluorid ist ein Toxin, das Gelenkschmerzen hervorrufen und die Schilddrüse sowie das Gehirn angreifen kann. Es ist ein Mutagen, was bedeutet, dass es genetischen Schaden anrichtet, der zu Krebs führen kann. Viele Untersuchungen haben gezeigt, dass Fluorid die Gehirnfunktion beeinträchtigt – niedrige Intelligenzquotienten werden mit höheren Mengen an Fluorid im Körper in Verbindung gebracht. Mehrere Studien haben ergeben, dass eine langfristige Fluorid-Belastung (durch das Trinken von fluoridhaltigem Wasser) das Gehirn schädigen kann.

Wir empfehlen Ihnen deshalb, normales Leitungswasser, fluoridhaltige Zahnpasta und industriell verarbeitete Nahrungsmittel und Getränke zu meiden. Der beste Weg, Fluoride aus Ihrem Trinkwasser zu beseitigen, besteht darin, es zu destillieren oder durch eine Umkehrosmose zu reinigen, wobei es eher unwahrscheinlich ist, dass Sie zu Hause Wasser destillieren können. Sie können destilliertes Wasser kaufen, doch hat es so gut wie keine Energie mehr. Am besten ist es, wenn Sie in Ihrer Wohnung oder Ihrem Haus ein Umkehrosmose-Filtersystem installieren. Und natürlich können Sie von vorneherein vermeiden, fluoridhaltiges Wasser zu trinken, indem Sie natürliches Quellwasser kaufen. Doch welche Art von Wasser benutzen Sie zum Duschen oder Baden? Auch dieses Wasser enthält Fluorid und kann Ihre Gesundheit und Ihr Wohlbefinden beeinträchtigen.

Finden Sie heraus, woher Ihr Wasser kommt und ob es Fluorid enthält, indem Sie das nächstliegende Wasserwerk anrufen und um Auskunft bitten. Außerdem können Sie Ihr eigenes Wasser mit Kits testen, die online erhältlich sind. Wenn Sie sich entscheiden, Flaschenwasser zu trinken, erkundigen Sie sich nach dem Prozess der Wassergewinnung. Sie werden feststellen, dass viele Quellwasser mit Chemikalien behandelt werden und unter Umständen genauso viel Fluorid enthalten wie normales Leitungswasser. Versuchen Sie, Quellwasser zu finden, das möglichst wenig behandelt wurde. Entscheiden Sie sich für eine Marke, bei der das Wasser aus einer unterirdischen Quelle direkt in die Flaschen gepumpt wird.

Vermeiden Sie Plastikflaschen mit Bisphenol A (BPA)

Bisphenol A (BPA) ist ein chemischer Stoff, mit dem Plastikflaschen widerstandsfähiger gemacht werden. Viele Wasserflaschen und Nahrungsbehälter enthalten BPA. Dieses Plastik wird mit der Recycling-Nummer 3 oder 7 etikettiert, doch diese Zahlen allein bedeuten nicht, dass die Flasche nicht schädlich ist. Eine 3 bedeutet, dass das Plastik zum Teil aus PVC besteht, und eine 7 weist darauf hin, dass es in keine andere Kategorie passt. Plastik mit BPA passt in beide Kategorien.

BPA wird mit diversen Gesundheitsproblemen in Verbindung gebracht, u. a. hormonelles Ungleichgewicht, pathologische Veränderungen der Leber und verlangsamte Entwicklung des Gehirns bei Säuglingen. Außerdem wurde es mit Diabetes, Brustkrebs, Herzerkrankungen und Unfruchtbarkeit assoziiert. Professoren der Harvard-Universität haben festgestellt, dass nach dem täglichen Konsum einer Dosensuppe über einen Zeitraum von fünf Tagen der BPA-Gehalt bei den Testpersonen 1000 Prozent höher lag als zuvor, weil die Innenseiten der Dosen mit BPA ausgekleidet sind.

Wenn BPA-Flaschen mit Wasser gefüllt werden, sickert die Chemikalie durch. Und wenn die Flaschen erhitzt werden, wenn sie zum Beispiel in einem von der Sonne erhitzten Fahrzeug oder im warmen Lagerraum des Supermarktes liegen, sickert noch mehr dieses gefährlichen Materials in das Wasser. Also vermeiden Sie Plastikflaschen mit der Nummer 3 oder 7. Stattdessen genießen Sie Ihr Wasser in Glasflaschen oder in Flaschen aus rostfreiem Stahl. Wir empfehlen Ihnen, Trinkwasser in Glasflaschen zu kaufen. In Deutschland sind es Marken wie Voss aus Norwegen, Fachinger Wasser oder Wasser aus der St. Leonhard-Quelle. Auch stilles Wasser aus Italien ist eine gute Alternative.

BPA kann ebenso in Dosennahrung enthalten sein, und die Innenwände der Dosen können ebenso mit BPA-haltigem Plastik ausgekleidet sein. Entscheiden Sie sich stets für BPA-freie Produkte, wann immer Sie etwas aus Plastik kaufen. Die amerikanische Marke *Amy's Kitchen* zum Beispiel garantiert, dass ihre Dosennahrung BPA-frei ist.

Auch Ihre Zahnbürste sollte BPA-frei sein, da Sie sie zwei- oder dreimal am Tag in den Mund nehmen. Die Marke *Preserve*, online und in Bioläden erhältlich, ist frei von BPA. Diese Firma hat außerdem ein Recycling-Programm; da können Sie Ihre alten Zahnbürsten hinschicken, und die Materialien werden anschließend zur Produktion neuer Zahnbürsten benutzt.

Viele seriöse Wasser-Firmen bieten Wasserspender für Zuhause an. Stellen Sie Recherchen an, da das Flaschenwasser, das Sie trinken, unter Umständen nicht sehr gut ist. Das in Ihrem Büro bereitgestellte Wasser ist wahrscheinlich auch nicht gut. Prüfen Sie die Mineralstoffanalyse, und achten Sie darauf, dass das Wasser weder Natrium noch Chlorid enthält. Ein geringer Anteil Natrium ist nötig, doch es sollte nicht das einzige Mineral sein. Qualitativ hochwertiges Wasser wird darüber hinaus Spuren von Kalzium, Magnesium und Kalium aufweisen. Wenn diese Mineralstoffe vorhanden sind, können Sie Ihr Wasser ohne Bedenken genießen. Jetzt kann Ihr Körper es bei seinen Stoffwechselfunktionen verwerten.

Und hier ist eine einfache Möglichkeit, sich von der Qualität Ihres Trinkwassers zu überzeugen: Achten Sie darauf, wie oft Sie nach dem Trinken des Wassers zur Toilette gehen müssen. Nach einem großen Glas müssen Sie vielleicht eine halbe Stunde später gehen. Bei Wasser von höherer Qualität dauert es eventuell eine Stunde oder länger, bis Sie gehen müssen. Und wenn es so weit ist, werden Sie weniger ausscheiden, als Sie getrunken haben – was daran liegt, dass Ihr Körper das konsumierte Wasser benutzt hat und es nicht einfach durch Ihren Körper geflossen ist. Stattdessen wurde es für wichtige Stoffwechselprozesse verwendet. Sie werden hydriert, weil der Körper das Wasser optimal nutzen kann.

Gereinigtes und destilliertes Wasser hört sich zwar gut an, bedeutet aber, dass alle Mikromineralstoffe eliminiert worden sind. Übrig bleibt nur noch einfaches H_20. Langfristig ist das zwar nicht ideal, aber dennoch wesentlich besser als normales Leitungswasser. In der Zwischenzeit können Sie einen Kompromiss machen: Filtern Sie Ihr Wasser, doch fügen Sie Mineralstoffe hinzu. Besorgen Sie qualitativ hochwertiges Celtic-, Atlantic-, Himalayan-Salz oder Salz aus dem Toten Meer. Geben Sie eine kleine Prise in Ihre Trinkflasche, und schütteln Sie sie gut durch. Diese naturbelassenen Salze enthalten viele Mineralstoffe und Elektrolyten. Wenn Sie Ihr Trinkwasser damit anreichern, tun Sie Ihrem Körper Gutes.

Es ist wichtig, Ihren Wasserkonsum zu messen, da Sie sich auf diese Weise angewöhnen, Ihr System regelmäßig zu hydrieren. Setzen Sie sich zum Ziel, jeden Tag 30 ml Wasser per Kilogramm Körpergewicht zu trinken. Dann besorgen Sie sich eine Wasserflasche, die Sie immer bei sich haben können. Bitte wählen Sie eine Glasflasche oder eine aus rostfreiem Stahl. Plastikflaschen können chemische Stoffe und hormonähnliche Substanzen ins Wasser ausleiten, was – wie bereits erwähnt – vor allem bei hohen Temperaturen der Fall sein kann. Das heißt auch, dass Wasserflaschen aus Plastik, die bei großer Wärme lange im Auto gelegen haben, entsorgt werden sollten. Wenn Sie eine Glas- oder Stahlflasche benutzen, kann nichts passieren. Das Gleiche gilt für den Kauf von Wasser. Ideal ist es, natürliches Quellwasser in Glasflaschen zu kaufen. Oder Sie besorgen sich große Flaschen für Ihre Kühlbox zu Hause, die aus hartem, BPA-freien Plastik hergestellt werden.

Machen Sie das Wassertrinken zu einem Vergnügen, indem Sie kleine Mengen von frisch gepresstem Orangensaft oder Scheiben von Bio-Zitrone und -Limonen hinzufügen. Kombinieren Sie diese mit frischen Pfefferminzblättern aus Bioanbau, und Sie haben ein erfrischendes köstliches Getränk für heiße Tage.

Die Engel haben Sie angeleitet, die Energie des Wassers, das Sie trinken, zu verbessern. Von nun an werden Sie mit jedem Schluck die Lebenskraft und Vibration der Liebe in sich aufnehmen.

Vollmond-Segen

Die Engel – vor allem Erzengel Gabriel – empfehlen, eine Schale oder Flasche mit Wasser unter dem Vollmond zu platzieren, der in diesem Stadium eine besonders starke Manifestationsenergie besitzt. Dadurch wird es Ihnen möglich sein, alle Dinge loszulassen, die Sie nicht mehr brauchen. Die Energie des Vollmondes bringt frische, neue Energie für Ihre nächste Lebensphase.

Gabriel rät Ihnen, soeben gekaufte Glasflaschen mit Wasser ins Mondlicht zu stellen. Perfekt – so können Sie auf einmal einen ganzen Monatsbedarf an Wasserflaschen mit zusätzlicher Energie aufladen! Oder aber Sie nehmen nur ein paar spezielle Flaschen, die für einige Tage ausreichen. Wir haben festgestellt, dass vom Vollmond gesegnetes Wasser süßer schmeckt und eine spürbare Vibration ausstrahlt.

Kristall-Elixier

Kristalle haben eine heilende Aura, die Flüssigkeiten durchdringen kann. Viele Heiler haben mit diesem Konzept gearbeitet, indem sie ihrem Trinkwasser Kristallsteine hinzugefügt haben. Einige Quarzversionen eignen sich gut dafür, doch viele Minerale und Kristalle können im Wasser schädliche Reaktionen hervorrufen. Zum Beispiel kann Malachit Kupfer ausleiten, und Selenit löst sich unter Umständen komplett auf. Selbst wenn sie mit Quarz arbeiten, können Sie Staub und Bakterien nicht hundertprozentig eliminieren. Und was Sie auf keinen Fall wollen, ist ein Elixier voller Bakterien.

Wir sind angeleitet worden, mit der Energie von Kristallen zu arbeiten, und die Engel haben uns zu diesem Zweck eine sichere und liebevolle Möglichkeit gezeigt. Da Kristallenergie ins Wasser geleitet werden kann, kann sie genauso leicht durch Glas dringen. Alles, was Sie tun müssen, ist, sich ein Glas Wasser einzuschenken und es in einen Kreis heilender Kristalle zu stellen, die Sie vorher gereinigt haben. Die Energien durchdringen das Glas und gelangen so ins Wasser. Rosenquarz eignet sich besonders gut, da es Ihrem Wasser eine sehr sanfte, beruhigende und das Herz öffnende Energie verleiht. Sie können die gleiche Methode für größere mit Wasser gefüllte Flaschen oder Krüge anwenden. Auf diese Weise ist es Ihnen möglich, die Kristallenergie aufzunehmen, ohne Angst vor schädlichen Bestandteilen haben zu müssen. Stellen Sie die Flaschen abends vor dem Zubettgehen in den Schein des Mondlichts, damit Sie am nächsten Morgen nach dem Aufwachen in den Genuss eines perfekten Kristall-Elixiers kommen können.

3

Kräuter, Vitamine und ätherische Öle zur Unterstützung Ihrer Entgiftung

Unter Kräutermedizin verstehen wir Pflanzen, die heilende Eigenschaften besitzen. Fast alle Teile der Pflanze wie unter anderem die Blätter, Blüten, Früchte, Samen und Wurzeln können dabei verwendet werden. Im Laufe der Geschichte haben Kräuterheilkundige entdeckt, welcher Teil einer jeden Pflanze die größte Heilwirkung hatte. Außerdem fanden sie heraus, welche Pflanzen nicht eingenommen werden durften.

Die Geschichte der Kräutermedizin reicht Tausende von Jahren zurück. Es wurden im Eis konservierte Menschen der Frühzeit gefunden, deren Hände Kräuterbündel umklammerten. Die gleichen Kräuter werden auch heute benutzt. Dies ist nur ein Beispiel für die lange Geschichte der Kräutermedizin. Wenn die Pflanzen nicht geheilt hätten, hätten sie die Zeit nicht überdauert.

Viele Kräuter wurden durch göttliche Führung entdeckt. Eingeborene Kulturen hatten eine enge Verbindung zum Land und den Energien, die dort heimisch waren. Als das Bedürfnis nach Heilung entstand, beteten Dorfheiler um Hilfe, und die Führung, die ihnen zuteilwurde, brachte sie zu den entsprechenden Pflanzen.

Amerikanische Ureinwohner wurden zum Beispiel für die Erhaltung eines gesunden Immunsystems zu Echinacea (*Sonnenhut*) geführt, obwohl ihre Wahl nicht von der Wissenschaft abgesegnet war. Reiner Glauben und Vertrauen war alles, was sie brauchten. Die Heilungsquote sprach für sich. Die amerikanischen Ureinwohner benutzten Echinacea mehr als vier Jahrhunderte lang, um damit Wunden und Infektionen zu behandeln. Die Kunde von diesem magischen Kraut breitete sich bald aus, und Kräuterheiler auf der ganzen Welt begannen es anzuwenden.

Auch Wissenschaftler hörten von dieser wundersamen Pflanze und wollten mehr darüber erfahren. Doch wenn die moderne Forschung sich mit Kräutermedizin beschäftigt, zielt sie häufig darauf ab, ihre Wirkungen zu widerlegen. Bei Echinacea gelang es den Wissenschaftlern allerdings nicht, die therapeutische Wirkung der Pflanze abzustreiten. Sie stellten fest, dass sie natürliche Bestandteile enthält, die den Körper veranlasst, mehr weiße Blutkörperchen zu produzieren und somit die Aktivität anderer Immunzellen zu unterstützen. Dies wiederum gibt dem Immunsystem einen Energieschub und kann dazu beitragen, vor Erkältungen und Grippe zu schützen.

Der Vorgang des Entdeckens funktioniert recht gut. Heiler werden zu Pflanzen geführt und dann von Gott und den Engeln in der richtigen Anwendung unterwiesen. Indem sich ihr Erfolg herumspricht, möchten auch andere Menschen mehr darüber erfahren. Die Wissenschaft kann uns helfen zu verstehen, warum die Pflanze eine bestimmte Heilfunktion hat, doch der nächste Schritt ist nicht ganz so hilfreich. Forscher beginnen dann eventuell mit Tierversuchen und rechtfertigen dieses Vorgehen damit, dass es ihnen helfen wird, eine »wirksamere« Dosierung herauszufinden. Sie können sogar natürliche Bestandteile der Heilpflanze entfernen und isoliert damit arbeiten. Wenn die Bestandteile, die bei jedem Schritt benutzt werden, auch natürlicher Herkunft sind, handelt es sich bei dem Prozess letzten Endes eher um eine Anfertigung.

Nun kann man die Frage stellen: *Wer profitiert davon?* Sind es die Patienten, die jetzt öfter die Heilpflanze zu sich nehmen? Sind es die Heilpraktiker, die jetzt mehr davon verschreiben? Oder die Hersteller, weil sie größeren Umsatz mit Kräutermedizin machen?

Heilkräuter haben eine Energie, und Sie können ihre heilenden Eigenschaften fühlen, wenn Sie eine Flasche mit einem Kräuterextrakt oder einer Tinktur in die Hand nehmen. Wir empfehlen Ihnen, einen Therapeuten zu finden, der auf der spirituellen und energetischen Ebene arbeitet. Dann wird er in der Lage sein, Ihre individuellen Erfordernisse einzuschätzen und eine auf Sie abgestimmte Dosierung zusammenzustellen. Bitte lassen Sie sich von Ihrem Kräuter-, Naturheiler oder Heilpraktiker beraten, um zu erfahren, was für Sie das Richtige ist. Berichten Sie ihm oder ihr von Ihren früheren Erfahrungen, falls Sie bereits Heilkräuter genommen haben. Lassen Sie ihn oder sie auch wissen, dass Sie hoch sensitiv auf Energie reagieren. Seien Sie dem Heiler gegenüber ehrlich. Wenn etwas verschrieben wird, was sich für Sie nicht richtig anfühlt, sagen Sie es ihm. Es ist für Sie beide wichtig, dass Sie Ihre Meinung äußern, um eine wirksame Heilung zu ermöglichen.

Heilkräuter gibt es in vielen verschiedenen Formen. Dazu gehören flüssige Zubereitungen wie zum Beispiel Kräuterextrakte oder Tinkturen, es gibt sie als Tabletten, Kapseln und Tee. Extrakte und Tinkturen sind konzentrierte Flüssigkeiten, die in der Regel Alkohol enthalten. Jede Heilkrautzubereitung erfordert einen bestimmten Prozentsatz von Alkohol, um die therapeutischen Komponenten zu extrahieren. Einige dieser natürlichen chemischen Bestandteile lösen sich in Wasser auf, andere in Alkohol. Es ist eine Kunst, die perfekte Balance zu finden, um das Beste aus beiden Welten zu gewinnen. Das ist die Art von Forschung, die viele Hersteller von Kräutermedizin bereits gemeistert haben. Sie haben entdeckt, welche Pflanzen am wirksamsten sind, wenn sie mit einem bestimmten Prozentsatz Alkohol extrahiert werden. Für Personen, die sehr sensitiv auf Alkohol reagieren, sollte der Alkoholanteil allerdings nicht so hoch sein, dass man ihn wahrnimmt. Für die meisten Menschen jedoch sind Extrakte und Tinkturen eine effektive Möglichkeit, mit Kräutern zu arbeiten. Ihr Heilpraktiker oder Naturheiler wird mehrere Kräuter kombinieren, um einen auf Ihre Bedürfnisse individuell abgestimmten Gesundheitstrank zuzubereiten.

Bestehen Sie immer auf biologisch angebaute, nicht genetisch modifizierte Kräuter, Vitamine und Mineralstoffe. Wenn Sie Veganer oder Vegetarier sind, achten Sie darauf, dass Ihre Nahrungsergänzungsmittel keine Tierprodukte enthalten. Wenn Sie Vitamin C nehmen, sorgen Sie dafür, dass es aus biologisch angebautem Mais oder anderen organischen Quellen gewonnen wird. Nicht-biologisches Vitamin C wird in der Regel aus genverändertem Mais gewonnen, was bedeutet, dass es Insektengift enthält.

Die Dosis der für Sie optimalen Rezeptur wird davon abhängen, welche Kräuter zum Einsatz kommen, und von dem Problem, das sie kurieren sollen. Dosierungen variieren von ein paar Tropfen bis zu mehreren Millilitern.

Ich (Robert) finde momentan, dass Tropfen-Dosierungen wunderbar effektiv sind. Sie geben mir eine gewisse Flexibilität bei der Behandlung meiner Patienten und leiten gleichzeitig die tiefe Energie der Pflanze weiter. Ich habe das Gefühl, dass jedes Kraut seine eigene Persönlichkeit hat. So sehe ich das momentan mit den Dosierungen, doch ich weiß, dass dies bei dem nächsten Patienten, der durch meine Tür kommt, wieder ganz anders sein kann.

Also achten Sie darauf, Ihrer eigenen Führung zu vertrauen und mit Ihrem Behandler über Ihre Bedenken zu sprechen. Erlauben Sie sich, flexibel zu sein.

Tabletten und Kapseln sind einfache Möglichkeiten, Kräuter zu sich zu nehmen; außerdem haben sie nur wenig oder gar keinen Geschmack. Achten Sie darauf, dass es vegetarische Kapseln sind, um Gelatine zu vermeiden (die aus Tierknochen gewonnen wird). Die Tabletten und Kapseln enthalten pulverisierte, rohe Kräuter oder einen pulverisierten, flüssigen Extrakt. Tabletten sind klein und bieten nicht viel Raum. Wenn sie also ein rohes Kraut enthalten, ist die Menge unter Umständen sehr gering. Bei anderen Tabletten und Kapseln heißt es vielleicht: »... enthält Extrakt aus ... mg getrockneten Kräutern«. Dies zeigt, dass das Produkt ein getrockneter, flüssiger Extrakt ist und daher eine höhere Konzentration aufweist. Vergessen Sie jedoch nicht, dass »konzentrierter« nicht unbedingt das Gleiche ist wie »effektiver«. Wenn Produkte konzentriert werden, kann das zu Problemen führen. Falls die verwendeten Kräuter nicht biologisch sind, würden Sie unter Umständen auch Pestizide und Düngemittel zu sich nehmen.

Kräutertees und heilende Infusionen werden mit kochendem Wasser zubereitet, das Sie über die Blätter gießen. Der Sud sollte dann ein paar Minuten ziehen. Für einen Tee können Sie sowohl frische als auch getrocknete Kräuter nehmen. Versuchen Sie einmal, sich einen Tee aus frischer Kamille zuzubereiten. Sie werden über den Geschmack überrascht sein. Ein paar frische Kamillenblüten in einer Tasse kochenden Wassers entfalten eine sanfte und stark beruhigende Wirkung. Wenn Sie das Kraut in heißem Wasser ziehen lassen, sendet es seine vitalen Energien in die Flüssigkeit. Dann können Sie den Tee trinken und spüren, wie die Vibrationen sich in Ihrem Körper ausbreiten.

- Nehmen Sie einen Teelöffel Kräuter pro Tasse, und übergießen Sie das Ganze mit kochendem Wasser. Teekannen sind am besten geeignet, da der Dampf nicht entweichen kann und somit mehr Geschmack und Heilwirkung bietet. Versuchen Sie es mit einer Teekanne aus Glas, um den Genuss noch zu steigern. Jetzt können Sie Ihre Kräuter beobachten, wie sie das Wasser mit ihrer Magie erfüllen. Lassen Sie die Infusion 10 bis 15 Minuten lang ziehen, bevor Sie sie trinken.

Übrigens ist frisch zubereiteter Kamillentee eine wundervolle, von chemischen Stoffen freie Alternative zu einer normalen Spülung, um Ihre Haarfarbe heller und strahlender zu machen.

Heilungsgebete mit Kräutern

Bevor Sie Ihre Kräutermedizin nehmen (egal in welcher Form), erweisen Sie der Pflanze Ihren Respekt für den Dienst, den sie Ihnen leistet. Nehmen Sie sich ein paar Minuten Zeit, um Ihre Medizin mit Liebe und Dankbarkeit zu erfüllen.

- Nehmen Sie das Kraut in Ihre Hände, oder halten Sie Ihre Hände darüber. Stellen Sie die Verbindung zu seiner Energie her, indem Sie tief ein- und ausatmen. Während Sie sich durch dieses bewusste Atmen entspannen, weitet sich Ihre Aura. Fühlen Sie, wie sich Ihre Energie mit der des Heilkrauts verbindet. Sie werden einen leichten Druck, ein Kribbeln oder Wärme in Ihren Händen spüren. Als Nächstes bitten Sie um die heilende Energie von Erzengel Raphael, indem Sie sagen:

»Ich heiße dich, Erzengel Raphael, in diesem Raum willkommen. Bitte erfülle dieses Heilkraut mit deiner machtvollen Energie. Ich danke diesem Kraut für seinen Dienst. Ich bitte darum, dass diese heilige Pflanze meinen physischen Körper, meine Emotionen und meine Energie heilt. Bitte lass mir alles zukommen, was ich zu diesem Zeitpunkt brauche.«

- Visualisieren Sie Ihre Kräutermedizin, wie sie in einem sehr hellen weißen Licht erstrahlt. Machen Sie sich bewusst, dass diese natürliche Medizin sich leicht und mühelos in Ihren Körper integriert. Dann sagen Sie:

  »Liebe Engel, ich bitte euch, den heilenden Geist dieser Pflanze zu wecken. Möge ihr Geschenk der Heilung positiv empfangen werden. Danke.«

- Nun erlauben Sie dem Kraut, seine heilende Wirkung zu entfalten.

Spezifische Kräutermedizin zur Entgiftung

Die folgenden Heilkräuter sind für ihre Reinigungsfähigkeit bekannt. Ihre Wirkungsweise wird manchmal als »depurativ« (bereinigend) beschrieben. Diese Heilkräuter verbessern die Entgiftung, indem sie bei der Eliminierung von Abfallstoffen helfen und verhindern, dass sich Stoffwechsel-Toxine im Körper ansammeln. Viele dieser Pflanzen sind seit Jahrhunderten für ihre positive Wirkung bei schwierigen Hautproblemen bekannt. Wenn der Körper mit Giftstoffen überlastet ist, kann sich das in Hautproblemen ausdrücken.

Ackerklee *(Trifolium pratense)* leitet Toxine aus dem Körper, während es den weiblichen Hormonhaushalt ins Gleichgewicht bringt. Dieses Kraut eignet sich ausgezeichnet für die späteren Lebensjahre, sowohl in der Menopause als auch danach. Die Unregelmäßigkeit im Hormonspiegel kann zu Veränderungen in der Stimmung, Energie und Vitalität führen, was zur Folge haben kann, dass Sie den Fokus verlieren und sich ungesunde Gewohnheiten zulegen. Ackerklee stellt die Balance wieder her, wo sie benötigt wird, und sorgt dafür, dass Sie weiterhin bestens auf Ihren wundervollen Körper achten.

Berberitze *(Berberis vulgaris)* hilft, den Magen zu heilen, gleichzeitig stärkt es und regt das Verdauungssystem an, was es den Giftstoffen schwerer macht, in den Blutkreislauf zu gelangen. Außerdem stimuliert es die Leber und hilft, ungewünschte chemische Stoffe aus dem Körper zu spülen.

Berberitze ist kein sehr wohlschmeckendes Kraut. Es scheint jedoch die größte Heilwirkung zu entfalten, wenn man seine Bitterkeit schmeckt. Daher sollten Sie es nicht mit intensiv schmeckenden Säften mischen, sondern lieber mit Wasser, um seinen maximalen therapeutischen Segen zu garantieren.

Blaue Sumpfschwertlilie *(Iris versicolor)* löst toxische Ansammlungen im Lymphsystem auf. Es unterstützt die Lymphe, die für ein intaktes Immunsystem verantwortlich ist, ungehindert zu fließen. Die Toxine werden dann in der Leber verarbeitet und durch den Darm ausgeschieden. Dieses Heilkraut eignet sich auch gut für das Gleichgewicht des Wasserhaushaltes im Körper und kann bei chronischen Hautbeschwerden wahre Wunder wirken.

Echinacea (Sonnenhut) *(Echinacea angustifolia* und *Echinacea purpurea)* ist wahrscheinlich eines der populärsten Heilkräuter weltweit. Es regt das Immunsystem an und schickt weiße Blutkörperchen auf die Jagd nach allem, was dem Körper schaden könnte. Es kreist durch das Lymphsystem und hilft, den Fluss der Giftstoffe aus dem Körper zu leiten. Anschließend repariert es die Schäden, die die Toxine verursacht haben können.

Klette *(Arctium lappa)* beseitigt Giftstoffe aus dem Körper, indem es sie durch den Urintrakt ausscheidet. Es eignet sich wunderbar zur Erleichterung von Beschwerden und Schmerzen, die auf Gicht zurückzuführen sind. Das Kraut zieht alte Giftstoffe und Säuren aus dem Körper, die sich seit Langem dort angesammelt haben und Hautprobleme verursachen können. Wenn Sie also Klette benutzen, reinigt Ihr Körper sich selbst.

Kletten-Labkraut *(Galium aparine)* ist ein Heilkraut, das sehr tief in die Zellen des Körpers geht. Es hilft, Giftstoffe aus der interzellularen Matrix zu eliminieren. Viele Reinigungskräuter beseitigen Giftstoffe aus der extrazellularen Matrix (die Flüssigkeit, die Ihre Zellen umgibt). Das Kletten-Labkraut hingegen beseitigt Abfallstoffe aus dem Inneren der Zelle und hilft dem Körper, sie auszuscheiden. Das ist ein Prozess, den Sie langsam und sanft angehen sollten. Wenn Sie sich noch nie entgiftet haben, sollten Sie nicht gleich mit diesem Heilkraut arbeiten, sondern eine Zeit lang warten. Wenn Ihr Körper Stoffwechsel-Abfallprodukte gespeichert hat, würden Sie bei der Entgiftung mit dieser Pflanze unter Umständen Symptome und Nebenwirkungen spüren.

Das Kletten-Labkraut reinigt äußerst intensiv, sodass Sie sich danach einfach fantastisch fühlen werden.

Krauser Ampfer (*Rumes crispus)* beseitigt Giftstoffe über den Darm. Es ist ein Heilkraut, das nur in niedrigen Dosen angewandt werden sollte, da höhere Mengen eine abführende Wirkung haben. Krauser Ampfer ist ein weiteres Heilkraut, das sich positiv auf chronische Hautprobleme auswirkt und darüber hinaus einen toxisch belasteten Darm behandelt. Ihr Körper sollte Giftstoffe aus dem Darm beseitigen, falls nicht, fließen sie in den Blutkreislauf zurück. Das kann zu Hautproblemen führen, die nicht auf die allgemein üblichen Behandlungsmethoden ansprechen. In solchen Fällen wird Krauser Ampfer dafür sorgen, dass die Dinge wieder in Bewegung kommen.

Nessel/Brennnessel *(Urtic dioica* oder *Urtica urens)* ist eine nährstoffreiche, entgiftende Pflanze. Ihre Extrakte enthalten Vitamine und Mineralstoffe, die die Produktion gesunder neuer Blutzellen fördern. Die Nessel reinigt durch die Haut, daher sollten Sie bei der Anwendung dieses Heilkrauts darauf achten, regelmäßig zu trainieren, bis Sie schwitzen.

Früher wurde die Nessel dazu benutzt, um mit ihren brennenden Blättern auf die nackte Haut zu schlagen. Die daraus resultierenden Blasen und Ausschläge betrachtete man als Gift- und Abfallstoffe, die herauszukommen versuchen. Die winzigen Nädelchen auf dem Blatt der Nessel enthalten Histamin. Wenn man sie berührt, führt dies zu einem leichten Ausschlag auf der Haut. Histamin ist verantwortlich für allergische Reaktionen, daher verlässt sich die moderne Medizin bei der Behandlung von Allergien in erster Linie auf Antihistamin. Es ist interessant zu wissen, dass Brennnessel, als Tinktur oder Tee eingenommen, Allergien und Heuschnupfen beseitigt – ein weiteres Beispiel für die Wunder von Mutter Natur.

Tigergras (Gotu kola) *(Centella asiatica)* ist ein Nährstoff für das Gehirn. Auf sanfte Weise hilft es dem Blutkreislauf, zum höchsten Punkt des Kopfes zu gelangen, Narbengewebe aufzulösen und auf diese Weise Entzündungen zu reduzieren. Narbengewebe kann dazu führen, dass der Körper schwerer arbeiten muss, um ein Gleichgewicht aufrechtzuerhalten. Lösen Sie unnötiges Narbengewebe auf, freut sich Ihr Körper über die neugewonnene Flexibilität. Darüber hinaus bringt Tigergras das Nervensystem in Balance und sorgt für geistige Klarheit. (Es gibt Geschichten über Herrscher in der Antike, die jeden Tag ein Blatt Tigergras kauten und bis zu 200 Jahre alt wurden.)

Kräutermedizin für die Leber

Die Leber ist das primäre Organ der Entgiftung. Toxine werden hier verarbeitet und umgewandelt, damit sie ausgeleitet werden können. Die Leberentgiftung besteht aus zwei Phasen. In der Anfangsphase kann es sein, dass die Intensität der Toxine zunimmt. Sie werden mit Enzymen kombiniert, die sie wasserlöslich machen. Viele Umweltgifte sind fettlöslich, was es dem Körper schwerer macht, sie zu beseitigen. In der zweiten Phase werden diese toxischen Stoffe mit organischen Bestandteilen verbunden und in die Galle geleitet. Anschließend beseitigt Ihr Körper sie durch den Darm.

Die Leber ist eines der wenigen Organe, das sich komplett regenerieren kann. Sie kann auf ihre ursprüngliche Größe anwachsen, wenn sie geschädigt oder durch eine Operation teilweise entfernt wurde – ein wunderbares Geschenk des Schöpfers. Außerdem zeigt es, wie ungeheuer wichtig dieses Organ für die Entgiftung ist. Achten Sie gut auf Ihre Leber, um dafür zu sorgen, dass Sie ein glückliches, gesundes Leben führen können.

Berberitze *(Berberis vulgaris)* fördert den Gallenfluss, was dem Körper hilft, Giftstoffe auszuscheiden. Auf diese Weise unterstützt die Berberitze die Entgiftung Ihres Körpers.

Blaue Sumpfschwertlilie *(Iris versicolor)* wird bei verdauungsstörender Leberinsuffizienz genommen. Zu den einhergehenden Symptomen gehören Verstopfung, Übelkeit und Kopfschmerzen. Die Blaue Sumpfschwertlilie hilft bei der Sekretion von Gallenflüssigkeit und verbessert damit die Verdauung.

Hasenohrstrauch *(Bupleurum falcatum)* schützt die Leber. Es reduziert Entzündungen und bringt das Immunsystem ins Gleichgewicht. Dieses Heilkraut eignet sich besonders zur Behandlung von Autoimmunerkrankungen, die mit der Leber zu tun haben.

Kalmeg *(Andrograhis paniculata)* verbessert das Immunsystem. Es bekämpft Infektionen, vor allem der Leber, und schützt sie damit vor Schäden.

Kurkuma *(Curcuma longa)* verstärkt die erste und zweite Phase der Leberentgiftung und hilft, den Körper mittels Gallenflüssigkeit von Toxinen zu reinigen. Außerdem ist es ein ausgezeichnetes Antioxidans mit entzündungshemmenden Wirkstoffen. Die Wirkung von Kurkuma kann verstärkt werden, wenn Sie es in Kombination mit Fett einnehmen. Zum Beispiel, indem Sie das pulverisierte Heilkraut vor der Einnahme mit Kokosmilch, einem guten Öl oder Bio-Jogurt mischen.

Löwenzahn (*Taraxacum officinale)* regt die Verdauung an. Er stimuliert die Leber, aktiv zu werden, und fördert eine optimale

Darmfunktion. Die für den Löwenzahn typische geerdete Energie macht ihn zu einem ausgezeichneten Heilkraut für die Entgiftung. Es verhindert, dass Sie Ihren Fokus verlieren oder sich entmutigen lassen. Zuweilen kann ein Entgiftungsprozess länger dauern, doch wenn Sie dranbleiben, werden Sie sich hinterher gesünder fühlen als je zuvor!

Mariendistel *(Silybum marianum)* ist das ultimative Leberkraut und segensreich für alle Aspekte der Leberfunktion. Es ermutigt die Leber, sich selbst zu heilen und wiederherzustellen. Zudem ist es ein wunderbarer Schutz für dieses Organ und verhindert Schäden durch Drogen und andere Toxine. Von den vielen Studien, die durchgeführt wurden, um die schützenden Eigenschaften der Mariendistel zu beweisen, waren einige auf die toxische Wirkung des Knollenblätterpilz fokussiert. Die Mariendistel war in der Lage, den Schaden durch das Gift dieses Pilzes entweder zu verhindern oder zu reduzieren. Viele Menschen nehmen dieses Heilkraut, bevor sie Alkohol trinken, da es dann länger dauert, bis sie betrunken sind. Die Mariendistel hilft, die Leber gesund zu halten, was allerdings keine Entschuldigung für exzessiven Alkoholkonsum ist.

Rosmarin *(Rosmarinus officinalis)* verbessert das Erinnerungsvermögen und die Konzentration, indem es Blut in Ihr Gehirn sendet. Außerdem unterstützt es Phase 1 und 2 der Leberentgiftung. Rosmarin ist ein wirksames Kraut, wenn Sie Ihre Emotionen entgiften wollen. Es unterstützt Ihre Nerven und hilft gleichzeitig, die Toxine zu beseitigen.

Schisandra *(Schisandra chinensis)* ist Nahrung für die Nerven und sorgt für eine ausgewogene Energie. Das Kraut unterstützt die Leber in Phase 1 und 2 der Entgiftung. Nehmen Sie es, wenn Sie gestresst und erschöpft sind und sich entgiften müssen.

Löwenzahntee zur Reinigung der Leber

Bereiten Sie diese heilende Kräuterinfusion zu, um Ihre Verdauung anzuregen und eine optimale Leberfunktion zu fördern. Löwenzahn ist ein erdendes Heilkraut, das Ihre Aufmerksamkeit in den Körper zurückbringt.

Indem Sie ein oder zwei Tassen pro Tag trinken, können Sie verstehen, was Ihr Körper möchte (das Verlangen nach bestimmten Nahrungsmitteln kann irritierend sein, sofern es keinen klaren Grund dafür gibt). Unter Umständen haben Sie Verlangen nach Kohlehydraten, wenn ein Vitamin-B-Mangel vorliegt. Bei einem Magnesiummangel wiederum spüren Sie ein starkes Verlangen nach etwas Süßem. Ihr Körper bittet Sie um Kohlehydrate in Form von Brot und Pasta. In Wahrheit möchte er Vollwertnahrung, braunen Reis und Gemüse, wie zum Beispiel Bohnen. Löwenzahntee kann Ihnen helfen zu lernen, wonach Ihr Körper *wirklich* verlangt.

Löwenzahn stimuliert Ihre Leber auf sanfte Weise und fördert die Beseitigung von Abfallstoffen. Vielleicht ist Ihnen der Geschmack des Tees ungewohnt, da er eine sehr erdige Note hat. Sie können den Geschmack verbessern, indem Sie ihn mit Bio-Honig, Agavensirup oder unbehandeltem Kokosnusssaft süßen. Vermeiden Sie nach Möglichkeit raffinierten Zucker, künstliche Süßstoffe oder Milch in Ihrem Tee. Vielleicht schmeckt er anders als die Tees, an die Sie gewöhnt sind, doch betrachten Sie ihn als Medizin. Die Tasse Tee vor Ihnen wird Ihnen bessere Gesundheit und Einblicke in die Bedürfnisse Ihres Körpers schenken.

Zubereitungsmethode

- Übergießen Sie einen Teelöffel getrockneten Löwenzahn (Sie können auch für mehr Geschmack gerösteten Löwenzahn nehmen) mit einer Tasse kochendes Wasser. Lassen Sie die Infusion 10 Minuten ziehen, bevor Sie einen Schluck nehmen und je nach Wunsch Honig etc. hinzufügen.

Vitamin C

Vitamin C wird nicht nur zur Unterstützung des Immunsystems benötigt, sondern für so vieles mehr: Es klärt die Haut, baut Energiereserven auf und ist ein machtvolles Antioxidationsmittel. Dieser wichtige Nährstoff ist wasserlöslich, was bedeutet, dass Ihr Körper keine Reserven dieses Vitamins speichert, anders als zum Beispiel bei Eisen. Also ist eine kontinuierliche Zufuhr durch Nahrungsmittel erforderlich, die reich an Vitamin C sind. Das sind in erster Linie Obst und Gemüse in leuchtenden Farben wie Orangen, Zitronen, Limonen, Erdbeeren, Blaubeeren, Himbeeren, Paprika und Ähnliches.

Genießen Sie diese bunten Geschenke der Natur als Teil Ihrer täglichen Ernährung, doch vergessen Sie nicht, dass es sehr wichtig ist, möglichst lokal angebaute Bio-Produkte zu kaufen. Mit jeder Minute nach dem Ernten verlieren sie an Nährwert. Weiß irgendjemand wirklich, wie lange die Produkte im Supermarkt schon herumliegen? Soviel wir wissen, sind sie vor Monaten gepflückt, in einer Tiefkühltruhe gelagert und durch das ganze Land transportiert worden, eventuell sogar mit Flugzeugen von sehr weit her. Diese Produkte enthalten nur noch wenig Vitamin C. Wenn Sie jedoch in Ihrer Nähe einen Biobauern finden, können Sie wirklich frische, nahrhafte Lebensmittel genießen. Noch besser ist es, wenn Sie sich Ihren eigenen Bio-Garten anlegen!

Es ist eine gute Idee, hin und wieder Multivitamine zu nehmen, um sicherzugehen, dass Sie ausreichend mit Vitamin C versorgt sind. Beim Kauf dieser Vitamine sollten Sie darauf achten, nur solche zu wählen, die Vitamin C aus verschiedenen Quellen enthalten und nicht nur Ascorbinsäure. Achten Sie darauf, dass andere Mineralstoffe enthalten sind, wie zum Beispiel Natriumascorbat, Kalziumascorbat etc. Die zusätzlichen Ascorbate puffern die Säure und sorgen für eine sanftere Wirkung im Körper. Ein Übermaß an isolierter Ascorbinsäure kann zu Magenschmerzen und Durchfall führen. Wenn Sie ein ausgewogenes Multivitaminpräparat gefunden haben, prüfen Sie die Vitamin-C-Menge pro Dosierung. Ob Pulver, Tabletten oder Kapseln – wichtig ist, dass sie keine zusätzlichen Zutaten enthalten. Bitten Sie Ihren Arzt oder Heilpraktiker, die für Sie optimale Dosierung festzulegen. Die empfohlene Tagesdosis liegt bei 200 bis 300 mg.

Vitamin C ist seit Langem für seine Fähigkeit bekannt, das Immunsystem zu stärken. Es ist antibiotisch und antiviral. Wird es zu Beginn einer Erkältung oder Grippe genommen, kann dieses Vitamin die Schwere sowie Dauer der Infektion verringern. Nehmen Sie öfter kleine Mengen Vitamin C, um Ihre Immunfunktion zu stärken. In diesem Fall nützen größere Mengen nichts. Stattdessen braucht Ihr Körper eine konstante Zufuhr durch kleine, kontrollierbare Dosierungen, die er schnell und einfach absorbieren und verwerten kann.

Vitamin C ist für Ihre weißen Blutkörperchen wichtig. Wenn sie ausgewogen sind, wird Ihr Körper zu einem gut strukturierten und geschützten »Gefäß«. Die weißen Blutzellen kreisen unablässig durch Ihren Körper und suchen nach Zeichen von Infektion oder Krankheit. Sobald sie ein solches Zeichen bemerken, machen sie sich an die Arbeit, um die schädlichen Zellen zu zerstören.

Außerdem ist Vitamin C ein ausgezeichnetes Heilmittel für die Haut. Es fördert die Kollagen-Synthese und fügt auf harmonische Weise Gewebe zusammen. All diese wunderbaren Prozesse sind durch das Vitamin C in Ihrem Körper möglich. Es gibt Vitamin-C-haltige Lotionen und Cremes für die Oberflächenbehandlung der Gesichtshaut. Dies sind luxuriöse, pflegende Produkte, die von Ihrer Haut sofort aufgesaugt werden. Ihre Haut wird vor lauter Vitalität und Gesundheit leuchten, wenn Sie natürliche Produkte anwenden, die frei von Chemikalien sind. Da Vitamin C von Natur aus eine so hohe Affinität zur Haut hat, zeigen diese Gesichtscremes eine sofortige Wirkung.

Vergessen Sie zudem nicht, dass die Haut das größte Entgiftungsorgan des Körpers ist. Wenn sie von Toxinen verstopft ist, kann sie die schädlichen Giftstoffe nicht ausscheiden. Doch wenn Sie hohe Mengen an Vitamin C in Ihrem System haben, wird Ihre Haut strahlen. Außerdem werden Sie merken, dass Ihr Körper beim Sport schneller ins Schwitzen kommt. Dies ist ein natürlicher Prozess der Beseitigung von unerwünschten Abfallstoffen. Wahrscheinlich werden Sie feststellen, dass Ihr Schweiß im Vergleich zu dem anderer Menschen wenig oder keinen Geruch hat – was daran liegt, dass Ihr Körper die Toxine ausgespült und Sie auf diese Weise gereinigt hat.

Zu den heilenden Eigenschaften von Vitamin C gehört auch, dass es Ihre wertvollen Nebennierendrüsen ins Gleichgewicht bringt, Ihre Energie normalisiert und jeglichen Schaden repariert, der durch chronischen Stress entstanden ist. Ihre Nebennierendrüsen sind ein Energie-Kraftwerk, verantwortlich für die Produktion von Adrenalin – den Stoff, der das Herz antreibt und Sie antreibt. Leider wird in Zeiten von Stress zu viel Adrenalin produziert. Wenn Ihr Körper über einen längeren Zeitraum mit den Anforderungen von Stress fertigwerden muss, wird er schwach. Ihre Nebennierendrüsen verlieren an Kraft, und Sie sind auf dem Weg zu einer adrenalen Erschöpfung. Vitamin C sucht in Ihrem Körper nach Freien Radikalen, neutralisiert sie und beschützt Sie auf diese Weise vor ihrer schädlichen Wirkung. Diese antioxidative Eigenschaft hat Vitamin C zu einem Schlüssel-Vitamin bei Anti-Aging-Behandlungen gemacht. Es verhindert Zellschäden und stärkt die Jugendfrische Ihrer Zellen.

Vitamin D

Vitamin-D-Mangel breitet sich immer mehr aus. Weil wir zahllose Stunden in geschlossenen Räumen bei künstlicher Beleuchtung verbringen, und das Sonnenlicht aufgrund von Umweltverschmutzung verdeckt wird, fehlt es uns an Vitamin D. Dieses Vitamin ist der Nährstoff, den Sie von der Sonne absorbieren, die so heilend und beruhigend wirkt und Ihnen darüber hinaus die notwendigen Vitamine bringt!

Sie brauchen ungefiltertes, natürliches Licht, um Vitamin D aufnehmen zu können. Es genügt also nicht, in der Nähe des Fensters zu sitzen oder mit dem Auto zu fahren, da das Glas die ultravioletten Strahlen blockiert, die die Vitamin-D-Synthese anregen. Sich mit Sonnenblocker einzucremen verhindert ebenso die Aufnahme von Vitamin D. Natürlich sollten Sie sich nicht zu lange ungeschützt im Sonnenlicht aufhalten. Und falls Ihre Haut nicht an natürliches Licht gewöhnt ist, werden Sie unter

Umständen einen Sonnenbrand bekommen. Deshalb sollten Sie vorsichtig sein. Der Sonnenschein am frühen Morgen oder späten Nachmittag ist perfekt, um Vitamin D zu tanken. Forschungen haben ergeben, dass man nur 15 Minuten ununterbrochenen Sonnenschein braucht, um genug Vitamin D für den ganzen Tag aufzunehmen. Leider verbringen viele Menschen jedoch nicht einmal diese wenigen Minuten draußen.

Menschen, die in großen Unternehmen arbeiten, tragen oft Anzüge und Kostüme mit langen Ärmeln, was bedeutet, dass kein Sonnenlicht an ihren Körper gelangt. Auch die künstliche Beleuchtung in Büros (und vielen Wohnungen) ist schädlich für die Gesundheit, da fluoreszierendes Licht die Sekretion von Melatonin unterdrücken kann. Melatonin wirkt sich auf Ihren Schlafzyklus aus und bringt Ihre Gemütslage ins Gleichgewicht. Es sagt Ihnen, wann Sie müde sind und wann Sie aufwachen müssen. Nach langem Aufenthalt unter fluoreszierender Beleuchtung gerät das Gehirn durcheinander. Die Botschaften sind nicht mehr klar, und Ihr Schlafzyklus beginnt darunter zu leiden. Dadurch kann sich Ihre Stimmung verschlechtern und Ihre Konzentration abnehmen. Diese Art der Beleuchtung ist zwar energiesparend, doch diese Glühbirnen enthalten Quecksilber. Wenn eine davon zerbricht, wird Ihnen geraten, den Bereich zu räumen. Wollen Sie wirklich etwas dermaßen Gefährliches den ganzen Tag über Ihrem Kopf hängen haben? Kompakte fluoreszierende Glühbirnen sind eine kleinere Version der traditionellen Neonröhren. Diese Lichter sind in der Regel spiralförmig oder können wie normale Glühbirnen aussehen. Lesen Sie sich vor dem Verkauf die Verpackungsbeilage genau durch, damit Sie wissen, was Sie kaufen.

Darüber hinaus verursachen fluoreszierende Lichter »schmutzige Elektrizität«, eine elektromagnetische Strahlung, mit der

Ihr Körper nur schwer fertigwird. »Saubere Elektrizität« produziert lediglich eine minimale elektromagnetische Strahlung, da die Wellen der Elektrizität immer gleich sind. »Schmutzige Elektrizität« hingegen hat Höhen und Tiefen, die Ihr Nervensystem verändern. Ein Aufenthalt unter fluoreszierendem Licht kann sich unter Umständen sofort negativ auf Sie auswirken. Es sind Experimente mit Diabetikern durchgeführt worden, bei denen zunächst der Blutzuckerspiegel reguliert wurde, bevor man sie in einen von schmutziger Elektrizität erfüllten Raum brachte, woraufhin ihr Blutzuckerwert stark anstieg. Sobald sie den Raum mit dieser schmutzigen Elektrizität verlassen hatten, normalisierte sich ihr Blutzuckerwert wieder.

Die Engel sagen, dass sich diese chemischen Lichter negativ auf Ihre Intuition auswirken und dass die von diesen Glühbirnen ausgestrahlten Energiewellen unsere Fähigkeit blockieren, klar zu hören, zu sehen, zu fühlen und sie (die Engel) zu erkennen. Vielleicht ist Ihnen schon aufgefallen, dass es schwieriger ist, diese himmlischen Wesen in Einkaufszentren oder Bürogebäuden zu hören. Doch wenn Sie diese Bereiche verlassen, sehen Sie einen eben erst getätigten Kauf oder eine Verpflichtung, die Sie eingegangen sind, mit ganz anderen Augen. Der Grund dafür ist, dass Sie nicht mehr der aggressiven elektromagnetischen Strahlung ausgesetzt sind, die mit fluoreszierendem Licht einhergeht. Jetzt können Sie den Kontakt mit Ihren Engeln wieder aufnehmen!

Aufgrund Ihrer großen Sensitivität spüren Sie vielleicht Kopfschmerzen, Müdigkeit und können sich nur schlecht konzentrieren, wenn Sie sich in solchen Bereichen aufhalten. Zudem sollte jeder, der Heilungsarbeit verrichten oder Readings geben möchte, kein fluoreszierendes Licht in seinen Räumlichkeiten installieren. Viele Heiler werden dies intuitiv fühlen, das Deckenlicht ausschalten und sich für sanfteres Licht entscheiden.

Die althergebrachten Glühbirnen (weißglühend) sind wesentlich besser für Ihre Gesundheit, jedoch nicht unbedingt energieeffizient. Die neuen Halogenlampen produzieren wunderbares Licht, doch auch sie sind nicht energiesparend. LED-Lampen sind eine ausgezeichnete Möglichkeit in Innenräumen, da sie energiesparend sind, nur wenig elektromagnetische Strahlung produzieren und ein strahlendes Licht verbreiten.

Vitamin wird aus dem Sonnenlicht absorbiert, wobei auch für manche Menschen Vitamin-D-Gaben hilfreich sein können. Vitamin D ist fettlöslich. Das bedeutet, dass Ihr Körper es absorbiert, in Fettzellen speichert und mittels Flüssigkeit durch den Körper zirkulieren lässt. Das Schöne daran ist, dass Sie Ihren Vitamin-D-Speicher schnell auffüllen können und Ihr Körper dann einen Vorrat dieses wertvollen Nährstoffes anlegt.

Wählen Sie ein hochwertiges Präparat in Form von Colecalciferol, Vitamin D_3, das schnell vom Körper aufgenommen wird. Da Vitamin D fettlöslich ist, kombinieren viele Hersteller Vitamin D mit einem Fett, zum Beispiel Olivenöl. Das hilft bei der Absorption und Stabilität des Nährstoffes. Einige qualitativ hochwertige Präparate müssen im Kühlschrank aufbewahrt werden, da sie reines Vitamin D_3 enthalten.

Ihr Arzt kann durch eine einfache Untersuchung feststellen, wie hoch Ihr Vitamin-D-Gehalt ist. Ein Bluttest wird Ihren derzeitigen Spiegel zeigen und Ihnen helfen einzuschätzen, wie viel Vitamin D Sie zuführen müssen, oder Ihnen einfach bewusst machen, wie wichtig es ist, nach draußen zu gehen. Als normale Dosis Vitamin D gelten 800 bis 1000 I.E. täglich. Nehmen Sie es beim Essen und möglichst mit einem Öl Ihrer Wahl ein. Es ist eine gute Idee, unmittelbar vor der Vitamin-D-Gabe einen Teelöffel Kokosnussöl zu schlucken. Wenn bei Ihnen ein ausgeprägter Mangel vorliegt, brauchen Sie vielleicht mehr als 1000 I.E.. Am besten besprechen Sie dies mit Ihrem Heilpraktiker oder Arzt.

Viele Jahre lang war Vitamin D nur dafür bekannt, die Knochen zu stärken, ihnen eine größere Dichte zu geben, in Kombination mit Kalzium. In jüngerer Zeit ist Vitamin D ausgiebig erforscht worden. Heute wissen wir, dass es für viele Funktionen des Immunsystems verantwortlich ist. Das Westmead Children's Hospital in Australien erforscht zurzeit (während wir dieses Buch schreiben) die Wirkung von Vitamin D bei Ekzemen und Dermatitis. Zudem scheint es eine positive hormonelle Wirkung zu haben.

Vitamin D ist verantwortlich für die Instandhaltung der Zellen und könnte ein wichtiger Faktor bei der Behandlung vieler Krebsarten und Autoimmunerkrankungen sein. Man geht heute davon aus, dass ausreichend Vitamin D in Ihrem System Sie vor zahlreichen Gesundheitsproblemen schützen kann.

Holunder

Holunder ist eine wirksame Pflanze, die Ihr Immunsystem stärkt und Sie vor Infektionen schützt. Sie ist vor allem gut für die oberen Atemwege, also für Nase, Hals und Nebenhöhlen.

Selbst die Gesündesten unter uns können sich schnell mal einen Schnupfen holen. In solchen Fällen erweist sich Holunder als ein besonders guter Freund, den man immer zur Hand haben sollte. Ich (Robert) habe unzählige Male mit Holunder gearbeitet und festgestellt, dass bereits nach ein paar Tagen der Holunder-Einnahme der Schnupfen weg war.

Holunder hat eine »lautere« Persönlichkeit als die meisten Heilpflanzen. Wenn Sie den Kontakt mit ihm aufnehmen, werden Sie von einer warmen und fürsorglichen Energie begrüßt. Holunder möchte Ihnen ohne Frage bei Ihrer Heilung helfen, doch verlangt er Respekt. Das ist kein Problem, wenn Sie in einer ländlichen Umgebung wohnen und selbst Holunderbüsche angepflanzt haben, doch die meisten von uns kaufen Holunderblüten oder -beeren, die bereits geerntet und entsprechend zubereitet wurden.

Was können Sie also tun, um ein zufriedenstellendes Ergebnis zu erreichen und die »Holunder-Mutter« bei Laune zu halten? Setzen Sie sich mit einer Flasche Holundersaft an einen ruhigen Ort, und schließen Sie die Augen. Bitten Sie innerlich den Holunder um Hilfe. Vielleicht wollen Sie der Erde als Gegenleistung etwas zurückgeben, indem Sie eine kleine Köstlichkeit draußen hinlegen, oder ein wenig von dem Saft auf die Erde schütten. Vorausgesetzt Ihre Intuition ist rein, werden Sie wunderbar miteinander auskommen! Wichtig ist, dass Sie auf den Holunder hören, nachdem Sie die Medizin genommen haben. Häufig werden Sie sich angeleitet fühlen, mehr Ruhepausen einzulegen, also achten Sie besser auf sich, und gönnen Sie sich genügend »Auszeiten«. Diese sind ein wichtiger Aspekt Ihrer Heilung, also bitte lassen Sie es zu, und genießen Sie diese Zeiten der Ruhe.

Holunderblüten kommen vom *Sambucus nigra*-Baum. Diese kleinen weißen Blüten werden als Kräutermedizin bei Erkältungen, Fieber und Schnupfen angebaut und gelten als äußerst wirksam. Es gibt sie in verschiedenen Zubereitungen, unter anderem als Tee, Kräuterextrakte, Tinkturen und Tabletten. Acht Tropfen der Tinktur drei- bis viermal täglich genügen.

Holunderbeeren erleben zurzeit als wirksame Heilmethode ein Comeback, und die Forschung zeigt, dass diese Pflanze machtvolle antivirale Eigenschaften besitzt, die sie sehr wirksam macht bei Grippe-Symptomen. Der modernen Medizin mangelt es an der Fähigkeit, Virusinfektionen zu behandeln. Wenn der Arzt Ihnen also bei einem grippalen Infekt Antibiotika verschreibt, behandelt er damit nicht den Virus. Vielmehr verhindert er damit, dass Sie eine von Bakterien verursachte Folgeinfektion bekommen. Mit der Anwendung von Holunderbeeren können Sie die Fähigkeiten Ihres Körpers stärken, jeden Virus erfolgreich zu bekämpfen.

Das Problem mit Holunderbeeren besteht darin, dass sie als Flüssigkeit unbeständig sind. Die meisten Heilkräuter werden in eine Flüssigkeit extrahiert und dann eingenommen, oder getrocknet als Pulver. Aufgrund der temperamentvollen Natur dieser Beeren müssen andere Methoden angewandt werden. Holunderbeeren-Tabletten sind am wirksamsten.

Holunderblüten als Tee getrunken können helfen, Fieber zu senken, was allerdings genau überwacht werden muss. Achten Sie darauf, dass die Temperatur nie zu hoch steigt (nicht höher als 40 Grad Celsius). Steigt das Fieber, suchen Sie sofort ärztliche Hilfe.

- Übergießen Sie zwei Teelöffel getrocknete Holunderblüten mit einer Tasse kochendem Wasser. Lassen Sie den Tee 10 Minuten ziehen, bevor Sie ihn trinken.

Dieses warme Getränk hilft, Krankheiten zu bekämpfen und die Körpertemperatur zu normalisieren. Es hört sich beinahe so an wie das Gegenteil von dem, was Sie tun sollten. Tatsache ist jedoch, dass Sie wahrscheinlich schneller schwitzen, wenn

Sie etwas Warmes trinken. Sobald das Fieber ausgeschwitzt wird, senkt sich in der Regel die Temperatur, und Heilung tritt ein. Es ist eine gute Idee, in den kühleren Monaten Holunderblütentee als vorbeugende Maßnahme zu trinken. Vielleicht sollten Sie auch mal die beliebte Kombination von Schafgarbe, Holunderblüten und Pfefferminze versuchen.

Echinacea

Echinacea *(Sonnenhut)* ist wahrscheinlich die bekannteste Kräutermedizin überhaupt. Der Sonnenhut hat eine lange Erfolgsgeschichte aufzuweisen, doch gibt es immer noch Zweifel an seiner Wirksamkeit. Viele Menschen haben Echinacea genommen, ohne die gewünschten Resultate zu erzielen. Deswegen möchten wir Ihnen hier zeigen, wie Sie ein wirklich gutes Produkt finden können, und wann Sie es am besten nehmen sollten.

Echinacea ist ein Heilkraut zur Stärkung des Immunsystems. Es hilft, Ihre Immunfunktionen wiederherzustellen und die weißen Blutkörperchen in Ihrem Körper zu vermehren, was Sie vor Infektionen schützen kann. Wenn Sie jedoch bereits erkältet oder krank sind, dann ist Echinacea unter Umständen nicht das richtige Mittel für Sie. Idealerweise nimmt man es zwei oder drei Monate lang, um das Immunsystem zu stärken. Auf diese Weise wird es seine Wirkung am besten entfalten. Wenn Sie krank werden, ist es zu spät, mit Echinacea anzufangen. Es wird zwar immer noch helfen, doch nicht so effektiv sein wie zum Beispiel Knoblauch oder Kalmegh, zwei Heilpflanzen, die sich bei akuter Erkrankung ausgezeichnet bewährt haben.

Echinacea eignet sich besser für einen langfristigen Plan zur Verbesserung von Gesundheit und Wohlbefinden.

Achten Sie darauf, ein Produkt zu wählen, das aus den besten Echinacea-Arten hergestellt wurde: *Echinacea angustifolia* und *Echinacea purpurea*. Beide sind hoch wirksam und wunderbare Mittel zur Stärkung Ihres Immunsystems. *Echinacea pallida* wird häufig bei Produkten geringerer Qualität verwendet. Diese Form des Heilkrauts hat nicht dieselbe immunstärkende Kraft wie die anderen Varianten, doch Hersteller benutzen es, weil es billiger ist und sie dennoch das Wort »Echinacea« auf das Etikett schreiben dürfen. Prüfen Sie sorgfältig die Zutaten bei jedem Produkt, und achten Sie darauf, nur die beste Qualität zu kaufen.

Der wirksamste Bestandteil von Echinacea ist die Wurzel, da sie die höchste Konzentration der aktiven Bestandteile der Pflanze enthält. Jedoch nehmen wir lieber Produkte, bei denen die ganze Pflanze genutzt wird: Wurzel, Blätter und Blüten. Das bedeutet, dass nichts verschwendet wird. Wenn wir das Kraut aus der Erde ziehen und es um seine Dienste bitten, besteht das Mindeste, was wir tun können, darin, es in vollem Umfang zu nutzen. Missachten Sie Mutter Natur nicht, indem Sie nur die Wurzeln benutzen und den Rest wegwerfen.

Zungen-Kernkeule *(Cordyceps sinensis)*

Cordyceps ist ein kräftigendes Kraut, das Immunsystem, Vitalität und physische Ausdauer stärkt. In der westlichen Welt ist es erst seit 1992 bekannt, als die chinesischen Olympioniken bei vielen Sportarten sämtliche Rekorde brachen. Sie mussten sich Dopingtests unterziehen (wie alle anderen Athleten), doch sämtliche Tests waren negativ. Dann fand man heraus, dass diese Elite-Sportler als Teil ihrer täglichen Routine Cordyceps nahmen. Cordyceps kann die Sauerstoffaufnahme in den Zellen verbessern, was dem gesamten Organismus zugute kommt. Wenn Sauerstoff ausgewechselt wird, werden Kohlehydrate und andere Stoffwechselabfälle ausgeschieden. Dadurch können Sie mehr leisten, ohne müde zu werden.

Cordyceps bringt Ihr Immunsystem ins Gleichgewicht und eignet sich im Bedarfsfall ausgezeichnet für eine längere Anwendung. Es kräftigt Ihren Körper nach einer langen Krankheit, Operation oder in anderen Situationen, die sowohl physisch als auch emotional erschöpfend sind. Dieses wirkungsvolle Heilkraut wächst in großen Höhen in den Bergen von China und Tibet und widersteht rauen Umweltbedingungen und kalten Wintern, was die Anpassungsfähigkeit dieses wunderbaren Krautes zeigt. Es bringt Ihnen genau diese Tugenden und die nötige Ausdauer, um Ihre Aufgaben zu erledigen und sich danach umso gesünder und besser zu fühlen.

Cordyceps kommt bei Husten, Atemproblemen, geringer Libido, kardiovaskulären Erkrankungen und Schwächezuständen zur Anwendung. Es ist ein Tonikum, das ein langes Leben fördert, die Energie erhöht und Ausdauer verbessert. Es stärkt die natürlichen Killerzellen des Körpers, die kranke Zellen zerstören. Einige Untersuchungen haben gezeigt, dass es sinnvoll ist, Cordyceps in Kombination mit chemotherapeutischen Behandlungen anzuwenden. Das sollte man jedoch am besten mit dem behandelnden Spezialisten besprechen.

Ballaststoffe

Ballaststoffe sind ein Nahrungsbestandteil, der für Ihre Gesundheit unerlässlich ist. Es gibt lösliche und nicht lösliche Ballaststoffe, und Sie brauchen beide für ein voll funktionsfähiges Verdauungssystem. Die Engel haben Ihnen gezeigt, dass Ballaststoffe eine eigene Lebenskraft haben. Sie sind in vieler Hinsicht hilfreich für Ihre Verdauung und damit einen gesunden Organismus. Zum einen, weil sie Giftstoffe beseitigen helfen, und zum anderen, weil sie den segensreichen Bakterien in Ihrem Verdauungssystem als Nahrung dienen.

Lösliche Ballaststoffe finden Sie in frischem Obst, Gemüse, Hülsenfrüchten, wie beispielsweise Bohnen, Haferflocken und Reis. Diese Ballaststoffe ziehen Wasser an und haben zur Folge, dass Sie sich länger gesättigt fühlen. Sie helfen außerdem, den Blutdruck zu senken, und sie können dazu beitragen, die Blutzuckerwerte ins Gleichgewicht zu bringen. Außerdem verzögern sie die Absorption von Zucker und verhindern auf diese Weise extreme Blutzuckerschwankungen.

Nicht wasserlösliche Ballaststoffe findet man in Zerealien und Vollwertgetreide, wie zum Beispiel braunem Reis. Sie haben eine füllende Wirkung auf Ihr Verdauungssystem, was für einen regelmäßigen Stuhlgang sorgt. Nicht wasserlösliche Ballaststoffe enthalten zudem Psyllium-Hülsen, Kleie und Rot-Ulmen-Asche. Diese Ballaststoffe bleiben auf ihrem Weg durch den Körper unverändert.

Wenn Sie genug ballaststoffreiche Nahrung essen, reinigt Ihr Körper sich automatisch von Abfallprodukten. Ballaststoffe verhindern, dass sich die Toxine in Ihrem Körper festsetzen, und helfen Ihnen, sie loszuwerden. Gefährliche Giftstoffe können sich an die Darmwand kleben, und je länger sie dort verbleiben, desto toxischer und gefährlicher werden sie. Daher müssen Sie diese Gifte auf eine sichere und natürliche Weise aus Ihrem Darm beseitigen. Stellen Sie sich Ballaststoffe wie einen Pfeifenreiniger vor. Sie reinigen den innerlich angesammelten Schmutz, der Sie krank machen kann. Diese Reinigungsfähigkeit der Ballaststoffe zieht auch Cholesterin und andere chemische Stoffe aus Ihrem System – sie hängen sich an diese Substanzen und befördern sie aus Ihrem Körper hinaus.

Ballaststoffe dienen als ein probiotisches Mittel, als Nahrungsquelle für die gesunden Bakterien Ihres Verdauungssystems. Um Ihren Darm mit gesunden Organismen zu versorgen, brauchen die Bakterien etwas, womit sie sich ernähren können, und Ballaststoffe sind genau das Richtige. Zu häufig kommt es vor, dass Menschen ein probiotisches Nahrungsergänzungsmittel nehmen und nur geringen Erfolg damit verzeichnen. Wenn Sie Ihren Behandlungsplan mit adäquatem Ballaststoff anreichern, werden sich diese Resultate mit Sicherheit verbessern.

Sollten Sie sich entscheiden, ein Ballaststoff-Ergänzungsmittel zu nehmen, achten Sie darauf, es nicht gleichzeitig mit anderen Medikamenten und Präparaten zu nehmen. Bestimmte Elemente im Ballaststoff können sich mit den nützlichen Bestandteilen in Ihrem Nahrungsergänzungsmittel verbinden und verhindern, dass es absorbiert wird. Außerdem sollten Sie darauf achten, generell viel Wasser zu trinken, wenn Sie ein Ballaststoffmittel benutzen, plus einem *zusätzlichen* Glas bei der Einnahme. Ansonsten könnten die nicht wasserlöslichen Fasern anschwellen und Ihren Darm blockieren. Indem Sie genug Wasser trinken, wird der Reinigungsprozess so verlaufen, wie die Natur es vorgesehen hat.

4

Aromatherapie und ätherische Öle

Eine einfache Möglichkeit, Ihren Körper und Ihr Zuhause zu entgiften, besteht darin, von chemisch behandelten Toiletten- und Reinigungsprodukten zu natürlichen ätherischen Ölen überzugehen. Auf diese Weise werden Sie Geld sparen und zugleich die Umwelt schonen!

Reine ätherische Öle sind konzentrierte Heilungsmittel, die aus Pflanzen gewonnen werden. Fast alle Pflanzen enthalten wertvolle ätherische Öle. Der Preis für diese Öle hängt davon ab, wie viel es davon gibt und wie einfach oder kompliziert sie extrahiert werden können.

Die ätherischen Öle von Zitronen und Orangen befinden sich in der Schale der Früchte. Die Substanz lässt sich gut auspressen und ergibt ein reines, aromatisches und sehr preiswertes Öl.

Das kostbare Rosenöl wird aus den Blütenblättern gewonnen, die sehr zart sind. Die Blüten sind so schön, dass sie häufig für Bouquets oder zu Dekorationszwecken verwendet werden. Eine sehr große Menge von Blütenblättern ist nötig, um auch nur einen einzigen Tropfen Öl zu gewinnen, was 100 Prozent reines Rosenöl extrem teuer macht. In der Regel wird es mit duftneutralem Jojobaöl verdünnt, das als Basisöl fungiert. Das ist völlig in Ordnung, da der himmlische Duft dieses heiligen Öls so intensiv ist, dass es auch in Kombination mit einem Basisöl seine Intensität behält.

Jedes ätherische Öl hat seinen eigenen, einzigartigen Duft, seine besondere Vibration und individuellen Heilungseigenschaften.

Die Engel sind immer in Ihrer Nähe, wenn Sie mit ätherischen Ölen arbeiten, deren Aromen die Tendenz haben, Ihre außersinnlichen Fähigkeiten zu öffnen, indem sie Ihre Intuition verfeinern. Der Duft des Öls transzendiert die physische Welt und erweckt Ihre Spiritualität. Diese kostbaren Substanzen entgiften Sie physisch, emotional und seelisch.

Eine Auswahl ätherischer Öle und die ihnen zugeordneten Chakras

Chakra	**Ätherische Öle**
Wurzel	Patschuli
Sakral	Jasmin, Sandelholz
Solarplexus	Vetiver, Geranie, Fenchel, Wacholder
Herz	Bergamotte, Rose
Hals	Blaue Kamille, Palmarosa
Drittes Auge	Rosmarin
Krone	Weihrauch, Neroli

Heilende Eigenschaften und zugeordnete Engel bei ausgesuchten ätherischen Ölen

Eukalyptusöl

Eukalyptus reinigt die Luft von Bakterien und Viren. Es ist ein wunderbares antiseptisches Öl und vor allem für die Wintermonate geeignet. Es beseitigt Spannungen im Brustbereich und heilt Husten und Bronchitis. Geben Sie ein paar Tropfen Eukalyptusöl auf ein Taschentuch, und atmen Sie es im Laufe des Tages mehrmals ein, um eine verstopfte Nase frei zu machen.

Dieses Öl hat eine tiefenreinigende Wirkung – physisch wie auch spirituell. Es klärt die Energie außersinnlicher Attacken und unerwünschter Wesenheiten. Eukalyptus kann alte Energien und Emotionen an die Oberfläche bringen, um sie loszulassen. Dieser Schritt ist wichtig für Ihre Heilung. Manchmal ist es unumgänglich, dass Sie Ihre Vergangenheit annehmen, damit Ihnen eine strahlende Zukunft offensteht.

Eukalyptusöl wird mit den Erzengeln Michael und Raphael assoziiert.

Geranienöl

Geranienöl kann vor allem beim Reisen hilfreich sein. Es reguliert Ihre innere Uhr und bringt Ihren Schlaf- und Wachzyklus ins Gleichgewicht. Es ist gleichzeitig beruhigend und erhebend. Dieses erfreuliche Öl stärkt zudem Ihre Selbstachtung und Zuversicht.

Das Öl ist mit den Erzengeln Haniel und Jophiel verbunden.

Indisches Patschuliöl

Patschuli hat eine erdende Qualität und bringt Sie in Ihren Körper zurück. Es hilft Ihnen, aus Ihrem Kopf und in Ihr Herz zu kommen. (Idealerweise sollten alle Gedanken und alle Gerichtetheit aus dem Herzen kommen.) Wenn Sie mit Patschuliöl arbeiten, werden Sie sich zentrierter und ausgeglichener fühlen.

Es ist mit den Erzengeln Metatron und Zadkiel verbunden.

Kamillenöl

Die Kamille ist wundervoll beruhigend und entspannend. Sie beseitigt Stress und Ängste jeder Art. Die Kamille ist entzündungshemmend und kann gerötete, wunde Haut beruhigen.

Dieses großartige blaue Öl steht im Einklang mit dem Halschakra. Kamille bringt Ihre Kommunikation und Stimme ins Gleichgewicht und verbessert sie. Kamillenöl gibt Ihnen bei öffentlichen Auftritten Selbstvertrauen und erlaubt Ihnen, effektiver zu schreiben. Botschaften mit anderen zu teilen ist heilend für beide Seiten – für den, der gibt, und für den, der empfängt. Dieses Öl hilft Ihnen, Ihren Standpunkt auf eine liebevolle Weise klar zu kommunizieren. Arbeiten Sie mit Kamille, wenn Sie fühlen, dass Sie etwas zu sagen haben, die richtigen Zuhörer jedoch noch nicht zugegen sind.

Kamillenöl ist mit den Erzengeln Gabriel und Michael assoziiert.

Kleeöl

Dieses Öl beseitigt Schimmel und verhindert, dass er sich erneut bildet. Viele Reinigungsprodukte gegen Schimmel enthalten toxische Chemikalien, die Sie wegen ihrer Gefährlichkeit weder einatmen noch im Haus haben sollten. Klee hilft, den Schimmel zu beseitigen, und verhindert, dass die Sporen sich ausbreiten können. Benutzen Sie das Öl unverdünnt, und wischen Sie über die betroffenen Bereiche. Probieren Sie es zuerst an einer unauffälligen Stelle aus, um sich zu vergewissern, dass das Öl keine Flecken an der Wand zurücklässt. Außerdem können Sie Kleeöl in einen Aromatherapie-Zerstäuber geben, um Sporen in der Luft zu vernichten.

Klee beseitigt umgehend jegliches Gefühl von »Spaciness«. Es bringt Sie zurück in die Gegenwart, verankert Ihre Füße fest im Boden. Kleeöl ist wunderbar nach einer Tiefenheilung oder Meditation. Es ist ziemlich intensiv, daher genügen einige wenige Tropfen. Es kann sich bei spirituellen Sitzungen als hilfreich erweisen, da es dafür sorgt, dass Sie in Ihrem Körper bleiben.

Kleeöl ist mit den Erzengeln Azrael, Metatron und Zadkiel verbunden.

Lavendelöl

Lavendel ist antiseptisch und ein ausgezeichnetes Reinigungsöl. Nehmen Sie es als Spray zum Reinigen von Tischplatten, oder fügen Sie dem Putzwasser ein paar Tropfen hinzu. Es tötet Bakterien ab und hinterlässt im ganzen Haus einen köstlichen Duft.

Das ätherische Öl des Lavendel ist das ultimative Entspannungsöl. Eine einfach Inhalation dieses Duftes macht umgehend Ihren Kopf frei und schenkt Ruhe, Frieden und Gelassenheit.

Jeder Manifestation geht ein Gedanke voraus, was bedeutet, dass Gedanken sehr machtvoll sind. Worauf immer Sie Ihre Intention richten, ist genau das, was Sie in der physischen Welt manifestieren werden. Lavendel bittet Sie, sich auf ruhige, entspannende und friedliche Gedanken zu fokussieren – und genau das ist es, was Sie auf der physischen Ebene erfahren werden, wenn Sie mit diesem Öl arbeiten. Stress und dramatische Konflikte werden aus Ihrem Leben verschwinden, während Sie dieses positive Feld annehmen, von dem Sie umgeben sind. Lavendel öffnet Ihr Drittes-Auge-Chakra und entfaltet Ihre angeborenen hellsichtigen Fähigkeiten.

Es ist mit Erzengel Haniel verbunden.

Orangenöl

Dieses duftende Öl bringt Ihr Leben ins Gleichgewicht und hilft Ihnen, sich klarer auf Ihre Ziele zu richten. Es stärkt Ihr Selbstvertrauen und motiviert Sie, Ihre Wünsche zu manifestieren. Bevor Sie Ihre Ziele erreichen, müssen Sie zuerst wissen, um was es sich dabei handelt. Orangenöl macht Ihnen Ihre Wünsche und Ambitionen klarer. Wenn Sie mit dieser edlen Substanz arbeiten, werden Sie Ihre wirklichen Leidenschaften verstehen und erkennen, wie Sie diese Passionen jeden Tag leben und genießen können.

Orangenöl ist mit den Erzengeln Chamuel, Sandalphon und Uriel assoziiert.

Pfefferminzöl

Die Pfefferminze eignet sich ausgezeichnet für Schmerzlinderung. Wenn Sie Kopfschmerzen haben, tupfen Sie einfach einen Tropfen auf Ihre Schläfen. Bei Menstruationsschmerzen reiben Sie Ihren Bauch mit ein oder zwei Tropfen ein, und der Schmerz vergeht. Im Grunde genommen können Sie dieses Öl überall dort anwenden, wo etwas wehtut oder entzündet ist.

Unverdünnt angewandt, kann das Öl eine leichte Rötung der Haut verursachen, da es das Blut an die Oberfläche bringt und auf diese Weise Heilung ermöglicht. Wenn Sie wollen, können Sie das Öl mit ein paar Tropfen eines Basisöls mischen, um es zu verdünnen.

Pfefferminze sorgt für eine ausgewogene Stimmung – es ist ein erhebendes Öl, das Motivation fördert und mit Erzengel Raphael verbunden ist.

Rosenöl

Rosenöl verströmt einen unverkennbaren Duft, den man sofort mit Liebe verbindet. Es bringt Sie umgehend in Ihr Herz, während Ihr ganzes Bewusstsein auf Liebe ausgerichtet ist, der ultimativen Heilkraft. Alles, was aus Liebe geschieht, ist heilend, und jede Heilung schließt Liebe ein. Je mehr Liebe Sie um sich haben, desto mehr Heilungsenergie werden Sie erfahren. Das Rosenöl bringt Ihnen dank seines köstlichen Duftes Frieden und Gelassenheit.

Es ist mit den Erzengeln Haniel, Jophiel und Raphael verbunden.

Rosmarinöl

Rosmarinöl hat eine besondere Affinität zum Kopfbereich. Es durchdringt mentalen Nebel und fördert die Konzentration. Es erlaubt Ihnen, sich nicht nur zu fokussieren, sondern auch ein größeres Verständnis für die vor Ihnen liegenden Aufgaben zu gewinnen. Rosmarinöl weckt Ihr Drittes Auge und ermöglicht Ihnen den Zugang zu Ihrer intuitiven Führung. Rosmarin verbessert Ihre spirituellen Fähigkeiten, indem es Ihnen größere Klarheit schenkt.

Dieses heilende Öl ist mit den Erzengeln Michael, Raziel und Uriel verbunden.

Sandelholzöl

Dieses heilige Öl übt den Zauber großer spiritueller Weisheit und Wissen aus. Es enthüllt Ihnen die Geheimnisse des Universums und erschließt Ihnen sein Mysterium. Es ist besonders gut geeignet für die Arbeit mit Klienten, da es Ihnen erlaubt, ungeahnte Tiefen zu erreichen und die wahre Quelle ihrer Sorgen und Probleme aufzudecken. Sandelholz bringt Ihre physischen und geistigen Wünsche ins Gleichgewicht, verbessert Ihre Kreativität und hilft Ihnen, sich in Ihrer Haut wohlzufühlen.

Sandelholzöl ist mit den Erzengeln Michael, Raziel und Uriel verbunden.

Teebaumöl

Das Teebaumöl ist ein natürliches Desinfektionsmittel, das Sie für die Reinigung aller Bereiche Ihres Hauses benutzen können. Außerdem verleiht der frische Geruch Ihrem Haus ein Gefühl von Sauberkeit! Das Öl des Teebaums ist das einzige Öl, das den Bakterien-Biofilm durchbrechen kann. Wenn Bakterien sich auf einer Oberfläche zusammenschließen, sondern sie eine Substanz aus, die sie schützt – den sogenannten Biofilm. Diese Tatsache sorgt dafür, dass normale chemische Reinigungsmittel unwirksam sind. Sobald sie mit dem Biofilm in Kontakt kommen, sind die Bakterien geschützt. Teebaumöl kann diese Substanz durchbrechen und die Bakterien komplett neutralisieren. Zudem haben Untersuchungen gezeigt, dass Bakterien nicht in der Lage sind, einen Widerstand gegen dieses magische Öl zu bilden.

Teebaumöl durchbricht alte, stagnierende Energie, um Raum für das Neue zu schaffen. Es unterstützt neues Wachstum und Anpassung an Ihre gegenwärtige Situation. Indem es negative Energie beseitigt, löst es die Blockaden Ihrer Chakras auf.

Es ist mit den Erzengeln Michael und Raphael verbunden.

Zedernholzöl

Zedernholzöl hat einen erdigen Duft, der Sie mit Ihrem Erbe verbindet und hilft, Sie zu Ihren Wurzeln zurückzubringen, indem es Ihre Energie erdet.

Dieses Öl ist mit Erzengel Jeremiel verbunden.

Hand-Spray

Um sich und Ihre Familie gesund zu erhalten, ist die Reinigung Ihrer Hände ein absolutes Muss. Während Sie im Laufe des Tages Dinge erledigen, kommen Sie in Kontakt mit einer Unmenge von Bazillen. Denken Sie an Einkaufswagen, Türklinken, Toiletten und Treppengeländer als Hot Spots für Bazillen.

Spezielle Desinfektionsmittel für die Hände sind voller schädlicher Chemikalien und Toxine, wie zum Beispiel Tricosan, daher sollten Sie diese Produkte meiden! Es gibt jedoch natürliche Desinfektionen für die Hände, die aus organischen Reinigungsmitteln hergestellt werden. Lesen Sie die Packungsbeilage genau durch, da viele dieser Mittel künstliche und synthetische Duftstoffe sowie Chemikalien enthalten.

Nachdem wir uns ein wenig schlaugemacht haben, kamen wir zu dem Schluss, dass es am sichersten und einfachsten ist, wenn wir unser eigenes Hand-Desinfektionsmittel mischen:

- Nehmen Sie eine 100-ml-Flasche und füllen diese mit Wasser. Dann geben Sie 200 Tropfen (ungefähr zwei Teelöffel) Teebaumöl dazu und schütteln das Ganze kräftig, damit sich Wasser und Öl gut vermischen. Sie können das Mittel noch effektiver machen, wenn Sie einen Emulgator hinzufügen.

Viele Hersteller von qualitativ hochwertigen ätherischen Ölen werden etwas anbieten, das Sie mit dem Öl mischen können, damit es sich im Wasser auflöst. Achten Sie darauf, dass diese Mittel aus organischen, allergiefreien Substanzen gewonnen sind. Führen Sie das fertige Spray (oder ein kleines Fläschchen) mit sich und reinigen Sie je nach Bedarf Ihre Hände (oder auch Oberflächen) damit. Die natürlichen antiseptischen Eigenschaften des Teebaumöls werden jegliche Bakterien beseitigen.

Natürliches Deodorant

Die meisten ätherischen Öle sind von Natur aus antibakteriell. Bakterien sind es, die Körpergeruch oder Beschwerden hervorrufen. Konventionelle Deodorants zielen darauf ab, zu verhindern, dass sich Bakterien oder Schweiß bilden. Das tun sie mithilfe von schädlichen und toxischen Substanzen wie Aluminium, das sich negativ aufs Gehirn auswirkt. Untersuchungen haben gezeigt, dass es einen Zusammenhang zwischen Aluminiumbelastung und Demenz gibt.

Sie können Ihr eigenes Deodorant in ähnlicher Weise wie das Hand-Spray selbst herstellen.

- Nehmen Sie irgendein ätherisches Öl, das Ihnen gefällt. Vielleicht werden Sie merken, dass die Konzentration von Öl zu Wasser bei dem Deodorant nicht so hoch sein muss. Experimentieren Sie mit Ihrem Körper, indem Sie vorsichtig anfangen und je nach Bedarf mehr nehmen. Lavendelöl eignet sich besonders gut, da es sowohl antibakteriell als auch antimykotisch (»gegen Pilze wirkend«) ist. Kombinieren Sie es mit ein wenig Rosen- oder Kamillenöl für einen angenehmen, natürlichen Duft. Sprühen Sie ein wenig (mehr ist nicht nötig) unter Ihre Arme, und lassen Sie es trocknen.

Sie können das Öl auch direkt unter Ihre Arme geben. Reiben Sie ein paar Tropfen Lavendelöl in Ihre Achselhöhlen, um sich den ganzen Tag frisch zu fühlen.

Körperöl

Mischen Sie sich selbst ein heilendes und entgiftendes Körperöl. Sie können alle ätherischen Öle nehmen, zu denen Sie sich intuitiv hingezogen fühlen. Das Basisöl sollte naturbelassen sein und frei von chemischen Zusätzen. Sehr gut eignet sich biologisches Jojobaöl, kaltgepresstes Bio-Olivenöl und kaltgepresstes Bio-Kokosöl. Sie alle vermischen sich leicht und problemlos mit ätherischen Ölessenzen.

- Beginnen Sie mit 30 ml Basisöl und fügen Sie bis zu 15 Tropfen ätherisches Öl hinzu. Folgen Sie dabei Ihrer inneren Führung und meditieren Sie über der Mischung, bevor Sie sie zubereiten. Zum Beispiel könnten Sie sich angeleitet fühlen, einen Tropfen Rosenöl und 14 Tropfen Lavendelöl zu benutzen. Die Engel werden Ihnen bei Ihrer persönlichen Rezeptur helfen.

  Wenn die Mischung fertig ist, geben Sie ein paar Tropfen auf Ihren Brustbereich, Ihre Arme und Beine. Sie werden feststellen, wie angenehm belebend es ist, auf diese Weise den Tag zu beginnen. Alle Sinne (einschließlich Ihres siebten) wachen auf! Auch Massagen mit ätherischen Ölen sind eine wunderbare Möglichkeit, sich zu entgiften.

5

Entgiften Sie Ihre Küche

Der Vater der modernen Medizin, Hippokrates, hat gesagt: »Möge Nahrung deine Medizin sein, und Medizin deine Nahrung.« Die Lebensmittel, die Sie essen, wirken sich auf Ihre Energie, Ihre Fähigkeit, sich zu fokussieren, Ihre Stimmungen, Ihre Erscheinung und Ihre Gesundheit aus.

Wie wir bereits an früherer Stelle betont haben, ist ein beunruhigender Anstieg von genveränderten Nahrungsmitteln zu beobachten. Die genetischen Strukturen dieser Produkte wurden manipuliert – in der Regel, um sie länger haltbar zu machen. Doch sie wurden auch entwickelt, um sie widerstandsfähiger gegen Insekten zu machen. Die Zellen einiger dieser Nahrungsmittel, beispielsweise Mais, wurden tatsächlich mit Insektengiften »angereichert«. Das bedeutet, dass Sie ein Gift konsumieren, wenn Sie ein genmanipuliertes Mais-Produkt essen oder trinken. Die Hersteller behaupten, dass diese Produkte genau dasselbe sind wie die organische Variante. Versuche an Tieren haben aber ergeben, dass genmanipulierte Nahrungsmittel zu Unfruchtbarkeit und Tumoren führen. Warum sollten Sie also Ihre Gesundheit riskieren, wenn biologische, naturbelassene Produkte nicht nur risikofrei sind, sondern auch wesentlich besser schmecken?

Gesetze, die verlangen, dass auf dem Etikett angezeigt wird, ob ein Produkt genmanipuliert ist, unterscheiden sich von Land zu Land. In den USA findet man heute in den meisten Supermärkten genveränderte Nahrungsmittel (s. die Liste auf S. 15). Darüber hinaus verstecken sie sich in vielen abgepackten Produkten, ohne dass dies auf dem Etikett aufgeführt wird. In Deutschland zum Beispiel muss auf dem Produkt angegeben sein, ob es genmanipulierte Zutaten enthält.

Am sichersten ist es, wenn Sie sich für zertifizierte Bio-Produkte entscheiden. Dann können Sie sicher sein, dass die Nahrung, die Sie zu sich nehmen, natürlich und vollwertig ist, wie der Schöpfer es vorgesehen hat.

Das Konzept einer abwechslungsreichen Ernährung

Für Ihren Körper ist es am besten, wenn Sie sich abwechslungsreich ernähren. Das bedeutet, dass Sie zum Beispiel heute Bio-Tomaten essen und dann ein paar Tage verstreichen lassen, bevor Sie sie erneut genießen. Das gilt für alles, was Sie essen und trinken. Wie Sie wissen, ist Ihr Körper sensitiv. Sollten Sie also jeden Tag das Gleiche essen oder trinken, führt das zu Entzündungen – Ihr Körper erkennt die Nahrung nicht länger als nahrhaft. Vielmehr setzt er einen entzündlichen Prozess in Gang, der verhindert, dass Sie wichtige Nährstoffe aus dem absorbieren, was Sie zu sich nehmen.

Interessanterweise können Sie süchtig nach Nahrung werden, gegen die Sie eigentlich allergisch sind. Wenn Ihr Körper Entzündungen erzeugt, schüttet er Endorphine aus, Wohlfühl-Hormone, nach denen Sie süchtig werden. Sie essen also vielleicht eine Tomate (oder was auch immer Sie zu häufig essen), und das gibt Ihnen ein gutes Gefühl. Gleichzeitig produziert Ihr Körper eine Entzündung. Ihr Kopf merkt, dass Sie sich nach dem Konsum von Tomaten gut fühlen, also essen Sie mehr davon, was zu einer vermehrten Produktion von Endorphinen führt.

Solange Sie dieses Verhalten nicht verstehen und damit aufhören, werden Sie nicht erkennen, dass es Ihrem Körper an der Nahrung mangelt, die er braucht. Daher sollten Sie für eine Weile auf Lebensmittel verzichten, die Sie wochenlang regelmäßig gegessen haben. Achten Sie auf die subtilen und tiefgreifenden Unterschiede in Ihrem Körper. Danach können Sie diese Nahrungsmittel erneut essen, um zu sehen, wie Ihr Körper reagiert. Dieses Mal werden Sie vielleicht feststellen, dass Sie sich danach aufgebläht fühlen, müde, gereizt oder unwohl – ein klares Zeichen, dass diese Nahrung nie das Richtige für Sie war. Irgendwann werden Sie diese Dinge erneut essen können. Doch zuerst müssen Sie sich um Ihren Darm kümmern und ihn wieder auf Vordermann bringen.

Zunächst einmal sollten Sie Ihre Mahlzeiten planen. Das wird einige Zeit und Mühe kosten, aber dann werden Sie froh sein, dass Sie sich die Zeit genommen haben. Setzen Sie sich an einem Wochenende hin, und planen Sie die Mahlzeiten für die nächste Woche: Frühstück, eine kleine Zwischenmahlzeit, Mittagessen, ein nachmittäglicher Snack, anschließend das Abendessen. Indem Sie es aufschreiben, werden Sie genau wissen, welche Produkte Sie als Nächstes essen werden. So verschaffen Sie sich einen Überblick über Ihre Lebensmittel. Während Sie sich an diese Vorgehensweise gewöhnen, können Sie weitere Wochenpläne erstellen. Erstellen Sie einen Plan für drei, vier Wochen mit den verschiedensten Gerichten. Sie werden in der Lage sein, sich an einer Vielzahl von Nahrungsmitteln zu erfreuen, mit einem Minimum an körperlichen Beschwerden. Außerdem wissen Sie stets, was Sie als Nächstes einkaufen müssen. Dadurch verschwenden Sie keine Lebensmittel und sparen gleichzeitig Geld.

Schädliches und unschädliches Kochgeschirr

Wenn Sie sich nachhaltig entgiften wollen, heißt das, sich Giftstoffen grundsätzlich so wenig wie möglich auszusetzen. Das gilt auch beim Kochen. Sie sollten nicht nur auf die Qualität der Nahrung achten, die Sie zubereiten, sondern auch den Topf oder die Pfanne berücksichtigen, in der sie gekocht wird.

Zuerst wollen wir uns das gesundheitsschädliche Kochgeschirr anschauen.

Aluminium: Aluminiumbeschichtete Töpfe und Pfannen sind hochgiftig und zum Kochen und Braten nicht geeignet. Dieses gefährliche Metall lagert sich im Gehirn ab und beeinträchtigt seine Fähigkeiten. Aluminium wird sehr schnell heiß, und aus diesem Grund wird es bei der Herstellung von Kochgeschirr häufig verwendet. Doch wenn es erhitzt ist, sickert es sehr schnell in die Nahrung – vor allem dann, wenn säurehaltiges Essen darin gekocht wird. Manche Hersteller nehmen Aluminium als Hauptbestandteil ihrer Produkte, beschichten es aber mit einem sichereren Material; trotzdem wird es immer noch schnell heiß. Doch sobald diese Oberfläche beschädigt oder zerkratzt ist, könnte das Essen wieder in Kontakt mit dem Aluminium kommen, daher ist es am sichersten, keine Töpfe oder Pfannen zu benutzen, die dieses Metall enthalten.

Teflon: Töpfe und Pfannen aus Teflon sind sehr beliebt, da sie mit dieser Substanz beschichtet sind, die verhindert, dass die Nahrung anbrennt. Die Oberfläche kann leicht zerkratzt werden, was die Teflon-Schicht beschädigt und dazu führen kann, dass kleine Teflon-Krümel in das Gekochte oder Gebratene gelangen und von Ihnen unbemerkt konsumiert werden. Zudem legt ein Zerkratzen der Oberfläche das darunter liegende Metall frei, was aller Wahrscheinlichkeit nach ein gesundheitsschädliches Metall wie beispielsweise Aluminium ist. Wenn Teflon erhitzt wird, strömen toxische Gase aus, die Sie einatmen. Wir empfehlen Ihnen, keine Teflon- oder antihaftbeschichteten Töpfe und Pfannen zu benutzen.

Plastik: Plastik sollte nicht einmal in Erwägung gezogen werden, wenn es ums Kochen geht. In der Mikrowelle erhitzt, sickern giftige chemische Stoffe in die Nahrung, die zu Gesundheitsproblemen führen können. Die meisten Plastikprodukte setzen BPA oder Xenoöstrogene frei, wenn sie erhitzt werden. Diese künstlichen Hormone machen sich an Ihren natürlichen Östrogenrezeptoren fest und führen zu einem hormonellen Ungleichgewicht. Daher sollten Sie nie einen Plastikbehälter erhitzen oder heißes Essen in eine Plastikschüssel geben.

Wenn Sie Essensreste in Plastikbehältern aufbewahren, wählen Sie immer die »BPA-freie« Variante. Im Internet können Sie mehr darüber erfahren.

Tipps für gute Töpfe und Pfannen

Rostfreier Stahl: Manche Quellen sagen, dass Kochgeschirr aus rostfreiem Stahl ungefährlich ist; andere behaupten, dass beim Kochen von säurehaltigem Essen Nickel, Kobalt und Chrom austreten können. Um Stahl rostfrei zu machen, muss Nickel hinzugefügt werden, ein Metall, das bei sensitiven Personen Allergien verursachen kann. Viele Köche ziehen Stahltöpfe und -pfannen mit dem höchstmöglichen Anteil von Nickel vor, weil diese am meisten glänzen und angeblich die »beste« Qualität aufweisen. Doch in Wahrheit gilt: Je weniger Nickel, desto besser für Ihre Gesundheit. Eine einfache Möglichkeit, den Nickelgehalt zu testen, besteht darin, einen Magnet mitzunehmen, wenn Sie Kochgeschirr kaufen wollen. Je magnetischer der Topf, desto weniger Nickel wurde verwendet.

Keramik: Kochgeschirr aus Keramik kann ohne Bedenken benutzt werden. Vorsicht ist nur geboten, wenn die Glasur Blei oder andere toxische Stoffe enthält. Gusseiserne Töpfe, die mit Keramik emailliert sind, gelten allgemein als sicher. Keramik zeichnet sich durch Vielseitigkeit aus, da es direkt vom Ofen in den Backofen gegeben werden kann und auf diese Weise dafür sorgt, dass die Nahrung nicht so schnell anbrennt. Gehen Sie bei der Reinigung des Kochgeschirrs behutsam vor, um zu vermeiden, dass etwas absplittert oder die Keramikoberfläche zerkratzt wird.

Glas: Auch Kochgeschirr aus Glas ist sicher. Benutzen Sie moderne, neue Glastöpfe, die kein Blei mehr enthalten. Glastöpfe zu erhitzen bedarf einiger Übung, da Glas Hitze nicht so gut weiterleitet wie Keramik oder Stahl. Geben Sie nie heißes Glas in kaltes Wasser, denn das könnte zur Folge haben, dass es Risse bekommt und zerbricht. Töpfe und Pfannen aus Glas sind hitzeresistent, und in der Gebrauchsanweisung können Sie nachlesen, wie sie benutzt werden sollen – das heißt im Ofen, auf der Herdplatte, und so weiter. Folgen Sie diesen Richtlinien und achten Sie darauf, diese Produkte nicht falsch zu behandeln. Sie können ein köstliches Mahl in diesem Glasgeschirr zubereiten und gleichzeitig dabei zusehen, wie es gar wird.

Gusseisen: Ihre Großmutter besaß wahrscheinlich einen gusseisernen Bratentopf. Bei eisernen Töpfen und Pfannen müssen

Sie Öl nehmen, um dafür zu sorgen, dass nichts anbrennen kann. Die Oberfläche muss ausreichend eingefettet sein, damit die Koch- oder Bratfläche einheitlich ist, und wenn ein wenig Eisen in das Gekochte sickert, kann das durchaus gesund sein. Doch Vorsicht, zu viel Eisen kann bei Männern sowie bei Frauen in den Wechseljahren zu Müdigkeit führen; wenn Sie also zu dieser Gruppe gehören, sollten Sie gusseisernes Kochgeschirr nur hin und wieder benutzen.

Ton: Kochgeschirr aus Ton ist seit der Antike bekannt. Unglasierter Ton versiegelt die Nährstoffe beim Kochen, ähnlich wie ein Dampfkochtopf.

Bambus: Bambus-Dampfgarer sind meine (Doreen) bevorzugte Art zu kochen. Sie können Bambus-Dampfgarer online kaufen, in Fachgeschäften und sogar in vielen Naturkostläden oder Asia-Supermärkten. Diese Dampfgarer bestehen aus verschiedenen übereinandergestapelten Behältern, die Ihnen erlauben, festere Nahrungsmittel (zum Beispiel Brokkoli und Karotten) direkt über das kochende Wasser zu geben und delikatere Dinge (wie Spinat) weiter oben, wo es nicht so heiß ist. Auf diese Weise wird alles gleichzeitig gar. Bambus-Dampfgarer ermöglichen eine atoxische Art des Kochens ohne Fett und Öl.

Nicht-toxische Küchenreinigungsmittel

Die meisten Menschen bewahren ihre Reinigungsmittel unter dem Spülbecken in der Küche auf. Zur Engel-Detox gehört, dass Sie ausschließlich ungiftige Reinigungsmittel benutzen. Sie können Ihre Küche auf eine Weise hygienisch halten, die sowohl für Sie als auch für die Erde gesund ist.

Teebaumöl: Geben Sie ein paar Tropfen dieses Öls in eine Sprayflasche und benutzen es als Allzweckreiniger und Desinfektionsmittel. Damit es angenehmer riecht, fügen Sie ein wenig Geranienöl hinzu.

Essig: Er eignet sich vorzüglich als Allzweckreinigungs- und Desinfektionsmittel. Mischen Sie Wasser und Essig, um Fenster und Böden zu putzen (bitte die Böden zuerst auf Farbechtheit testen).

Eukalyptusöl: Mit Wasser vermischt, ist es ein Reinigungsmittel, das Schimmelbefall vorbeugt. Außerdem können Sie es als Raumspray benutzen, indem Sie die Mischung in eine Sprayflasche geben oder einen Öl-Diffuser aufstellen.

Natron: Benutzen Sie es als Pulver oder mit Wasser vermischt als Paste, wenn Sie etwas mit der Bürste reinigen müssen. Wählen Sie biologisches Natron, das kein Aluminium enthält.

Lavendelöl: Wischen Sie über alle Oberflächen, um Ameisen oder andere Insekten fernzuhalten.

Orangenschalen: Mit Orangenschalen können Sie Fett lösen und entfernen. Um Ihren eigenen atoxischen Reiniger zu mischen, weichen Sie die Orangenschalen für ungefähr 30 Minuten in gesalzenem Wasser ein. Dann geben Sie das Ganze in einen hohen Glasbehälter und füllen ihn mit einer Mischung aus 50 Prozent Essig und 50 Prozent Wasser auf. Verschließen Sie das Gefäß mit einem Deckel und stellen Sie es für zwei oder drei Wochen in den Kühlschrank. Dann geben Sie die Flüssigkeit durch ein Sieb und füllen sie in eine Sprayflasche.

Ein Leben frei von chemischen Stoffen

Fast alles, mit dem der Durchschnittsbürger in Kontakt kommt, ist versetzt mit verschiedensten chemischen Stoffen. Kosmetikartikel, Reinigungsmittel, Raumsprays, Insektensprays, Autoabgase, Luft, Wasser und Lebensmittel enthalten häufig unorganische chemische Komponenten. Die Engel bitten Sie, ein Leben frei von chemischen Stoffen zu führen – so weit es möglich ist.

Kaufen Sie Bio-Produkte, damit Sie und Ihre Familie gesund bleiben. Die Poren Ihrer Haut sind wie kleine Münder, die die Kosmetika trinken, die Sie benutzen. Wählen Sie biologische Hautcremes, Öle und Seifen, da Ihr Körper alles absorbiert, was Sie ihm zuführen. Lesen Sie sich die Deklaration der Inhaltsstoffe auf den Verpackungen stets genau durch.

Die Engel raten dazu, am besten selbst zu recherchieren. Wenn es ein Produkt gibt, das Sie interessiert, schauen Sie im Internet nach, und prüfen Sie die Liste der Inhaltsstoffe. Setzen Sie sich telefonisch oder per E-Mail mit dem Hersteller in Verbindung, um zu erfahren, ob genetisch manipulierte Produkte verwendet wurden.

6

»Was soll ich essen?«

Wenn Sie sich bisher noch nie entgiftet haben, werden Sie vielleicht verunsichert sein und sich fragen: *Was kann ich denn noch essen?*

Die Antwort lautet:

- Fokussieren Sie sich auf die *Zutaten* einer Mahlzeit und nicht so sehr auf die Mahlzeit selbst. Viele Zutaten, die Sie vielleicht schon zu Hause haben, können bei Ihrer Entgiftung nützlich sein, da sie Ihr Immunsystem und Ihre Energie ankurbeln.

- Greifen Sie zu frischen und nicht industriell verarbeiteten Produkten. Es ist nicht nötig, teure Fertigmahlzeiten zu kaufen, die oft monatelang in den Regalen der Supermärkte liegen. Diese Mahlzeiten sind voller Konservierungsstoffe und anderer Toxine.

- Machen Sie es sich zum Ziel, Ihre Mahlzeiten so einfach wie möglich zu halten. Frisches, gedämpftes Gemüse, brauner Reis und Bohnen sind ein gesundes und sättigendes Gericht, das schnell verdaut wird. Servieren Sie das Ganze mit roher Mandelbutter, und Ihre Familie wird denken, dass Sie eine Gourmetköchin sind!

- Achten Sie darauf, Ihre Mahlzeiten häufig mit den folgenden gesundheitsfördernden, entgiftenden Zutaten zu verfeinern:

Knoblauch

Knoblauch ist eine Pflanzenart aus der Gattung Lauch, die als Gewürz benutzt wird und zugleich fantastische Heilungseigenschaften besitzt. Während meiner (Robert) Ausbildung zum Naturheiler musste ich einen umfangreichen Essay über Knoblauch schreiben. Der Aufsatz war 5000 Worte lang und enthielt Hinweise auf mehr als 650 wissenschaftliche Studien, die seine heilende Wirkung bestätigen. Als ich fertig war, hatte ich das Gefühl, dass Knoblauch mehr oder weniger für alles angewandt werden kann! Er ist so einfach, so leicht verfügbar und gleichzeitig so wundervoll effektiv, egal, für welchen Zweck man ihn benutzt.

Knoblauch hilft bei der Behandlung jeder Infektion, die man sich vorstellen kann. Er ist antibiotisch und somit hilfreich bei der Bekämpfung von Erkältungen; außerdem ist er antiviral und besiegt hartnäckige Virusgrippen. Er ist antibakteriell und kann die Gesundheit Ihres Verdauungssystems wiederherstellen. Des Weiteren eliminiert Knoblauch Parasiten und andere unerwünschte Gäste aus Ihrem Körper.

Knoblauch ist ein äußerst wirkungsvolles Antioxidans, das Ihre Zellen vor Beschädigungen schützt. Dieses Wundermittel reduziert negatives Cholesterin, indem es ungesunde Fette aus Ihren Arterien und Venen beseitigt. Es ist antimykotisch und kann daher zur Behandlung von Candida und anderen Pilzinfektionen benutzt werden. Es hilft, den Blutdruck zu senken und besitzt einen leichten Blutverdünnungseffekt. Knoblauch reduziert sogar die chemische Belastung des Körpers, indem er ihn von Schwermetallen entgiftet.

Im Laufe der Jahrhunderte hat sich Knoblauch immer wieder als wirksame Waffe gegen hartnäckige Bakterien und Viren erwiesen. Interessanterweise hat auch die Wissenschaft erkannt, dass Bakterien und Viren bislang noch nie eine Resistenz gegen die Wirkung von Knoblauch gezeigt haben. Im Vergleich dazu waren die Bakterien und Viren bei konventionellen pharmazeutischen Behandlungsmethoden in der Lage, zu mutieren und sich so vor den pharmazeutischen Medikamenten zu schützen.

Benutzen Sie Knoblauch so oft es geht, um von seinen heilenden und schützenden Eigenschaften zu profitieren. Um die bestmögliche Wirkung zu erzielen, achten Sie darauf, dass der Knoblauch so roh wie möglich verwendet wird. Fügen Sie ihn erst ganz zum Schluss zu, damit er sich nur kurz erhitzt, bevor er gegessen wird. Natürlich können Sie Knoblauch auch roh essen, ohne irgendwelche anderen Zutaten.

- Zerdrücken Sie die Zehen, um die heilenden Bestandteile freizusetzen, und geben Sie sie dann in ein wenig Wasser, oder essen sie mit einem Stückchen Brot oder Ähnlichem.

Sie müssen den Knoblauch zerdrücken, um das Alliin und die Alliinase zu vermischen, die wiederum Allicin produzieren – eine der wirksamsten Komponenten im Knoblauch. Um Knoblauch-Atem zu vermeiden, naschen Sie ein paar kleine Zweige Petersilie.

Ich (Doreen) bereite gerne etwas zu, das ich »Detox-Hummus« nenne:

- Man schütte eine Dose gekochte biologische Kichererbsen in einen Mixer, zusammen mit rohem Knoblauch, Bio-Olivenöl und Gewürzen nach Geschmack.

Wenn eine Erkältung im Anmarsch ist, geben Sie so viel Knoblauch wie Sie vertragen können in das Detox-Hummus, und schon bald werden Sie sich viel besser fühlen (wenn auch Ihr Atem ein paar Tage lang recht intensiv sein kann).

Außerdem liebe ich »Knoblauch-Grün«: das sind grüne Gemüsesorten wie zum Beispiel Spinat und Brokkoliröschen, gemischt mit gehacktem Knoblauch und gedünstet in Olivenöl. Wunderbar lecker und gesund!

Knoblauchkapseln (enthalten getrockneten Knoblauch) haben eine eher geringe Wirkung. Versuchen Sie es stattdessen mit Knoblauchölkapseln, die wirksamer sind. Außerdem können Sie qualitativ hochwertige Knoblauchtabletten nehmen. Essen Sie ca. eine oder zwei Knoblauchzehen pro Tag (4 bis 8 Gramm).

Daneben gibt es noch Knoblauchtinkturen – sie sind jedoch nichts für Zartbesaitete. Der Geschmack ist extrem intensiv und könnte dazu führen, dass Ihre Freunde das Weite suchen! Diese hochkonzentrierte Form des Knoblauch verleiht dem Begriff »Knoblauchatem« eine ganz neue Dimension. Dennoch ist es eine brauchbare Option; in den meisten Fällen allerdings sind Knoblauchtabletten die bessere Lösung.

Das Prinzip der Fußreflexzonenmassage besagt, dass Ihre Fußsohlen die Geschichte Ihres ganzen Körpers widerspiegeln. Indem Sie Ihre Füße behandeln, können Sie das ganze System heilen. Nach dieser Philosophie empfiehlt es sich, den Knoblauch zu zerdrücken und ihn dann in einem Tuch an Ihren Fußsohlen festzubinden. Das ist besonders gut für Kinder, wenn sie einen Husten oder eine Erkältung haben. Nehmen Sie jeden Tag neue Knoblauchzehen und achten Sie auf die Besserungen, die sich einstellen. Der Knoblauch wird durch die Füße absorbiert und geht direkt in den Körper, und zwar genau an die Stelle, wo Heilung nötig ist.

Die Entgiftungskapazität von Cilantro/Koriander

Koriander und Cilantro sind identisch, waren aber in verschiedenen Teilen der Welt unter unterschiedlichen Namen bekannt. Die botanische Bezeichnung indes ist dieselbe: *Coriandrum sativum*. Wahrscheinlich kennen Sie dieses Kraut aus der thailändischen Küche. Entdecken Sie die heilenden Eigenschaften dieses Küchengewürzes, und Sie werden davon profitieren. Aufgrund seines ätherischen Öls hilft es bei Verdauungs- und Magenbeschwerden. Wenn es konsumiert wird, leitet das Korianderkraut Schwermetall wie beispielsweise Blei, Quecksilber und Aluminium aus dem Körper. Ihre täglichen Aktivitäten können dazu führen, dass Sie diesen Schwermetallen durch Rauchen, Farbdämpfe, chemisch belastete Kosmetika und Luftverschmutzung – einschließlich Sprays zur Wetterveränderung mittels Geo-Engineering (»Chemtrails«) – ausgesetzt sind.

Manche Menschen empfinden den Geschmack von Koriander als abstoßend, indem sie ihn als seifig und ungenießbar beschreiben. Forschungen in der jüngeren Zeit haben gezeigt, dass es eine wissenschaftliche Ursache gibt, warum bestimmte Personen Koriander so sehr ablehnen: Diese Ablehnung ist fest in ihrem Erbgut verankert. Wenn Ihnen also der Geschmack absolut zuwider ist, überlegen Sie, ob Sie nicht von Zeit zu Zeit Ihrem Essen vielleicht eine winzig kleine Portion hinzufügen wollen. Das wird Ihnen bei der Entgiftung von Schwermetallen helfen. Wenn Sie jedoch nicht einmal den Gedanken einer winzigen Menge von Koriander ertragen können, sind Koriander-Kapseln eine gute Alternative. Null Geschmack – gleiche Wirkung.

Koriander und Quecksilber

Amalgamfüllungen in den Zähnen sind die hauptsächliche Ursache für Quecksilberbelastung, und am besten ist es, nicht die kleinste Menge davon im Körper zu haben. Jedes Mal, wenn Sie hart auf etwas beißen, besteht die Möglichkeit, dass Sie sich einer winzigen Konzentration von Quecksilberdämpfen aussetzen. Es kann jedoch unangenehm sein, sich diese Füllungen entfernen zu lassen, und manche Zahnärzte sagen, dass Sie sich keine Sorgen machen müssen, solange die Füllung keine Risse hat oder Quecksilber in den Mund sickert. Vielleicht sollten Sie dennoch mit einem kompetenten, medizinisch ganzheitlich orientierten Zahnarzt über Ihre Amalgamfüllungen reden, sofern Sie welche haben. Er oder sie wird Ihnen sagen, ob die Entfernung dieser Füllungen in Ihrem Falle realisierbar ist.

Doch bevor Sie irgendetwas unternehmen, bitten Sie die Engel um Hilfe. Sie werden Sie zu dem perfekten Zahnarzt führen und Ihnen helfen, jemanden zu finden, der empathisch ist und Ihre Bedenken versteht.

Quecksilber, genau wie viele andere Schwermetalle auch, kann nicht durch normale Stoffwechselfunktionen aus Ihrem Körper ausgeleitet werden. Ihr Körper braucht Hilfe, um die Ansammlung von toxischen Metallen zu eliminieren. Auch kleinste Mengen an Schwermetall können sich im Laufe der Zeit zu einer bedenklichen Menge ansammeln. Quecksilber ist mit gesundheitlichen Problemen wie zum Beispiel Allergien, Immunschwäche, Alzheimer, Herzerkrankungen, Krebs, Erkrankungen des Verdauungstraktes, psychologischen und endokrinen Problemen, Angstzuständen, Depression, chronischer Müdigkeit, Lernschwierigkeiten und Zahnfleischentzündungen in Verbindung gebracht worden.

Quecksilber kann sogar Viren vor Medikamenten schützen. Es »versteckt« den Virus, bis die Behandlung abgeschlossen ist. Dann entlässt es den Virus zurück in den Blutkreislauf. Bei anderen Schwermetallen sind ähnliche Verbindungen beobachtet worden. Das bedeutet, dass toxische Metalle für Infektionen verantwortlich sein können, die gegen Behandlung resistent zu sein scheinen.

Es war ein Arzt, der gleichsam durch Zufall auf die entgiftenden Eigenschaften von Koriander gestoßen ist – doch vielleicht war es auch »göttliche Intervention«. Während einiger Routineuntersuchungen fand er hohe Mengen an Quecksilber. Wenn ein Patient eine Mahlzeit gegessen hatte, die mit Koriander gewürzt war, wies sein Urin danach einen höheren Quecksilberanteil auf. Dies wurde weiterführend untersucht, und man stellte fest, dass Koriander sich offensichtlich mit Schwermetallen verbindet. Es befördert sie aus dem Körper und befreit ihn somit davon.

Konventionelle Behandlungsformen bei Schwermetallbelastungen erfordern aggressive chemische Methoden. In der Regel führen sie dazu, dass der Patient sich schlechter fühlt, bevor es ihm irgendwann besser geht. Wenn Sie glauben, eine Schwermetallvergiftung zu haben, lassen Sie sich von einem Heilpraktiker oder Arzt testen. Falls das Ergebnis eine hohe Belastung an Schwermetallen zeigt, wenden Sie sich an einen ganzheitlichen Arzt, der mit der Mineral-Chelat-Therapie arbeitet. Unterschiedliche Mineralstoffe, wie beispielsweise Kalzium, verbinden sich mit Schwermetallen, beispielsweise Blei. Sie können sich intravenöse Infusionen dieser ungefährlichen Mineralstoffe verabreichen lassen, um Ihren Körper schnell und effektiv von Toxinen zu befreien. Konventionelle Untersuchungen haben gezeigt, dass die Chelat-Therapie ein breites Spektrum gesundheitlicher Vorteile bietet. Ihr ganzheitlicher Arzt oder Heilpraktiker wird in der Lage sein, Sie entsprechend zu führen.

Koriander fängt die giftigen Komponenten ein und leitet sie sanft aus Ihrem Organismus. Anstelle unangenehmer Nebenwirkungen werden Sie feststellen, dass Sie mehr Energie, größere Klarheit, reinere Haut und eine positivere Grundeinstellung zum Leben haben.

- Essen Sie drei bis vier Wochen lang jeden Tag eine Handvoll frischen Koriander. Das wird Ihrem Körper helfen, jegliche Ansammlung toxischer Metalle auszuscheiden. Geben Sie es in Ihren Smoothie oder frisch gepressten Saft und bestreuen Sie Ihre Mahlzeit großzügig mit Korianderblättern. Eine Handvoll Korianderblättchen eignet sich wunderbar für ein erfrischendes Mittagessen oder einen Nachmittags-Snack.

Außerdem können Sie ein köstliches Pesto zaubern, um Ihren Koriander-Konsum zu erhöhen.

Entgiftendes Koriander-Pesto

2 Tassen Koriander
1/2 Tasse Mandeln
1 Teelöffel Salz
1/4 Tasse kaltgepresstes natives Olivenöl Extra

- Geben Sie Koriander, Mandeln und Salz in eine Küchenmaschine und mixen das Ganze so lange, bis die Blätter und Mandeln fein gehackt sind. Dann stellen Sie den Mixer auf niedrig und geben langsam das Öl hinzu. Fertig! Wenn Sie es gerne etwas schärfer mögen, können Sie ein wenig Cayennepfeffer hinzufügen. Bewahren Sie das Pesto in einem luftdichten Gefäß im Kühlschrank, wo es sich ca. zwei Wochen hält.

- Ideal ist es, wenn Sie jeden Tag zwei Teelöffel Pesto essen. Geben Sie es auf ein Sandwich, oder mischen Sie es mit frisch gekochten Nudeln. Sie können es auch als Dressing für Gemüse und Kartoffeln benutzen.

Wichtig ist, den Koriander in seiner ungekochten, rohen Form zu verzehren. Wenn Sie ihn kochen (zum Beispiel in einer Suppe oder im Gemüsewok), denaturieren Sie die wichtigen Bestandteile, die für eine Entgiftung nötig sind.

Zitronensaft

Die Säure von Zitronen ist ein ausgezeichnetes Mittel zur Leberreinigung.

- Gießen Sie den Saft einer halben Zitrone in ein Glas und füllen es mit warmem Wasser auf. Trinken Sie das Zitronenwasser vor dem Frühstück, bevor Sie irgendetwas anderes zu sich nehmen.

Wenn die Zitrone in Ihren Magen gelangt, setzt sie einen Reinigungsprozess in Gang, regt die Verdauung an und kurbelt die Lebertätigkeit an. Ihr Magen beginnt, Säuren zu produzieren, die Ihre Nahrung aufspalten. Jetzt ist Ihr Körper perfekt in der Lage, ein gesundes Frühstück zu genießen.

Entgegen der allgemeinen Auffassung sind Zitronen in Wahrheit alkalisch. Sie mögen sauer erscheinen, doch sobald sie vom Körper aufgenommen werden, wirken sie in hohem Maße alkalisch. Die meisten Erkrankungen und chronischen Leiden sind auf einen übersäuerten Körper zurückzuführen. Ihr Körper kann zu sauer werden, wenn Sie zu viel Fleisch und Milchprodukte und nicht genug Gemüse essen. Indem Sie Zitronensaft trinken, bringen Sie Ihren Körper sanft in einen alkalischen Zustand zurück.

- Wenn Sie zwei ganze Zitronen entsaften (mit Schale), erhalten Sie eine sehr wirkungsvolle antioxidative Medizin. Falls Sie es süßer mögen, können Sie ein wenig Bio-Honig oder Kokosnuss-Sirup hinzufügen. Nehmen Sie jeden Tag zwei Esslöffel dieser Mischung zur Bekämpfung kranker Zellen.

Spirulina: Das grüne Superfood

Spirulina ist eine leicht verdauliche Supernahrung. Sie ist eine Mikroalge, die Nährstoffe aus der Sonne und dem sie umgebenden Wasser absorbiert. Unter einem Mikroskop betrachtet, sehen Spirulina-Algen wie kleine grüne Spiralen aus. Dies verbindet sie mit dem heilenden smaragdgrünen Licht von Erzengel Raphael. Durch den Konsum von Spirulina geben Sie Erzengel Raphael Zugang zu Ihrem Körper, wo er sich sofort an die Arbeit macht und Blockierungen auflöst sowie Ihre Vitalität steigert. Raphael öffnet Ihr Herz mit dieser grünen Energie, da alles, was aus der Liebe kommt, heilend ist. Und haben Sie sich einmal an den Geschmack und Geruch dieser Algen gewöhnt, werden Sie diesen grünen Drink lieben.

Spirulina ist eines der umfassendsten Nahrungsergänzungsmittel überhaupt – es enthält mehr als 100 Nährstoffe. Es ist reich an B-Vitaminen, Vitamin A, Protein, Eisen und Fettsäuren. All dies macht Spirulina zu einem Segen für Ihren Körper. Es ist extrem leicht verdaulich, was bedeutet, dass auch ein geschwächter Körper es absorbieren kann.

Spirulina zeichnet sich durch hoch antioxidative Eigenschaften aus, die Zellschäden vorbeugen. Der Schutz durch Antioxidantien ist Ihre beste Verteidigung gegen Krebs. Wissenschaftliche Studien zeigten, dass das Beta-Karotin (verantwortlich für antioxidativen Schutz) in frischem Obst und Gemüse (wozu auch Spirulina zählt) um ein Vielfaches wirksamer ist als das Beta-Karotin in synthetischen Nahrungsergänzungsmitteln. Ihr Körper verlangt nach natürlichen Nahrungsquellen für Vitamine und Mineralstoffe. Synthetisch hergestellte Produkte lassen sich im Körper oft nur schwer in ihre Bestandteile aufspalten. Für Ihr empfindsames System mag es problematisch sein, die in diesen Mitteln enthaltenen Mineralstoffe zu absorbieren.

Vitamin B_{12} ist nötig, damit Gehirn und Nervensystem optimal funktionieren. Vegetariern und Veganern fällt es aufgrund ihrer Ernährungsweise oft schwer, genug natürliches B_{12} zu bekommen. Die einzigen Herkunftsquellen für Vitamin B_{12} werden aus Tieren gewonnen: Fleisch, Fisch, Schalentiere, Geflügel, Eier, Milch und Milchprodukte. Doch vielleicht entscheiden Sie sich, aus spirituellen oder gesundheitlichen Gründen keine tierischen Produkte zu essen. Leider werden viele Vitamin-B_{12}-Ergänzungsmittel aus der Leber von Kühen gewonnen. Das Produkt, das Sie im Regal des Naturkostladens sehen, enthält unter Umständen Teile des Tieres, das Sie zu retten versuchen!

Lesen Sie aufmerksam die Etiketten, ob das Produkt aus Kühen oder Schweinen gewonnen wurde. Zum Glück hat die Natur uns das Superfood Spirulina gegeben, das reich an Vitamin B_{12} ist. Diese Alge ist eine der wenigen vegetarischen Quellen des kompletten B_{12}-Vitamins. Um genug davon zu bekommen, müssen Sie entsprechend viel Spirulina konsumieren. Das kann bedeuten, dass Sie mehr nehmen müssen, als auf der Gebrauchsanweisung steht. Das Beste ist immer, sich von einem Heilpraktiker oder einem ganzheitlich orientierten Arzt beraten zu lassen, um die für Sie richtige Dosis zu wählen.

Das Eisen hingegen, das ebenso in Spirulina enthalten ist, wird schnell vom Körper absorbiert. Es hat nicht die Nebenwirkungen, die Ihnen eventuell von anderen Eisenpräparaten bekannt sind.

Spirulina besteht in erster Linie aus Protein, das Ihr Körper für Aufbau und Entwicklung der Muskeln benötigt. Protein wiederum besteht aus essenziellen Aminosäuren. Wenn es in den Magen gelangt, wird Protein von Ihrem Körper in diese elementaren Bausteine aufgespaltet. Aminosäuren verbessern zahlreiche Funktionen, einschließlich Energieversorgung, bessere kardiovaskuläre Gesundheit, ausgeglichene Stimmung, Konzentration, Schmerz-Management, Schlafzyklus und Nahrung für das Nervensystem. Und sind sie von entscheidender Bedeutung für die Suchtentwöhnung. Sorgen Sie dafür, dass Sie Protein auch aus anderen Nahrungsquellen beziehen, so zum Beispiel aus Linsen, Bohnen und anderen Hülsenfrüchten, da es schwierig sein kann, durch Spirulina allein Ihren täglichen Proteinbedarf zu decken.

Spirulina wirkt sich entspannend auf Ihr Verdauungssystem aus, da es keine Energie braucht, um absorbiert werden zu können. Die Nahrung ist bereits bis in die Zellebene aufgespaltet und wird sofort vom Körper aufgenommen. Das bringt Ihre Darmflora ins Gleichgewicht. Spirulina dient als Nahrung für probiotische Organismen.

Spirulina eignet sich wunderbar zur Entgiftung, da sie chemische Stoffe, Toxine und Schwermetalle auf eine sanfte und effektive Weise aus Ihrem Körper beseitigt. Zudem hat es sich gezeigt, dass Spirulina die schädlichen Auswirkungen der Strahlenbehandlung mindert. Dies ist ein weiterer Beweis für die beschützende Liebe von Erzengel Raphael.

Spirulina enthält Gamma-Linolensäure (GLA), die selten in anderen Nahrungsquellen zu finden ist. Es handelt sich um eine Fettsäure, die Ihr Körper für richtige Nervenfunktion und -signale benötigt. Des Weiteren absorbiert Spirulina Wasser in Ihrem Magen, so fühlen Sie sich länger angenehm voll und gesättigt. Es eignet sich vorzüglich als Snack in Smoothies, oder Sie nehmen Spirulina vor dem Mittag- oder Abendessen. Zudem bietet diese Wunderalge viele gesundheitliche Vorteile, unter anderem im Hinblick darauf, Ihr optimales Gewicht zu halten, Ihr Immunsystem zu stärken, als Schutz bei Bestrahlung, zur Beseitigung von Schwermetallen aus Ihrem Körper, als Nahrung für die Leber und als Quelle ganzheitlicher Ernährung.

Sprechen Sie mit Ihrem Heilpraktiker oder Arzt über die für Sie optimale Dosis. In der Regel nimmt man dreimal täglich einen Teelöffel Spirulina-Pulver, gemischt mit Wasser oder Saft. Die Dosis richtet sich nach der Größe/Stärke der Tabletten. Versuchen Sie, Ihre Dosis allmählich bis auf einen Esslöffel zu steigern, wobei Sie mit einem halben Teelöffel beginnen. Sobald Sie sich an das Gefühl und den Geschmack gewöhnt haben, können Sie die Menge erhöhen.

Bei einer Frau namens Kristine wurde Fibromyalgie diagnostiziert, ein chronischer Schmerzzustand in verschiedenen Körperbereichen. Kristine stellte fest, dass sie auf zahlreiche Nahrungsmittel und unterschiedliche Umgebungen extrem sensitiv reagierte. Tatsächlich hatte sie auf beinahe alles, was sie zu sich nahm, eine negative Reaktion. Sie verlor immer mehr an Gewicht, was dazu führte, dass sie zusehends schwächer wurde. Schließlich übergab sie ihre Situation Gott und betete um Hilfe. Die Engel und Jesus wurden ihre Führer, die ihr bei jedem Schritt ihrer Heilungsreise halfen. Sie empfing die Botschaft, ihrem Körper zu vertrauen – er würde ihr zeigen, was gut für sie war und was nicht. Die Engel begannen, Kristina zu führen und ihr zu zeigen, was und wie sie essen sollte. Sie flüsterten ihr ins Ohr, welche Gewürze sie zum Kochen benutzen sollte, und nannten ihr jeweils die genaue Menge. Kristine folgte und vertraute den Botschaften, die sie erhielt.

Die Engel drängten sie, ihre Nahrung und Ergänzungsmittel intuitiv zu testen. Was sie herausfand, schockierte sie: Die meisten Nahrungsergänzungsmittel, die sie nahm, überforderten ihren empfindlichen Körper. Viele dieser Produkte waren zu stark, was ihre zerbrechliche Konstitution überforderte. Sie hatte eine Vision, die ihr zeigte, dass sie nur geringe Mengen von Vitaminen brauchte, um ihre Zellen zu ernähren. Auf diese Weise kam sie zu Spirulina. Kristine hatte es längere Zeit nicht mehr verwendet, doch sie erinnerte sich, wie gut sie sich früher damit gefühlt hatte. Die schnell absorbierten Nährstoffe in Spirulina machten es zur perfekten Wahl. Kristine fühlte sich beinahe umgehend besser. Sie hörte die Engel sagen, dass sie bald in der Lage sein würde, jede Menge frisches Obst und Gemüse zu essen. Heute fühlt Kristine sich kräftiger und gesünder, da ihr Körper alles verarbeiten und verwerten kann, was sie zu sich nimmt.

Achten Sie darauf, nur Spirulina von seriösen Herstellern zu kaufen. Mir (Doreen) sind die Produkte aus Hawaii, wo ich lebe, am liebsten. Es gibt Beweise, dass in China verarbeitetes Spirulina und Chlorella toxische Zusätze enthalten, daher ist es empfehlenswert, Nahrungsergänzungsmittel aus diesem Land zu meiden.

Chlorella (Open-Cell Chlorella)

Chlorella ist ein weiteres Superfood. Es ist reich an Protein und unterstützt den Körper bei einer Entgiftung. Chlorella ist eines der nährstoffreichsten Nahrungsmittel der Welt. Diese Nährstoffe sind jedoch in einer zähen äußeren Wand enthalten. Damit Ihr Körper den optimalen Nutzen daraus ziehen kann, muss die Zellwand aufgebrochen werden. Deswegen sollten Sie versuchen, Clorella-Produkte mit »aufgebrochenen« Zellen zu finden.

Chlorella ist auf seine schützenden und entgiftenden Eigenschaften hin untersucht worden. Dabei hat man festgestellt, dass es tatsächlich schützende und reinigende Funktionen hat, sowohl gegen Schwermetallablagerungen wie zum Beispiel Quecksilber, Blei, Kadmium und Kupfer, als auch gegen PCB's (*Polychlorierte Biophenyle,* krebsauslösende organische Chlorverbindungen), Dioxin und Uran. Nach der Atomreaktor-Katastrophe in Tschernobyl wurde dieses Superfood gewählt, um vielen Menschen zu helfen, die der Strahlenvergiftung ausgesetzt waren. Chlorella verbindet sich mit Schwermetallen wie Quecksilber und leitet sie aus dem Körper.

Chlorella enthält den sogenannten »Chlorella Wachstums-Faktor«. Er fördert gesundes Zellwachstum und unterstützt Ihr Immunsystem. Darüber hinaus ist es eine der besten Quellen für Chlorophyll, dem grünen Pigment, das in vielen Pflanzen enthalten ist. Chlorophyll ermöglicht den Transport von Sauerstoff durch den Körper und erleichtert die Arbeit des Hämoglobin. Dies wiederum gibt Ihnen einen Energieschub, erneuert Ihre roten Blutkörperchen und stärkt Ihr allgemeines Wohlbefinden.

Superfood-Pulver

Der Begriff *Superfood* bezieht sich auf Produkte, die reich an Nährstoffen sind. Superfood enthält viele wichtige Vitamine und Mineralstoffe, was Ihrem Körper hilft, optimal zu funktionieren. Wenn Sie Probleme mit der Verdauung haben, möchten Sie Dinge essen, die Ihr Körper problemlos aufspalten kann. Pulver sind sinnvoll, da sie schnell vom Körper absorbiert werden. Spirulina eignet sich hierzu vorzüglich.

Es gibt viele Produkte zu kaufen, die Gemüsepulver mit Kräutern und Superfoods kombinieren. Schauen Sie sich in Ihrem Bioladen um, was dort angeboten wird. Wir empfehlen Ihnen, zunächst nur die kleinste Größe zu kaufen. Testen Sie das Produkt selbst, und stellen Sie sicher, dass Ihr Körper gut damit zurechtkommt. Wenn Sie positiv auf das Produkt reagieren, können Sie das nächste Mal eine größere Packung kaufen. Diese leicht verdaulichen, nährstoffreichen Nahrungsmittel besänftigen Ihren Darm und erhöhen Ihre Vitalität.

Gesünder mit grünen Smoothies

Grüne Smoothies können eine leckere, köstliche und das Herz öffnende Erfahrung sein. Sie sind eine ausgezeichnete Möglichkeit, mehr Gemüse in Ihrem Ernährungsplan aufzunehmen. Viele Menschen haben Schwierigkeiten, wenn es darum geht, gesunde, nahrhafte Mahlzeiten zuzubereiten. Oftmals ist »fehlende Zeit« die Entschuldigung, warum Menschen Junkfood konsumieren, anstatt sich die Zeit zu nehmen, sich etwas Besseres zuzubereiten. Grüne Smoothies sind leicht, schnell gemacht und äußerst nahrhaft. Außerdem sind sie eine weitere und sehr wirksame Möglichkeit, den Speiseplan Ihres Kindes oder Jugendlichen oder auch Ihren eigenen mit qualitativ hochwertigem Grün- und Blattgemüse zu bereichern.

Meine (Robert) Teenager-Kusine weigert sich, Gemüse zu essen (vor allem grünes!). Jedes Mal pickt sie es heraus, legt es an die Seite und starrt es an, als hätte es sie tief gekränkt. Doch wenn ich grüne Smoothies mache, ist sie die Erste, die ein Glas davon haben will. Einerseits fühlt sie sich angewidert von Grüngemüse, doch andererseits ist sie gerne bereit, es zu trinken. So profitiert sie auf eine einfache und genüssliche Weise von dem Segen für die Gesundheit, den grünes Gemüse bereithält.

Zubereitung eines grünen Smoothies

Wenn Sie einen leistungsstarken Mixer haben – zum Beispiel einen Vitamix – ist die Zubereitung eines grünen Smoothies sehr einfach.

- Geben Sie einfach Ihre Gemüse und Früchte mit ein wenig Wasser und Eis in den Mixer. Stellen Sie ihn für ein oder zwei Minuten auf die höchste Stufe, und schon ist der Smoothie fertig – genießen Sie ihn!

Wenn Ihr Mixer nicht stark genug ist, um das Gemüse ausreichend zu zerkleinern, brauchen Sie vielleicht zwei Schritte, um Ihren Smoothie zuzubereiten.

- Als Erstes entsaften Sie alle härteren Zutaten wie zum Beispiel Äpfel und Möhren. Dann geben Sie den Saft zusammen mit Grüngemüse wie Spinat, Grünkohl oder Kopfsalat in den Mixer.

Wenn Sie Ihren grünen Smoothie optimal genießen wollen, sollten Sie Geld in einen qualitativ hochwertigen Mixer investieren. Finden Sie einen, der alles, womit er in Kontakt kommt, pürieren kann, wie zum Beispiel den oben erwähnten Vitamix. Achten Sie nur darauf, dass es sich um ein neueres Modell handelt, dessen Glasbehälter frei ist von BPA (BPA – Bisphenol A – ist ein Härtemittel in vielen Plastikprodukten, das in minimalen Mengen in den jeweiligen Inhalt sickert und zu Problemen mit dem Hormonhaushalt führen kann). Vitamix und ähnliche Geräte pulverisieren die Nahrung, damit sie leicht verdaulich ist, sorgen jedoch gleichzeitig dafür, dass alle Ballaststoffe intakt bleiben und somit nichts vergeudet wird.

Wenn Sie Ihr Gemüse pürieren, verstärkt dies ihren Nährwert. Zählen Sie mal, wie oft Sie Ihr Essen kauen, bevor Sie es herunterschlucken – wahrscheinlich nur ein paar Mal. Empfohlen wird jedoch, jeden Bissen 20- bis 30-mal zu kauen. Das tun jedoch nur die wenigsten. Wenn das Gemüse also püriert und flüssig gemacht wird, bedeutet dies, dass es in wesentlich kleinere Partikel zerteilt wird. Dadurch hat Ihr Körper es leichter, die wertvollen Nährstoffe zu absorbieren.

Fangen Sie mit Smoothies an, die zu gleichen Teilen aus Früchten und Gemüse bestehen. Später, wenn Ihr Körper sich an die gesunde Nahrung gewöhnt hat, können Sie den Anteil an Grüngemüse erhöhen. Wie bei allem im Leben ist auch hier das Maßhalten der Schlüssel. Rohes Grüngemüse enthält winzige Mengen Toxine. Das ist kein Grund zur Sorge, solange Sie nicht immer das gleiche Gemüse verwenden, sondern variieren. Nehmen Sie zum Beispiel eine Woche lang Grünkohl und danach Spinat, Mangold, Löwenzahnblätter, Römersalat, Petersilie oder Rucola für einen leicht scharfen Drink.

Das Gleiche gilt für Früchte: Greifen Sie zu denen, die Ihnen am besten schmecken, doch immer nur ein oder zwei auf einmal. Eine gute Idee ist es, Ihre Lieblingsfrüchte je nach Saison einzufrieren. Wir schälen und halbieren besonders gerne Mangos und Bananen und lagern sie in der Tiefkühltruhe. Auf diese Weise haben Sie das ganze Jahr lang einen schnell verfügbaren Vorrat an köstlichen Früchten.

Hier ist ein leckeres Rezept für den Anfang.
Achten Sie darauf, biologische Früchte und Gemüse zu verwenden:

1 1/2 – 2 Tassen Grünkohl
1/2 Tasse grüne Weintrauben
1/4 Gurke
1 Zitronenscheibe
Fruchtfleisch einer halben Mango
2 Tassen Wasser

- Mixen Sie diese Zutaten mit etwas Eis, bis alles püriert ist. Diese Kombination bedeutet jede Menge hochqualitative Nahrung, die Ihren Körper von chemischen Stoffen und Toxinen entgiftet – und köstlich schmeckt!

Die smaragdgrüne Farbe dieser Smoothies ist mit dem Herz-Chakra verbunden. Grüne Smoothies sind eine Möglichkeit, sich selbst zu lieben. Die Energie des Smoothies öffnet Ihr Herz und erinnert Sie daran, sich die Zeit zu nehmen, Ihre Seele zu nähren. Das Smaragdgrün ist außerdem mit Erzengel Raphael assoziiert, dem Engel der Heilung. Nach ein paar Tagen mit grünen Smothies werden Sie sich leichter und glücklicher fühlen und mehr Energie haben. Ihr Herz wird jubeln, während es von den heilenden Energien natürlicher Nahrung berührt wird.

Gönnen Sie sich grüne Smoothies als Teil Ihres gesundheitsfördernden Speiseplans. Sie könnten einen Smoothie zum Frühstück trinken, als Zwischengericht oder auch als Snack am Abend. Bei den Hauptmahlzeiten entscheiden Sie sich für gesunde, naturbelassene Produkte.

Ich bin sicher, dass Sie diese grünen Smoothies genießen werden und nicht mehr missen wollen. Dank der Magie von grünem Gemüse lernen Sie, sich selbst zu lieben. Das ist eine sehr wohltuende Erfahrung.

Essenzielle Fettsäuren

Der Körper braucht Fettsäuren, um seine Botschaften durch die Nerven senden zu können. Da er jedoch nicht in der Lage ist, sie selbst zu produzieren, müssen wir sie im Rahmen unserer Ernährung zuführen. Einige Quellen hierfür sind Leinsamen, Walnüsse, Hanföl, Mandeln, kaltgepresstes natives Olivenöl und Chia-Samen. Verzehren Sie diese Produkte regelmäßig, um gesund und munter zu bleiben.

Fett ist eine bessere Energiequelle als Protein oder Kohlehydrate. Gute Fette unterscheiden sich völlig von denen in einer Fritteuse. Gute Fette werden am besten unerhitzt konsumiert, da durch den Erhitzungsvorgang ungesunde Fette produziert werden. Zu langes Erhitzen führt zur Bildung von Transfetten, die für Ihren Körper am schlimmsten sind und vor allem in frittierten Produkten vorkommen.

Essenzielle Fettsäuren sind natürliche Entzündungshemmer. Sie nähren und schmieren die Gelenke und helfen bei Arthritis, indem sie die fließenden Bewegungen der Gelenke unterstützen.

Wenn Sie nicht genügend dieser guten Fette zu sich nehmen, wird es Ihnen schwerfallen, sich zu konzentrieren. Vielleicht haben Sie ein benebeltes Gefühl im Kopf und sind nicht in der Lage, sich zu fokussieren. Auch Ihre Erinnerungsfähigkeit wird in Mitleidenschaft gezogen. Das Gehirn besteht aus Fettgewebe, daher benötigt es diese essenziellen Fettsäuren, um Botschaften weiterzuleiten. Wenn Ihr Gehirn mit essenziellen Fettsäuren gut versorgt ist, können Sie sich problemlos fokussieren und konzentrieren. Ein Mangel an diesen wichtigen Fetten kann darüber hinaus zu Stimmungsschwankungen und erhöhtem Stress führen. Die essenziellen Fettsäuren helfen, Ihre Wohlfühl-Hormone zu regulieren.

Wenn Sie nicht genug gutes Fett konsumieren, wird Ihr Körper Ihnen Warnsignale senden, zum Beispiel in Form von dünnen, trockenen Haaren oder Hautproblemen. Lassen Sie sich von Ihrem Arzt oder Heilpraktiker beraten und nehmen Sie sich vor, diesen Mangel durch den Genuss von natürlichen, fettreichen Nahrungsmitteln auszugleichen. Sie müssen nicht unbedingt Fisch essen, um genug Omega-Fettsäuren zu bekommen. Omega-3 ist ebenso in Leinsamen, Hanfsamen und Hanföl enthalten, Omega-6 in Nachtkerzenöl. Zudem gibt es vegane und vegetarische Quellen dieser beiden essenziellen Fettsäuren.

Öle

Um ein Gleichgewicht in Ihren essenziellen Fettsäuren zu schaffen, müssen Sie Öle in Ihren Speiseplan aufnehmen. Hierbei ist es wichtig, sowohl in Bezug auf Geschmack als auch Gesundheit qualitativ hochwertige Öle zu kaufen, auch wenn sie etwas mehr kosten.

Die erste Regel bei Öl lautet: Benutzen und konsumieren Sie niemals Rapsöl (zumindest nicht in den USA)! Es handelt sich dabei um ein Öl, das aus genetisch manipuliertem Rapssamen gewonnen wird. Ein weiteres Öl, das Sie vermeiden sollten, ist Maiskeimöl, da es in der Regel aufgrund genetischer Veränderung Pestizide enthält. Es gibt viele wertvolle sowie auch geschmacklich köstliche Pflanzenöle (Raps-, Distel-, Sonnenblumen-, Walnuss und auch Kürbiskernöl), aber man sollte immer auf Bioqualität achten.

Hier ein paar gesunde Öle, die Sie jederzeit in Ihren Speiseplan aufnehmen können:

Natives Ölivenöl: Viele Untersuchungen haben die immunstärkenden Vorteile von Olivenöl bewiesen. Der sogenannten »mediterranen Diät« sagt man nach, dass sie die Lebenserwartung verlängern kann. Wissenschaftler führen dies zum großen Teil auf die Verwendung von Olivenöl zurück.

Im Rahmen von wissenschaftlichen Studien ist der tägliche Konsum von gutem Olivenöl mit der Vorbeugung bei Schlaganfällen und Typ-2-Diabetes in Verbindung gebracht worden. Zudem gibt es wissenschaftliche Beweise, dass der regelmäßige Verzehr von Olivenöl das Risiko von Hautkrebs reduziert und Depressionen mildert. Und es ist erwiesen, dass die Oleinsäure im Olivenöl der Entstehung von Brustkrebs vorbeugt.

Hinzu kommt, dass das Öl köstlich schmeckt, vor allem wenn es von exzellenter Qualität ist! In unseren Salaten benutzen wir als einziges Dressing Olivenöl, ohne irgendwelche anderen Zutaten. Leisten Sie sich ein qualitativ hochwertiges biologisches, natives Olivenöl. Hüten Sie sich vor billigen Marken, da es sich dabei oft um minderwertige Öle handelt, die fälschlich als Olivenöl angepriesen werden. Echtes Olivenöl ist in der Regel von grüner Farbe und sehr dickflüssig.

Rohes oder natives Kokosnussöl: Dieses köstliche Öl verleiht Ihrem Essen eine exotische Note und widersteht beim Kochen auch hohen Temperaturen. Kokosnussöl ist leicht verdaulich, da sein gesättigtes Fett aus bestimmten Fettsäuren besteht, die leichter umzuwandeln sind und Ihrem Körper helfen, Fett in Energie zu verbrennen. Der Schlüssel ist, ungehärtete Öle zu verwenden, die nur einen geringen Anteil an gesättigten Fetten aufweisen. Rohes oder natives Kokosnussöl ist gesund, weil es ungehärtet ist.

Im Glas ist Kokosnussöl fest und weiß, doch schmilzt es schnell und wird dann wunderbar weich. Darüber hinaus können Sie Kokosnussöl als Hautlotion verwenden und Ihren Haustieren als gesunde Köstlichkeit ins Futter geben.

Macadamianussöl: Dieses delikate und gesunde Öl kann lange gelagert werden und widersteht auch sehr hohen Temperaturen. Es eignet sich vorzüglich als Salatöl.

Das Öl der Macadamianuss ist zudem reich an Antioxidantien und kann als Feuchtigkeitsspender für Haut und Haare verwendet werden.

Sesamöl: Sesam ist seit mindestens 5000 Jahren als gesundheitsförderndes Mittel bekannt. Im alten Babylon und Ägypten wurden Sesamsamen konsumiert, um Kraft, Jugend und Schönheit zu erhalten. Und nicht ohne Grund!

Mehrere gut dokumentierte medizinische Untersuchungen haben ergeben, dass Sesamöl das Risiko von Krebs, Diabetes und anderen chronischen Erkrankungen reduziert. Reich an Antioxidantien, die heilen und schützen, ist Sesamöl eine wundervolle Ergänzung Ihrer Mahlzeiten und persönlichen Körperpflege.

Sie können Sesamöl anstelle einer Bodylotion benutzen, um Toxine und die hohen Preise der Laden-Produkte zu vermeiden. Geben Sie einfach ein paar Tropfen reines Lavendelöl hinzu, und es duftet wunderbar, wenn Sie sich damit eincremen.

Sesamöl eignet sich zudem ausgezeichnet als Spülung, um Ihr Haar weich und glänzend zu machen.

Rohe Mandelbutter: Anstatt Ihren Mahlzeiten mit Butter oder Margarine mehr Geschmack zu verleihen, geben Sie einen Löffel rohe Mandelbutter darüber. Diese Butter bietet alle gesundheitsfördernden Vorteile von Mandeln: Sie ist cholesterinsenkend, schützt das Herz und hilft, Darmkrebs und Alzheimer vorzubeugen.

Frisches Bio-Obst

Wenn Sie oder Ihre Kinder Süßes lieben, sollten Sie immer viel frisches Bio-Obst im Haus haben. Wenn auch ein Zuviel an Obst Ihr System durch Fructose (Fruchtzucker) vorübergehend überfordern kann, können Sie in der Regel unbeschwert das Obst Ihrer Wahl genießen. Zudem sind frische Früchte wesentlich besser als andere Formen von Süßigkeiten, besonders im Hinblick darauf, dass industriell verarbeiteter Zucker (einschließlich Zuckerrüben) unter Umständen genetisch manipuliert ist.

Es ist empfehlenswert, jederzeit eine Schüssel gewaschener Weintrauben zum Naschen im Kühlschrank bereitzuhalten.

Frisches Bio-Gemüse

Essen Sie mindestens einmal täglich (gerne auch öfter) frisches biologisch angebautes Gemüse. Dazu gehören Grünkohl, Mangold, Spinat, Löwenzahnblätter, Rucola, Koriander und Brokkoli, die allesamt gut für Ihre Gesundheit sind. Je dunkler das Grün des Gemüses ist, desto mehr Chlorophyll enthält es. Chlorophyll behebt DNA-Schäden und schützt gegen Karzinogene. Dunkelgrüne Blattgemüse sind eine köstliche Möglichkeit, Ihre Gesundheit zu schützen und Ballaststoffe aufzunehmen. Darüber hinaus sind sie reich an Proteinen sowie Vitamin A und C und zeichnen sich durch eine entzündungshemmende Wirkung aus.

Untersuchungen haben gezeigt, dass grünes Blattgemüse beim Kochen fast 70 Prozent seines Chlorophylls verliert. Das ist der Grund, warum gekochtes Gemüse nach einer Weile so grau aussieht. Wenn Sie also Ihr Gemüse kochen, achten Sie darauf, dass Sie es nur leicht ankochen oder dämpfen, damit es seine grüne Farbe behält und damit seinen Chlorophyll-Anteil.

Bio-Bohnen

Biologisch angebaute Bohnen sind eine gesunde Protein- und Ballaststoffquelle. Sie verleihen Ihren Lieblingsrezepten eine sättigende Grundlage, schmecken köstlich und sind eine preiswerte Alternative zu Fleisch.

Bohnen weisen jedoch nicht die kompletten Aminosäure-Proteine auf (mit der Ausnahme von Sojabohnen), daher müssen sie mit Vollkorngetreide wie zum Beispiel braunem Reis kombiniert werden, um ausreichend Protein zu bieten. Wenn Sie sich für Sojabohnen entscheiden, achten Sie darauf, dass

Sie nur biologische Produkte kaufen. Genetisch manipuliertes, nicht-biologisches Soja enthält schädliche Toxine.

Sie können Bohnen getrocknet kaufen, in Wasser einweichen und sich auf diese einfache Weise mit den Kochmethoden unserer Vorfahren vertraut machen. Oder kaufen Sie vorgekochte Bohnen in Dosen. Wir mögen besonders die biologischen Bohnen der Marke »Amy's Kitchen«, da ihre Dosen kein BPA (Biphenyl-A) enthält.

Brauner Reis

Viele Menschen reagieren sensitiv oder allergisch auf Gluten, daher müssen sie darauf achten, keine Weizen- oder andere glutenhaltige Produkte zu essen. Zu den Zeichen einer Gluten-Intoleranz gehören: Müdigkeit, Blähungen, Hautprobleme, Gereiztheit und Probleme mit der Fruchtbarkeit.

Brauner Reis ist ein guter Ersatz für Weizen, da er frei von Gluten ist. Wichtig ist jedoch, nur biologisch angebauten braunen Reis zu nehmen und nicht die genetisch manipulierte Variante.

Brauner Reis ist Reis in Naturform. Weißer Reis war braun, bevor er seiner braunen Schale und damit seines Nährwerts beraubt wurde.

Brauner Reis in Kombination mit Bohnen stellt eine komplette, proteinreiche Mahlzeit dar, vor allem wenn Sie dazu eine Portion leicht gekochten oder gedämpften Grünkohl oder ein anderes tiefgrünes Blattgemüse essen. Würzen Sie das Ganze mit einem dicken Klacks Bio-Mandelbutter und genießen Sie Ihr köstliches Mahl!

7

7-Tage Detox-Pläne

Nach den autobiografischen Berichten über Detox zu urteilen, die man uns geschickt hat, war bald ein klares Muster zu erkennen. Wenn Menschen zu Gott und den Engeln gebetet haben, waren sie in der Lage, ihr Suchtverhalten aufzugeben. Für manche war Beten und Gott um Hilfe anzuflehen die absolut letzte Option. Andere wiederum baten die Engel einfach um Hilfe, und auch sie erzielten überraschende Resultate. Egal, wovon Sie sich entgiften wollen, Beten hilft immer.

Wissenschaftler haben seit Langem die heilende Wirkung des Gebetes erforscht und die Variablen durch wissenschaftlich akzeptierte Methoden herausgefiltert. Die eindrucksvollsten Studien zeigen die positiven Wirkungen von Gebeten für das Wohl von Pflanzen, Tieren und Säuglingen, die theoretisch nicht von einem »Placebo-Effekt« (positives Denken, wenn Sie wissen, dass für Sie gebetet wird) profitieren konnten.

Forscher haben bewiesen, dass Beten mit einer Minderung von Schmerz, kürzeren Genesungszeiten, gesteigerter Langlebigkeit und der Fähigkeit verbunden ist, Suchtverhalten zu überwinden.

Durch die Beseitigung negativer Einflüsse hat Jerry Ryan aus New Jersey inneren Frieden gefunden. Jerry hatte seit Langem das Gefühl, als würde sein Herz ihn drängen, ungesunde Gewohnheiten loszulassen. Er stellte auch immer wieder einen Plan auf und machte einen Anfang, gab aber bald wieder auf. Nachdem er um Führung gebetet hatte, merkte er, dass er seiner Umwelt die Schuld an seinen Problemen gab, anstatt selbst die Verantwortung zu übernehmen. Doch dann beschloss er, weitere Fragen zu stellen und um umfassendere Führung zu bitten. Sein Glaube wuchs, und Jerry begann, das Leben und die Menschen in einem anderen Licht zu sehen. Nachdem er sich an die Engel gewandt hatte, erkannte er, dass es vieles gab, für das er dankbar sein durfte. Indem er das Drama und die Negativität in seinem Leben losließ, lernte Jerry, dass alles möglich war. Heute erteilt er unter anderem autistischen Kindern kostenlosen Musikunterricht.

Rebecca Rogers, eine viel beschäftigte Mutter von drei Kindern, arbeitet als Krankenschwester in Canberra, Australien. Rebecca wünschte sich mehr Energie, also sagte sie sich selbst immer wieder, dass sie alles tun musste, um mehr Energie zu finden. Ohne dass sie es wusste, hörten die Engel ihr Gebet.

Eines Tages ging Rebecca wie üblich in den Supermarkt, doch dieses Mal fühlte sie sich zu der Abteilung mit den vegetarischen Produkten hingezogen. Ihr war langweilig geworden mit den Sachen, die sie seit jeher kochte, also dachte sie, dass es doch Spaß machen würde, etwas Neues auszuprobieren. Sie kaufte Sojamilch, Sojajoghurt, frisches Obst und Gemüse, Vollkorngetreide, aber keine Tierprodukte. Von einem Tag auf den anderen hörte Rebecca auf, Milchprodukte, Fleisch, Fisch und Eier zu essen.

Zu Beginn stellten sich bestimmte Symptome ein, die zeigten, dass ihr Körper sich reinigte. Sie hatte Kopfschmerzen, beschloss jedoch, keine Schmerztabletten zu nehmen. Rebecca wusste, dass ihr Körper sich von schädlichen Toxinen entgiftete und wollte ihm nicht noch weitere zumuten. Sie erhielt Hilfe und Führung von mitfühlenden Freunden im Internet, die sie alle drängten, weiterzumachen, da sie sich danach fantastisch fühlen würde!

Auch wenn diese Veränderung erst vor sehr kurzer Zeit stattgefunden hat, fühlt Rebecca sich sowohl physisch als auch mental und spirituell besser als zuvor. Sie hatte die Antwort auf ihre Gebete für mehr Energie erhalten!

Nancy A. Kerner war bereits in der Vergangenheit in den Genuss himmlischer Hilfe gekommen. Vor dreiundzwanzig Jahren hatte sie Gott gebeten, sie von dem Verlangen nach Drogen und Alkohol zu befreien – und so geschah es! Doch jetzt wusste sie, dass es an der Zeit war, sich von bestimmten Nahrungsmitteln zu entgiften.

Nancy lebte in Seattle und fühlte sich dort gar nicht wohl, denn ihr Körper sehnte sich nach mehr Sonnenschein. Sie wollte nach Kalifornien umziehen, wusste jedoch, dass der Umzug mit viel Arbeit und Planung verbunden war, weil die Familie dann nicht nur ihr Zuhause, sondern auch ihr Geschäft umsiedeln müsste. Also rief Nancy die Engel um Hilfe und bat um ein Wunder. Sie sagte, sie sei bereit und willens, alles zu tun, was getan werden müsste, um sich wohler zu fühlen, und betete um Führung, damit sie ihren Körper heilen und wieder ins Gleichgewicht bringen konnte.

Innerhalb von fünf Wochen bekam sie das Geld, das sie für eine Eigentumswohnung und Ladenräume in Kalifornien brauchte – beides lag nur ein paar Fußschritte von der Wohnung ihres achtzigjährigen Vaters entfernt. Nancy genoss die kalifornische Wärme und die weiten Sandstrände, wo sie Delfine und Wale sah, die sich in den Wellen tummelten. Diese erhöhte Energie erlaubte ihr, problemlos Zucker, Kaffee und Junkfood von ihrem Speiseplan zu streichen. In einer Meditation erhielt sie die Anleitung, auf vegane und glutenfreie Ernährung umzusteigen. Das war nicht etwas, das Nancy geplant hatte, doch sie beschloss, einen Versuch zu wagen. Bald schon schmeckten ihr grüne Smoothies, Kokosnusswasser und frisch gepresste Säfte. Sogar ihr Mann schätzte die veganen Gerichte, die sie zubereitete.

Heute zündet Nancy jeden Tag eine Kerze an und betet. Sie bittet um Führung und Unterstützung, während sie weiterhin positive Veränderungen in ihrem Leben vornimmt. Sie ist von Herzen dankbar für ihre wiedergefundene Gesundheit. Sie hat viele überflüssige Pfunde abgenommen und kann mittlerweile sogar die Treppen hochlaufen!

Tracy Moldovan, von Beruf Apothekerin, betete um Hilfe für ihren kleinen Sohn Nickolas, der sehr krank war. In den letzten drei Jahren hatte er verschiedene neurologische Ticks entwickelt. Es begann mit raschen Augenbewegungen und steigerte sich zu Schnüffeln, Kopfzucken und lauten Räuspern. All dies tat er im Laufe des Tages über viele Stunden alle 10 bis 15 Sekunden.

Tracy wusste, dass diese Zustände in der Regel mit Antipsychotika behandelt wurden. Doch als Apothekerin war sie darüber informiert, welche horrenden Nebenwirkungen diese Medikamente hatten, und sie schwor sich, ihrem Sohn nie welche zu geben. Zusätzlich betete sie um Hilfe und wurde zu einem bestimmten Arzt geführt, einem Spezialisten für umweltfreundliche Medizin. Er machte eine Haaranalyse bei ihrem Sohn. Die Resultate waren unfassbar: Sie zeigten, dass Nickolas' Muskeln im Begriff waren, völlig zu versagen. Die Analyse zeigte, dass er eine

Übermenge an Aluminium in seinem Körper hatte, was sein Nervensystem schwer beeinträchtigte. Tracy beschloss, nur noch biologische Nahrungsmittel zu kaufen, um Nickolas' Organismus nicht mit zusätzlichen Toxinen zu belasten.

Dank ständigen Betens wurde Tracy auf jedem Schritt des Heilungsweges ihres Sohnes geführt. Freunde und Kollegen schlugen ihr zum genau richtigen Zeitpunkt Bücher oder Dokumentationen vor. Sie gaben Nickolas Fischöl-Kapseln als auch Vitamine. Und Tracy verbannte Süßigkeiten, künstliche Farbstoffe und Konservierungsmittel vom Speiseplan ihrer Familie.

Vor einem Jahr war bei Nickolas das Tourette-Syndrom diagnostiziert worden, eine Krankheit, für die es gegenwärtig keine Heilung gibt. Die Prognose ist sehr traurig. Heute hat Nickolas keinen einzigen Tick mehr. Er ist gesund, wächst gut heran und ist auf dem besten Weg, ein ganz erstaunlicher Junge zu werden! Die Zukunft steht ihm offen.

DETOX VON COLA UND SOFTDRINKS

Viele Menschen sind süchtig nach Cola und Softdrinks, die mit künstlichen Aromastoffen, Süßstoffen und Zucker angereichert sind. Diese Produkte tragen mit Sicherheit nicht dazu bei, Ihre Gesundheit oder Ihre Hellsichtigkeit zu verbessern. Vielmehr ziehen die Bestandteile dieser Getränke Magnesium aus Ihrem Körper. Softdrinks tragen also nicht nur nichts zu Ihrer Gesundheit bei, sondern rauben Ihnen das lebenswichtige Magnesium! Softdrinks und Cola sind definitiv *nicht* Ihre Freunde!

Ein hoher Konsum an Softdrinks kann zu erschreckenden Resultaten führen, wie beispielsweise hohem Blutdruck und erhöhten Cholesterinwerten, Fettleibigkeit und Insulinresistenz. Einige Forscher sagen, dass erhöhter Konsum von Softdrinks den gleichen Stress in Ihrem Körper produziert wie Alkohol. Wenn diese Getränke lange genug konsumiert werden, kann dies zu Leberschäden führen, was auch für die Volksgesundheit sehr bedenklich ist, da immer mehr Kinder nach diesen zuckerhaltigen Getränken süchtig werden. Kinder sind nicht die Einzigen, die diese Produkte trinken, doch machen sich die Engel Sorgen um die Gesundheit der nächsten Generation.

Softdrinks mit künstlichen Aromastoffen (sogenannte »Diet-Colas«) sind genauso schädlich. Aus der naturheilkundlichen Perspektive betrachtet, sind künstliche Süßstoffe in Colas und Softdrinks die Ursache für eine ganze Reihe von Problemen. Zudem machen sie Ihren Körper glauben, dass er einen »Zucker-Rush« hat. Wenn Ihr Körper jedoch versucht, den hohen Zuckergehalt zu reduzieren, passiert nichts. Daher empfindet Ihr Körper Stress und kämpft darum zu verstehen, was los ist. Er produziert zusätzliche Substanzen, um Ihren Blutzucker zu senken, wobei das Gehirn weiterhin an der Botschaft festhält, dass der Zuckergehalt zu hoch ist. Das setzt sich stundenlang so fort, bis die künstlichen Süßstoffe wieder aus Ihrem Organismus ausgeschieden werden.

Viele Menschen entscheiden sich für Diät-Softdrinks, um abzunehmen, doch neuere Forschungen lassen vermuten, dass der Gewichtsverlust durch die künstlichen Süßstoffe verzögert werden könnte. Was bedeutet, dass genau das, von dem Sie glaubten, es würde Ihnen helfen, unter Umständen genau das Gegenteil bewirkt.

Die künstlichen Süßstoffe in diesen Getränken werden Aspartam genannt (auch unter dem Namen *Equal* oder *Nutra-Sweet* bekannt). Aufgrund seiner Toxizität sollte dieser chemische Stoff eigentlich illegal sein. Er spaltet sich in hochgiftiges Methanol auf, was sich wiederum in Methansäure und Formaldehyd aufspaltet. Diese Chemikalien haben eine negative Wirkung auf die Nerven und führen erwiesenermaßen zu Störungen, unter anderem Migräne, Nervosität und sogar Krampfanfällen. Untersuchungen mit Ratten haben gezeigt, dass Aspartam zu angeborenen Erbschäden führt.

Darüber hinaus werden diese Getränke in Aluminiumdosen abgefüllt, wobei das gefährliche Metall in das Getränk sickern kann. Genauso schädlich sind Softdrinks in Plastikflaschen, da diese höchstwahrscheinlich BPA (Bisphenol A) enthalten, ein chemischer Stoff, der den Hormonhaushalt durcheinanderbringt und in den meisten Plastikprodukten zu finden ist.

Alle diese Getränke hindern Sie daran, die Führung Ihrer Engel zu hören. Darüber hinaus schädigen sie Ihre hellhörigen Fähigkeiten. Insgesamt kann man sagen, dass Softdrinks jegliche Kommunikation mit den höheren Ebenen unklar, wenn nicht gar unmöglich machen.

Die Engel haben uns gezeigt, dass Softdrinks unsere Aura schädigen. Es sieht wie kleine Säure-Bläschen aus, die den Schutzschild um Ihre Aura herum auflösen. Durch den Konsum von Softdrinks wird Ihre Aura geschwächt und schneller anfällig für außersinnliche Attacken. Ihre Aura ist ein Geschenk des Schöpfers, da sie Ihnen hilft, sich abzuschirmen und vor niederen Energien zu schützen. Die Aura ist Ihre erste Verteidigungslinie gegen Negativität. Wenn diese Schutzschicht jedoch schwächer wird, fällt es der negativen Energie leichter, durchzudringen. Das kann zu Müdigkeit, Erschöpfung, Wut, Reizbarkeit und Stimmungsschwankungen führen. Besonders gut lässt sich das auch an Kindern beobachten, bei denen ein Aufmerksamkeitsdefizit vorzuliegen scheint. Sobald sie keine Softdrinks oder Cola mehr trinken, können sie die niederen Energien in ihrer Umgebung abwehren, und schon bald sind diese Kinder in der Lage, sich besser zu konzentrieren.

Wir fragten, ob alle kohlensäurehaltigen Getränke schädlich für Körper und Aura sind. Die Engel erklärten, dass kohlensäurehaltiges Mineralwasser von guter Qualität in Ordnung ist (wenn auch manche Marken zu viel Natrium enthalten, was Blähungen verursachen kann).

Softdrinks haben einen säureähnlichen Effekt, was bedeutet, dass sie zu einer Übersäuerung des Körpers führen können. Die Engel bestätigen, dass diese Getränke Ihren schützenden Aura-Schild aufweichen und die Säuren Ihren Knochen das benötigte Kalzium entziehen. Dies kann zu brüchigen Knochen – einer Osteoporose – führen.

Es ist alarmierend zu sehen, wie viele Kinder große Mengen an Softdrinks konsumieren. Die Engel warnen davor, dass im Laufe der Jahre die Knochenstärke darunter leiden wird. Zudem wird berichtet, dass die Säuren in Softdrinks den Zahnschmelz angreifen. Es heißt, dass diese Säuren schlimmer für die Zähne als Süßigkeiten sind. Die Säure ermöglicht dem Zucker, noch tiefer in die Zähne zu dringen.

Saft: Das heilende Getränk

Genießen Sie Säfte als Alternative zu Softdrinks. Es kann sein, dass Sie ein oder zwei Wochen brauchen, um natürliche Getränke wirklich neu zu genießen. Ihre Geschmacksnerven sind durch den jahrelangen Konsum dieser künstlichen, chemischen Substanzen in Mitleidenschaft gezogen worden. Es kann ein wenig dauern, aber dann wird Ihr Gaumen es Ihnen danken, indem er einen gesteigerten Geschmackssinn entwickelt. Genießen Sie frische Säfte aus biologischem Obst und Gemüse, das Sie auf vielerlei Weise zubereiten können. Ein eigener Entsafter zu Hause ist eine wunderbare Investition, die Ihnen erlaubt, Ihren Saft entsprechend Ihrer persönlichen Vorlieben zu mischen. Es gibt mehrere Arten von Entsaftern: Zentrifugalmixer, Handmixer, Standmixer.

Der Zentrifugal-Entsafter ist der am weitesten benutzte. Er enthält einen schnell drehenden Teil, der Früchte und Gemüse zerkleinert und den Saft heraustreten lässt. Diese Entsafter produzieren große Mengen von »Abfall« (segensreiche Ballaststoffe mit hohem Nährwert), jedoch nur eine kleine Menge Saft. Diese Entsafter sind in der Regel am preiswertesten.

Der Handmixer-Entsafter, auch als »kauender« Entsafter bekannt, enthält einen oder mehrere langsam drehende Teile, die das Obst oder Gemüse zerdrücken. Diese Entsafter produzieren wesentlich mehr Saft und geben Ihnen die Möglichkeit, Weizengras und andere grüne Blattgemüse in flüssiger Form zu genießen. Sie sind meistens leichter zu reinigen als ein Zentrifugal-Entsafter, da es weniger Abfall gibt.

Die dritte Form des Entsaftens ist uns die angenehmste: Der Küchenmixer. Dieses Gerät erlaubt Ihnen, frische Obst- und Gemüsesäfte zuzubereiten, ohne dass Abfall entsteht. So geht nichts verloren, und Sie profitieren von den Ballaststoffen und dem Nährwert, den Obst und Gemüse enthalten. Machen Sie sich schlau in Bezug auf die verschiedenen Formen von Entsaftern. Sie werden feststellen, dass die Qualität umso besser ist, je mehr Sie investieren. Ich (Doreen) benutze seit Jahren einen *Vitamix*-Entsafter als Möglichkeit, Getränke und Nahrung aus der ganzen Pflanze zu gewinnen, anstatt die Ballaststoffe wegzuwerfen, so wie es bei herkömmlichen Entsaftern der Fall ist.

Mit einem Mixer können Sie Bio-Obst wie Mangos, Pampelmusen und Äpfel mit Gemüse wie Möhren, Spinat und Brokkoli mischen. Fügen Sie ein wenig Eis und Wasser hinzu, und – voilà! – Sie haben ein frisches, gesundes, köstliches Getränk. Ihr Körper wird diese Art von Getränk wesentlich mehr schätzen. Im Vergleich dazu haben Softdrinks eine aggressive Energie.

Zur Anregung hier ein paar Zutaten für frisch gepresste Säfte, möglichst aus biologischem Anbau:

- Grünkohl
- Rote Beete
- Ananas
- Mango
- Pampelmuse
- Wassermelone
- Karotte
- Apfel
- Spinat
- Grüner Apfel
- 5 Mandeln (biologisch/nicht bestrahlt)
- Banane

Fügen Sie Ihrem Wasser eine Zitronen- oder Limettenscheibe und Pfefferminzblättchen hinzu, was ihm einen interessanten und feinen Geschmack verleiht. Außerdem können Sie ein wenig frischen Saft hinzugeben, damit es noch besser schmeckt.

Heilungsmethoden für Softdrinks-Detox

Gebet

»Lieber Gott und liebe Engel, bitte unterstützt mich auf meinem Weg zu vollkommenerer Gesundheit. Ich bin jetzt bereit, Softdrinks aufzugeben. Ich kann eure Botschaften verstehen und möchte eurer Führung folgen. Ich hoffe, eure göttliche Gegenwart hören, sehen, fühlen und erkennen zu können. Ich weiß, dass dies nur möglich ist, wenn ich mich von diesen ungesunden, industriell verarbeiteten Produkten entgifte. Ich bete darum, dass ihr mir helft, Softdrinks und jegliches Verlangen danach aufzugeben. Auf dass meine Gesundheit umgehend besser und meine Energie wiederhergestellt werden möge. Danke.«

Erzengel Michaels spirituelles »Staubsaugen«

Softdrinks schwächen die Aura und erlauben negativen Energien, hereinzukommen. Häufig setzen diese niederen Vibrationen Ihren Kreislauf der Sucht fort. Arbeiten Sie mit Michael, um Ihren Körper von Negativität zu reinigen. Gleichzeitig werden Sie Ihr Verlangen nach Softdrinks verlieren.

7-Tage-Plan zur Entgiftung von Softdrinks

Für jede Art von Entgiftung bieten wir Ihnen einen 7-Tage-Plan an. Die Engel schlagen vor, diese Pläne als Ihren Ausgangspunkt zu benutzen. Lassen Sie sich von Ihrer Intuition führen, und nehmen Sie entsprechende Adjustierungen vor, basierend auf Ihrer individuellen Situation. Wenn Sie diese 7 Tage beendet haben, werden Sie aufgefordert, Ihrem eigenen, persönlichen Detox-Plan zu folgen. Wenden Sie sich an die Engel, und bitten Sie kompetente Quellen um weitere Führung und Unterstützung.

1. Tag

- Beginnen Sie Ihren Tag, indem Sie bewusst das obige Softdrink-Entgiftungs-Gebet sprechen. Wiederholen Sie dieses Gebet mehrmals im Laufe des Tages, vor allem zu den Essenszeiten. Wenn Sie irgendwohin gehen, wo Sie in der Vergangenheit oft Softdrinks konsumiert haben, bitten Sie die Engel um Hilfe. Der Schlüssel zu Ihrem Erfolg besteht darin, immer wieder um ihre göttliche Führung zu bitten.
- Gönnen Sie sich eine Schüssel Bio-Haferflocken wie zum Beispiel Müsli oder Porridge. Diese komplexen Kohlehydrate werden Ihnen helfen, sich länger satt zu fühlen.
- Entfernen Sie alle Softdrinks aus Ihrer unmittelbaren Umgebung. Das wird Ihren Entgiftungsprozess beschleunigen. Nahrungsmittel zu entsorgen ist nicht der beste Weg, doch anderen – beispielsweise Ihrer Familie – »Lebensmittel« weiterzureichen, die ihnen schaden könnten, ist kein Geschenk.
- Kaufen Sie naturbelassene, biologische Säfte und reife Früchte.
- Sprechen Sie vor dem Schlafengehen das Softdrink-Entgiftungs-Gebet.

2. Tag

- Beginnen Sie Ihren Tag, indem Sie bewusst das Softdrink-Entgiftungs-Gebet sprechen. Naschen Sie einige biologische beziehungsweise rohe Mandeln, sobald Sie ein Verlangen nach Softdrinks verspüren.

- Aromatisieren Sie Ihr Wasser mit Bio-Säften und Zitrusfrüchten.

- Achten Sie heute auf Ihre Gefühle und Emotionen. Unter Umständen wird Ihr Ego versuchen, Sie auszutricksen und zu veranlassen, sich einen Softdrink zu genehmigen. Bitten Sie Ihre Engel um die Kraft zu widerstehen und diese Produkte aus Ihrem Leben zu entfernen.

- Meditieren Sie mit Erzengel Michael und führen Sie seine spirituelle Saugtechnik durch. Wiederholen Sie diese Übung täglich für den Rest der Woche. Darüber hinaus bitten Sie Michael, Ihren Kühlschrank und die Bereiche abzusaugen, wo Sie früher Softdrinks konsumiert haben. Das beseitigt die alte Energie und stärkt Ihre Motivation.

- Sprechen Sie vor dem Schlafengehen das Softdrink-Entgiftungs-Gebet.

3. Tag

- Beginnen Sie Ihren Tag, indem Sie bewusst das Softdrink-Entgiftungs-Gebet sprechen.

- Fangen Sie heute damit an, Ringelblumentee zu trinken. Er wird Ihre Aura wiederherstellen und den Schutz vor außersinnlichen Angriffen stärken. Softdrinks haben Ihr Aura-Feld geschwächt, daher ist dies ein ausgezeichneter Zeitpunkt, es zu heilen.

- Achten Sie heute verstärkt auf Ihren Protein-Konsum.

Essen Sie Bohnen, Linsen und Produkte aus Soja-Protein. Dieses zusätzliche Protein wird Ihren Blutzucker stabilisieren. Erwägen Sie, sich einen Protein-Shake aus Soja oder Erbsen-Protein zu mischen, um Ihr niedriges Energieniveau anzuheben.

- Sprechen Sie vor dem Schlafengehen das Softdrink-Entgiftungs-Gebet.

4. Tag

- Beginnen Sie Ihren Tag, indem Sie bewusst das Softdrink-Entgiftungs-Gebet sprechen.
- Gönnen Sie sich einen Leckerbissen als Belohnung dafür, dass Sie es bis hierher geschafft haben. Der schwierigste Teil liegt hinter Ihnen, und von diesem Punkt an wird alles viel leichter werden. Bereiten Sie sich Ihr eigenes erfrischendes Getränk zu, indem Sie pürierte frische Früchte und Beeren mit Mineralwasser mischen.
- Sprechen Sie vor dem Schlafengehen das Softdrink-Entgiftungs-Gebet.

5. Tag

- Beginnen Sie Ihren Tag, indem Sie bewusst das Softdrink-Entgiftungs-Gebet sprechen.
- Nehmen Sie sich heute Zeit, um mit Erzengel Michael »staubzusaugen«. Sie sind bereits sensitiver geworden für Energie und hören die Führung Ihrer Engel. Durch das Saugen sorgen Sie dafür, dass Ihre außersinnlichen Kanäle sauber und durchlässig bleiben.

- Genießen Sie heute frisch gepresste Säfte. Mischen Sie grünes Bio-Gemüse wie beispielsweise Spinat mit einem frischen Apfel, Möhre und zerkleinertem Ingwer.

- Sprechen Sie vor dem Schlafengehen das Softdrink-Entgiftungs-Gebet.

6. Tag

- Beginnen Sie Ihren Tag, indem Sie bewusst das Softdrink-Entgiftungs-Gebet sprechen.

- Nehmen Sie sich heute viel Zeit zum Kochen. Investieren Sie in alle Vorbereitungen viel Zeit und Liebe – auf diese Weise werden Sie das Ergebnis umso mehr schätzen. Ihre Geschmacksnerven beginnen sich wieder zu sensibilisieren. Wenn Sie heute essen, achten Sie genau auf den veränderten Geschmack und die Beschaffenheit der Zutaten. Sie werden sich von denen der letzten Woche drastisch unterscheiden.

- Sprechen Sie vor dem Schlafengehen das Softdrink-Entgiftungs-Gebet.

7. Tag

- Beginnen Sie Ihren Tag, indem Sie bewusst das Softdrink-Entgiftungs-Gebet sprechen.

- Verbringen Sie Zeit mit liebevollen, hilfreichen Freunden. Falls Sie zum Mittagessen in ein Restaurant gehen, entscheiden Sie sich für Kräutertee oder Wasser als Getränk. Es ist wichtig, gewissenhaft bei Ihrer Entscheidung zu bleiben, keine Softdrinks mehr zu konsumieren. Die Engel unterstützen Sie dabei, so wie sie es die ganze Woche lang getan haben.

- Arbeiten Sie mit Erzengel Michaels spiritueller Saugtechnik, um die Energie des Tages loszulassen.
- Sprechen Sie vor dem Schlafengehen das Softdrink-Entgiftungs-Gebet.

Herzlichen Glückwunsch! Sie haben eine ganze Woche lang keine Softdrinks zu sich genommen! Ihre Geschmacksnerven haben sich erholt, Ihre Aura ist widerstandsfähiger geworden, Sie haben Geld gespart, weil Sie keine Softdrinks gekauft haben, und Sie sind wieder in der Lage, die Botschaft Ihrer Engel klar zu hören.

ALKOHOL-DETOX

Schauen Sie sich Handdesinfektionsmittel an und solche, die in Krankenhäusern zur Desinfektion verwendet werden: Was ist deren Hauptbestandteil? Alkohol oder Ethanol. Der Grund dafür? Alkohol ist ein Gift! Er eignet sich ausgezeichnet dafür, Bakterien abzutöten, da sie in einem alkoholischen Umfeld nicht leben können. Diese Organismen sind zu klein und können sich nicht wehren. Bei den Menschen ist es genauso. Ihr Körper besteht aus Millionen von Zellen, von denen jede einzelne sensitiv und notwendig ist. Würde Ihr Körper sie nicht brauchen, hätte er sie nicht produziert. (Mit einer Ausnahme: Krebszellen.) Alkohol kann die lebensnotwendigen Zellen in Ihrem Körper schädigen oder abtöten.

Ein weiterer erschreckender Fakt besteht darin, dass Alkohol in der Lage ist, die Blut-Gehirn-Schranke zu durchbrechen. Die meisten Drogen und Chemikalien werden durch den Körper in die Leber geleitet, wo sie umgewandelt und verarbeitet werden, damit sie Ihnen keinen größeren Schaden zufügen. Alkohol überspringt diese Stufe und geht direkt ins Gehirn, wo Ihre empfindsamen Nerven ungeschützt und verletzbar sind.

Alkohol schwächt die Aura und ermöglicht negativen Energien, einzudringen, was es unerwünschten Spirits leichter macht, sich an Ihrem Körper festzumachen. Wenn Sie aufgrund von zu viel Alkohol bewusstlos werden, führen diese Spirits zu gesundheitlichen Problemen und Schmerzen. Alkohol ist ein Gift, und Ihr Energiefeld reagiert darauf in entsprechender Weise. Es wird durchlässiger als vorher und verliert seine Stabilität.

Wenn Menschen sterben, besteht die Möglichkeit, dass sie ihre Süchte mitnehmen. Bars und Clubs sind angefüllt mit den Seelen verstorbener Alkoholiker. Wenn Sie solche Orte häufig aufsuchen, werden sich diese Seelen an Ihnen festmachen und ihr Verlangen durch Sie ausleben. Sie werden merken, dass Sie ein stärkeres Verlangen nach Alkohol entwickeln und bei jeder sich bietenden Gelegenheit trinken wollen. Zu den anderen verräterischen Zeichen gehören schwerfällige Bewegung, Dinge fallen zu lassen und gegen Wände zu laufen.

Wenn Sie meinen, ein Spirit habe sich an Ihnen festgemacht, nehmen Sie eine Saugaktion mit Erzengel Michael vor. Er wird die niederen Wesenheiten ins Licht bringen.

Wir beten darum, Licht auf Suchtverhalten scheinen zu lassen und Ihnen zu helfen, geheilt zu werden. Je »nüchterner« wir alle werden, desto strahlender erscheint uns die Welt. Wir sind nicht hier, um Ihnen ein schlechtes Gefühl zu geben. Unser Ziel ist es, darauf hinzuweisen, was passieren kann und Ihnen Möglichkeiten anzubieten, Ihre Sucht zu überwinden.

Viele Menschen assoziieren Alkohol mit Geselligkeit. Schließlich möchten Sie nicht der oder die Einzige sein, die nicht trinkt, wenn alle anderen sich amüsieren. Doch wenn Ihre Energie hoch ist, brauchen Sie keinen Alkohol, um Spaß zu haben.

Genießen Sie ein Glas Mineralwasser, gemischt mit frisch gepresstem Orangensaft. Oder versuchen Sie es mit rosa Grapefruit, Wassermelone oder Kiwi.

- Zerdrücken Sie in einem Glas eine Handvoll frischer Himbeeren, Brombeeren, Blaubeeren oder Erdbeeren, und füllen Sie es mit Sprudelwasser auf. Oder nehmen Sie Eiswürfel und zerkleinern sie im Mixer zusammen mit reifen Früchten wie zum Beispiel Mango und Pfirsich, und fertig ist ein köstlicher Smoothie!

Genießen Sie gesunde, naturbelassene Getränke, die Ihre Aura stark und Ihre Energie hoch halten. Wenn Sie das Gefühl haben, dass es Ihnen schwerfällt, Ihren Alkoholkonsum zu kontrollieren, suchen Sie sich bitte die Hilfe und Unterstützung, die Sie brauchen. Vielleicht haben Ihre Engel Sie schon gedrängt, Hilfe zu suchen, und dies ist Ihre Bestätigung. Gehen Sie zu einem AA-Treffen, oder erkundigen Sie sich im Internet unter www.aa.org, um ein 12-Stufen-Pogramm in Ihrer Stadt zu finden.

Eine Frau namens Sue Ogozarek wachte am Morgen des 2. Januar 2007 auf und merkte, wie sie aufgrund von Alkoholentzug am ganzen Körper zitterte. Sie war in einem fremden Haus mit einem Mann, den sie nicht kannte. Sie hatte vier Kinder, die sie nicht sehen durfte, weil es eine Auflage wegen Kindesmissbrauchs gegen sie gab, und sie war obdachlos. Sich krank und elend fühlend, hatte sie genug von ihrem Leben. Sie spielte mit dem Gedanken, sich umzubringen, war sich jedoch bewusst, was das für ihre Kinder bedeuten würde. Ihre eigene Mutter hatte Selbstmord begangen, als Sue sechs Jahre alt war, und sie erinnerte sich nur zu gut an den Schmerz über diesen Verlust. An jenem Morgen sank sie auf die Knie und betete zu Gott um Hilfe. Sie war bereit, Hilfe in jeder Form und auf jede Art anzunehmen. Alles, was sie bei sich hatte, war ein Campingbeutel mit zwei Paar Jogginghosen darin, denn ihr Mann hatte die Nase so voll von ihrer Trinkerei und anderen Verhaltensweisen, dass er ihre ganzen Sachen weggeworfen hatte.

Sie wusste, dass sie das Haus dieses fremden Mannes verlassen musste, doch sie wusste nicht, wo sie sonst unterkommen konnte. Draußen regnete es, und es war kalt, also ging sie in eine Bar. Sue wollte diese Bar nie betreten, da dort fast nur ältere Männer waren, doch jetzt ging sie trotzdem hinein und setzte sich zu einem Gast an den Tisch. Er kam ihr irgendwie vertraut vor, wie jemand, den sie aus einer anderen Bar kannte. Sie hatte kein Geld und bat diesen Mann, ihr einen Drink zu spendieren, was er auch tat.

Der Fremde wollte wissen, was es mit ihrem Campingbeutel auf sich hatte. Sue erklärte, dass dies ihr ganzer Besitz und sie obdachlos war. Der Mann fragte, warum sie nicht ihre Eltern anrufen würde. Sue sagte ihm, dass ihre Mutter sehr früh gestorben sei und dass sie seit über zehn Jahren nicht mehr mit ihrem Vater gesprochen hätte. Sue und der Fremde redeten mehrere Stunden miteinander – bis zu dem Moment, als wunderbarerweise und wie in Beantwortung ihres Gebetes ihr Vater durch die Tür kam! Sie versöhnten sich, und er lud Sue ein, bei ihm zu wohnen mit dem Versprechen, für sie zu sorgen. Er sah zu, dass sie eine Entziehungskur machte, und bis heute hat Sue keinen Tropfen Alkohol mehr angerührt. Der Fremde aus der Bar war ein guter Freund ihres Vaters. Als er ihre Geschichte hörte, rief er ihren Vater an, der eine Stunde entfernt wohnte. Dieser Mann war zuvor nie in dieser Bar gewesen, doch aus irgendeinem Grund fühlte er sich angeleitet, hineinzugehen und Sue zu helfen. Heute weiß Sue, dass Gott, ihre Mutter und die Engel über sie wachen. Heute führt sie ein Leben frei von Alkohol und ist wieder mit ihren Kindern vereint.

Brenda Pennington rutschte nach einer schmerzhaften Scheidung im Alter von 44 Jahren in die Alkoholsucht. Bis dahin hatte sie Alkohol nie angerührt. Jetzt benutzte sie ihn, um den Schmerz und das Trauma ihrer Scheidung zu überdecken. Sie wollte Hilfe, und die Engel gaben sie ihr.

Brenda zog um nach Kalifornien, wo sie eine *Angel-Therapy*-Therapeutin kennenlernte. Sie begann, an den einmal im Monat stattfindenden Engel-Zusammenkünften teilzunehmen und lernte, wie sie ihre Emotionen heilen konnte. Dies war eine sensitive Zeit in Brendas Leben, doch sie wusste, dass sie sich ihren Gefühlen stellen musste, um wirklich zu heilen. Im Laufe dieses Prozesses erkannte Brenda, dass sie sich vom Alkohol entgiften musste. Sie betete um Hilfe und bat die Engel, ihr das Verlangen danach zu nehmen. Im Anfangsstadium ihrer Entgiftung fühlte Brenda sich angeleitet, im Freien unter dem sommerlichen Sternenhimmel zu schlafen, damit sie in ihrem heilenden Licht baden konnte. Dieses Erlebnis berührte ihre Seele zutiefst und gab ihr die Kraft, Alkohol und andere alte Süchte loszulassen. Es war ein Wunder! Nicht nur das, darüber hinaus erhielt sie ein Stipendium in Höhe von 7800 Dollar, um mehr über die Heilungsart ihrer Wahl zu lernen!

Heute erfreut sich Brenda strahlender Gesundheit und inspiriert andere mit ihrer erfolgreichen Heilungsreise.

Heilungsmethoden für Alkohol-Detox

Gebet

»Lieber Gott und liebe Engel, bitte helft mir jetzt. Ich brauche eure Führung und Unterstützung. Bitte helft mir, mich vom Alkohol zu entgiften. Ich möchte Alkohol und seine negativen Auswirkungen komplett aus meinem Leben eliminieren. Ich kann sehen, welche Wirkung er auf mein Leben und das Leben der Menschen hat, die ich liebe. Ich bete darum, dass ihr mein Verlangen nach Alkohol und alle Versuchungen auf meinem Weg total wegnehmen möget. Durch diesen Prozess werde ich lernen, mich selbst zu lieben. Vom Standpunkt bedingungsloser Selbstliebe aus weiß ich, dass ich von dieser Sucht heilen werde. Ich danke euch.«

Ätherische Öle

Lavendelöl beruhigt den Geist, klärt das Dritte Auge, entspannt das Nervensystem und erfreut die Seele. Erfüllen Sie Ihr Heim mit dem Duft dieses Öls, indem Sie es in einen Aromatherapie-Diffuser oder Duftlampe geben, damit es seine heilende Energie verströmen kann. Außerdem können Sie abends einen Tropfen Lavendelöl auf Ihr Kopfkissen geben, um besser zu schlafen.

Lavendel gibt Ihrem Gehirn Zeit, das Bedürfnis nach Alkohol zu überbrücken. Wenn Sie zum Alkohol greifen wollen, damit er Sie beruhigt, nehmen Sie stattdessen Lavendelöl. Seine reinigende Energie beseitigt negative Einflüsse und klärt Ihre Umgebung, damit Menschen niederer Energie sich nicht mehr von Ihnen angezogen fühlen und aus Ihrem Leben verschwinden.

Ätherisches Rosenöl inspiriert zur Selbstliebe. Verreiben Sie einen Tropfen über Ihrem Herzbereich und fühlen Sie, wie diese sanfte Energie Ihre Seele durchdringt. Wenn Sie sich selbst lieben, werden Sie sich nichts antun, was Ihnen schaden kann. Ihr höheres Selbst weiß, dass Alkohol Sie von Ihrer eigenen Großartigkeit abhält, da er Sie unmotiviert und benebelt zurücklässt. Die Rosen-Energie ist wie eine tröstende Umarmung, die Sie wissen lässt, dass alles gut sein wird. Sie heilt Urteile, die Sie sich selbst auferlegt haben, und richtet sich auf positive Resultate.

Erzengel Raphaels Suchtentwöhnung

Bitten Sie Erzengel Raphael, Ihnen das Verlangen nach Alkohol zu nehmen. Viele Menschen haben berichtet, dass umgehend jegliches Bedürfnis nach Alkohol verschwand, nachdem sie Erzengel Raphael darum gebeten hatten. Seien Sie aufrichtig und offen mit Raphael und erlauben Sie ihm, Ihnen zu helfen.

Mariendistel (Silybum marianum)

Mariendistel schützt die Leber und vermag durch Alkohol verursachte Schäden zu heilen. Nehmen Sie nicht die alkoholhaltigen Tinkturen und Extrakte dieses Heilkrauts, sondern arbeiten Sie stattdessen mit Tabletten oder Kapseln. Außerdem gibt es sogenannte *glycetracts,* nicht-alkoholische Extrakte von Heilkräutern, die mit Glycerin konserviert werden und leicht süß schmecken. Sie sind eine gute Alternative für alkoholabhängige Menschen. Tabletten und Kapseln sind eine weitere ausgezeichnete Möglichkeit, die einfach und bequem ist. Die meisten Tabletten enthalten Extrakte des Heilkrauts, die Ihrem Magen in flüssiger Form in dieser Konzentration nicht bekommen würden. Folgen Sie sowohl der Führung Ihrer Engel als auch dem professionellen Rat Ihres Arztes oder Heilpraktikers.

Vitamin B_{12}

Menschen, die häufig Alkohol konsumieren, haben stets einen niedrigen B_{12}-Level, da Alkohol die Aufnahme dieses Vitamins vermindert. In diesem Fall sollten Sie vielleicht ein B_{12}-Ergänzungsmittel nehmen, um diesen Mangel auszugleichen. Die meisten Vitamin-B_{12}-Produkte werden sublingual genommen, was bedeutet, dass man sie unter der Zunge zergehen lässt. Sie sind in der Regel als Tabletten erhältlich, die sich im Mund auflösen, oder als flüssiges Spray. Untersuchungen haben gezeigt, dass Vitamin B_{12} unter der Zunge besser absorbiert wird, als wenn man es injiziert.

B_{12} ist nötig für Ihre Denkprozesse. Wenn Sie einen B_{12}-Mangel haben, ist es schwer, sich auf glückliche, liebevolle Gedanken zu fokussieren. Wenn Sie in ein dunkles Loch fallen, ist Alkohol eine schnelle Versuchung, also heben Sie Ihre Stimmung und Energie durch die Einnahme von Vitamin B_{12}. Doch bitte nehmen Sie es stets in Verbindung mit den anderen B-Vitaminen oder einem Multivitaminpräparat. Wenn B-Vitamine isoliert genommen werden, können sie zu Mangelerscheinungen führen.

Zink

Mehr als 400 Reaktionen im Körper sind auf Zink angewiesen. Es hat eine besondere Affinität sowohl zum Nervensystem als auch zur Haut, zum Immun-, Fortpflanzungs- und Verdauungssystem. Zink ist nötig für diverse Stoffwechselreaktionen. Wenn

Sie unter einem Zinkmangel leiden, können diese Reaktionen nicht stattfinden.

Stellen Sie sich vor, wie Sie versuchen, von Punkt A nach Punkt B zu gelangen. Zink ist das Vehikel, das Ihnen diese Reise ermöglicht. Ohne dieses Mittel haben Sie keine Möglichkeit, an Ihr Ziel zu gelangen.

Bei einer Alkohol-Entgiftung unterbricht Zink den Suchtkreislauf. Es heilt Ihr Nervensystem, reguliert die Botschaften, die Ihr Gehirn aussendet, reduziert das Verlangen nach Alkohol und bringt Ihre Stimmungslage ins Gleichgewicht.

7-Tage-Plan zur Alkohol-Entgiftung

1. Tag

- Beginnen Sie den Tag, indem Sie aus tiefstem Herzen das Gebet zur Entgiftung von Alkohol sprechen. Wenn Sie im Laufe des Tages das Gefühl haben, extra Führung und Unterstützung zu benötigen, wiederholen Sie das Gebet.
- Entsorgen Sie alle alkoholischen Getränke. Sie können die vollen Flaschen in den Müll werfen. Das Loslassen ist jedoch intensiver und wirkungsmächtiger, wenn Sie den Inhalt in den Ausguss schütten. Während Sie zuschauen, wie die Flüssigkeit verschwindet, spüren Sie, wie auch die Kontrolle verschwindet, die der Alkohol über sie hatte.
- Bitten Sie Erzengel Raphael, Ihnen mit seinem Suchtentwöhnungs-Prozess zu helfen. Durchtrennen Sie jetzt und für immer die Anhaftung an den Alkohol.
- Bitten Sie mitfühlende Menschen um Hilfe. Es ist wichtig, ein zuverlässiges Netzwerk um sich zu haben, während Sie

sich entgiften. Vielleicht fühlen Sie sich angeleitet, an einem AA-Treffen teilzunehmen oder sich guten Freunden anzuvertrauen. Dies sind wesentliche Schritte auf dem Weg zur Heilung. Vergessen Sie nicht, dass es völlig in Ordnung ist, nötigenfalls einen Freund oder eine Freundin anzurufen und um Hilfe zu bitten.

- Bevor Sie schlafen gehen, wiederholen Sie das Gebet zur Entgiftung von Alkohol.

2. Tag

- Beginnen Sie den Tag, indem Sie aus tiefstem Herzen das Gebet zur Entgiftung von Alkohol sprechen.
- »Staubsaugen« Sie gemeinsam mit Erzengel Michael, um jegliche niederen Energien oder durch den Alkohol verursachte Wesenheiten loszulassen. Bitten Sie ihn auch, alle Orte abzusaugen, an denen Sie früher Alkohol getrunken haben. Stellen Sie einen Strauß weißer Rosen in eine Vase, um Ihr Heim von Negativität und unerwünschten Spirits zu reinigen.
- Erfüllen Sie Ihr Zuhause mit dem Duft von ätherischem Lavendelöl, um Frieden und Seelenruhe herbeizuführen. Am Abend ist Lavendelöl perfekt, um Entspannung und einen erholsamen Schlaf zu fördern. Viele Menschen trinken Alkohol, um von der Hektik des Tages abzuschalten. Falls Sie dieses Bedürfnis verspüren, lassen Sie sich vom Lavendel helfen, der Ihnen mit seinem köstlichen Duft alle Ängste und Sorgen nimmt.
- Bevor Sie schlafen gehen, wiederholen Sie das Gebet zur Entgiftung von Alkohol.

3. Tag

- Beginnen Sie den Tag, indem Sie aus tiefstem Herzen das Gebet zur Entgiftung von Alkohol sprechen.
- Überlegen Sie sich, ein Zinkpräparat zu kaufen. Vorausgesetzt, Sie haben keine weiteren gesundheitlichen Probleme oder nehmen weitere Medikamente, ist eine Dosis von 10 bis 15 mg Zink täglich empfehlenswert. Fahren Sie damit zwei Monate fort, und nehmen Sie das Zink getrennt von Ihren anderen Vitaminpräparaten, da es zu Wechselwirkungen kommen kann, die seine volle Absorption verhindern könnten. Idealerweise sollten Sie das Zink abends nach dem Essen nehmen.
- Tragen Sie einen Hämatit-Kristall bei sich, um Ihre Entgiftung vom Alkohol zu bekräftigen. Jedes Mal, wenn Sie sich schlecht fühlen, halten Sie den Hämatit in den Händen, und fühlen Sie die Unterstützung und Liebe um Sie herum. Erinnern Sie sich selbst daran, dass es in Ordnung ist, um Hilfe zu bitten. Laden Sie die Engel ein, auf jedem Schritt Ihres Weges bei Ihnen zu sein.
- Bevor Sie schlafen gehen, wiederholen Sie das Gebet zur Entgiftung von Alkohol.

4. Tag

- Beginnen Sie den Tag, indem Sie aus tiefstem Herzen das Gebet zur Entgiftung von Alkohol sprechen.
- Geben Sie einen oder zwei Tropfen ätherisches Rosenöl in Ihre Handflächen. Reiben Sie die Handflächen aneinander, und legen Sie Ihre Hände dann auf Ihre Brust. Atmen Sie

den Duft ein, und fühlen Sie, wie Ihnen das Herz aufgeht. Machen Sie sich bewusst, dass Sie Liebe verdienen und allen alten Schmerz, Schuldgefühle oder Negativität loslassen können.

- Stellen Sie sich einen Strauß Iris ins Haus. Diese Blumen werden zu Ihrer Entgiftung beitragen und die Energie, die der Sucht innewohnt, beseitigen. Sollten Sie keine frische Iris finden, können Sie ein paar Fotos aus dem Internet ausdrucken, da Bilder von Blumen dieselbe starke Energie haben wie echte.
- Bevor Sie schlafen gehen, wiederholen Sie das Gebet zur Entgiftung von Alkohol.

5. Tag

- Beginnen Sie den Tag, indem Sie aus tiefstem Herzen das Gebet zur Entgiftung von Alkohol sprechen.
- Fangen Sie heute mit der Einnahme von Vitamin B_{12} an. Die empfohlene Tagesdosis für Erwachsene liegt bei 2 bis 3 Mikrogramm. Fragen Sie Ihren Arzt oder Heilpraktiker nach der für Sie optimalen Dosis. Sie sollten B_{12} nur zusammen mit den anderen B-Vitaminen nehmen; auf diese Weise sorgen Sie dafür, dass Ihre B-Vitamine in einem ausgewogenen Verhältnis zueinander stehen. Die B-Vitamine werden Ihnen zu einer positiveren Denkweise verhelfen, während Sie dem Alkohol ein für alle Mal Adieu sagen.
- Bevor Sie schlafen gehen, wiederholen Sie das Gebet zur Entgiftung von Alkohol.

6. Tag

- Beginnen Sie den Tag, indem Sie aus tiefstem Herzen das Gebet zur Entgiftung von Alkohol sprechen.

- Stellen Sie sich einen regelmäßigen Fitnessplan zusammen, und halten Sie sich daran. Es ist wichtig, dass Sie Ihren Körper zum Schwitzen bringen, was Ihnen die Möglichkeit gibt, sich von alten Toxinen zu befreien, die sich in Ihrem Körper angesammelt haben. Vielleicht möchten Sie einen Freund oder eine Freundin bitten, mit Ihnen zusammen Fitness zu betreiben, was eine zusätzliche Hilfe bedeuten würde.

- Bevor Sie schlafen gehen, wiederholen Sie das Gebet zur Entgiftung von Alkohol.

7. Tag

- Beginnen Sie den Tag, indem Sie aus tiefstem Herzen das Gebet zur Entgiftung von Alkohol sprechen.

- Jetzt fangen Sie mit der Heilung Ihrer Leber an. Nehmen Sie mindestens drei Monate lang jeden Tag Mariendistel, entweder als Tablette oder flüssiges Glycerin-Extrakt. Halten Sie sich an die Dosierungsangabe für die Tabletten, und nehmen Sie dreimal täglich 25 Tropfen der Flüssigkeit mit etwas Wasser. Dieses Heilkraut reinigt auf sanfte Weise Ihre Leber und hilft ihr, optimal zu funktionieren. Wenn Sie noch andere Medikamente nehmen oder sonstige gesundheitliche Probleme haben, sprechen Sie mit Ihrem Arzt oder Heilpraktiker, bevor Sie mit der Einnahme von Mariendistel beginnen.

- Bevor Sie schlafen gehen, wiederholen Sie das Gebet zur Entgiftung von Alkohol.

Nun sind Sie schon eine ganze Woche ohne das Bedürfnis nach Alkohol ausgekommen! Nehmen Sie diese Zeitspanne, um sich der Verbesserungen bewusst zu werden, die Sie schon jetzt als Teil dieser Entgiftung erleben.

WEIZEN- UND GLUTEN-DETOX

Weizen ist ein häufig benutztes Getreide, das in beinahe jedem industriell verarbeiteten Nahrungsmittel enthalten ist. Es ist das Getreide, aus dem wir Mehl machen. Auch bei der Herstellung von abgepackten Lebensmitteln wird häufig Mehl als Binde- und Dispergiermittel verwendet. Zum Beispiel enthalten auch Kartoffelchips Mehl, das bei der Gewürzmischung benutzt wird. Auch in Wurstprodukten findet es Verwendung, um das Fleisch zusammenzuhalten. Zudem vergrößert es den Umfang des Endprodukts. Wie auch immer, es wird viel zu viel Weizen verwendet und konsumiert.

Wenn wir zu viel oder zu oft von irgendeinem Nahrungsmittel essen, kommt es in unserem Körper zu einer Entzündung. Am besten ist es, sich abwechslungsreich zu ernähren; was bedeutet, dass wir etwas Bestimmtes essen, und es dann ein paar Tage lang weglassen. Dann kann unser Körper die Nährstoffe aus dem, was wir zu uns nehmen, verdauen und optimal nutzen. Ihr Körper wird Ihnen danken, wenn Sie nicht ständig dasselbe essen, und Sie mit größerer Energie und gesteigertem Elan belohnen.

Die hochreaktivste Substanz in Weizen ist Gluten. Die Engel vergleichen Gluten mit »glue« (Klebstoff). Sie sagen, es sorge dafür, dass sich Ihre Zellen verkleben, was Ihren Körper härter macht, als er sein sollte. Es klebt zudem an der Innenseite Ihres Dritten Auges, was es Ihnen unmöglich macht, hellsichtige Einsichten zu empfangen.

Auch Gerste und Roggen enthalten Gluten. Viele Menschen, die auf Gluten allergisch reagieren, können auch keine Haferflocken vertragen. Haferflocken haben zwar Gluten, allerdings unterscheidet es sich vom Gluten in Weizen, Roggen und Gerste. Doch werden Haferflocken oft mit zusätzlichem Gluten kontaminiert, da sie in denselben Einrichtungen verarbeitet werden wie die anderen Getreidesorten. Sie können nur durch Ausprobieren herausfinden, ob Sie allergisch auf Haferflocken und Gluten sind.

Bitte nehmen Sie die Reaktionen Ihres Körpers ernst, und folgen Sie der Führung Ihrer Engel. Es kann sein, dass Sie Porridge und Müsli problemlos essen können oder grundsätzlich alle Nahrungsmittel vermeiden sollten, die Gluten enthalten.

Viele Menschen merken nicht, dass sie eine Gluten-Allergie haben. Vielleicht drängten Ihre Engel Sie schon öfter dazu, keine Backwaren, Kuchen und Nudeln mehr zu essen, wobei Sie vielleicht annahmen, dass Sie ein Zuviel an Kohlehydraten vermeiden oder abnehmen sollten. Wahrscheinlicher ist allerdings, dass Sie diese Führung erhielten, weil Ihr kostbarer Körper Schwierigkeiten hat, Gluten zu verarbeiten.

Ihr Arzt oder Heilpraktiker kann durch eine spezifische Blutuntersuchung diese Intoleranz feststellen, was jedoch unter Umständen teuer werden kann. Wenn Sie das Gefühl haben, sensitiv auf Gluten zu reagieren, vermeiden Sie es. Eliminieren Sie es einen Monat lang komplett aus Ihrem Speiseplan. Dann fragen Sie Ihr höheres Selbst, und achten Sie auf den Unterschied. Sie werden besser in der Lage sein, Ihre Engel zu hören und merken, dass Sie mehr Energie haben. Ihr Verlangen nach übermäßigen Kohlehydraten wird verschwinden, und falls Sie Magen- oder Verdauungsprobleme hatten, so werden diese wahrscheinlich auch weg sein.

Um es noch einmal deutlich zu machen: Sie können sich selbst testen. Vermeiden Sie vier Wochen lang Gluten und Weizen, dann konsumieren Sie es wieder für eine Woche. Achten Sie auf die Veränderungen in Ihrem Körper und auch in Ihrem Geist. Viele Menschen werden unter Verdauungsstörungen und Blähungen leiden und sich irgendwie benebelt fühlen. Es wird Ihnen schwerer fallen, sich zu konzentrieren, da das Gluten Ihre Gehirnfunktionen beeinträchtigt. Ihr Kontakt mit den Engeln verliert an Klarheit und Intensität. Dadurch kann Ihnen bewusst werden, dass Sie sich von Gluten fernhalten sollten.

Ein weniger bekannter Bestandteil von Weizen ist Gliadin, was ebenso bei vielen Menschen allergische Reaktionen hervorruft. Gliadin ist ein Glycoprotein, das in Weizen und anderen glutenhaltigen Getreidearten gefunden und mit diversen Immunreaktionen in Verbindung gebracht wird. Eine Studie des National Cancer Institute in Italien aus dem Jahr 2012 hat gezeigt, dass Gliadin, wenn es in den Darm gelangt, negative Immunreaktionen hervorrufen kann. Die Forschung befasst sich seit vielen Jahren mit Gluten, doch erst in letzter Zeit wurden die Feinheiten nach und nach entdeckt. Australischer Weizen hat einen hohen Gliadin-Anteil, was ihn besonders für Bäcker begehrenswert macht, da dieser Weizen den Backwaren die erwünschte leichte, luftige Beschaffenheit garantiert – was jedoch die Möglichkeit einer negativen Immunreaktion im Körper erhöht.

Also verzehren Sie Getreide, das frei von Gluten ist. Wenn Sie unbedingt Weizen essen wollen, entscheiden Sie sich für

Produkte aus Italien. Semolina, das Getreide, aus dem in Italien Pasta gemacht wird, ist eine gehärtete Form von Weizen. Es hat nur wenig Gliadin und führt seltener zu einer negativen Reaktion Ihres Körpers. Eine sichere Alternative sind Reisnudeln, da sie weder Weizen noch Gluten enthalten, und der Geschmack ist beinahe identisch.

Genießen Sie Alternativen zu Weizen, zum Beispiel:

- Mandelmehl
- Maismehl (biologisch, ohne Genmanipulation)
- Kokosnussmehl
- Reismehl (biologisch, ohne Genmanipulation)
- Kichererbsenmehl
- Leinsamenmehl (biologisch, ohne Genmanipulation)

Weizen kann auch in Gewürzen wie beispielsweise Sojasauce versteckt sein. Eine köstliche weizenfreie Version ist Tamari-Sauce. Sie schmeckt fast genauso wie die übliche Sojasauce, verursacht jedoch keine negativen Immunreaktionen.

Eine Frau namens Jessica Ann Parker entdeckte 2002 die immensen Vorteile einer Entgiftung. Sie lernte, welche gesundheitsschädlichen Produkte und Substanzen sie von ihrem Speiseplan streichen sollt. Doch erst 2007 merkte sie, dass sie eine Gluten-Allergie hatte.

Jessica fühlte sich während einer Entgiftung immer friedlich und heiter. Doch als sie bestimmte Produkte wieder in ihren Speiseplan aufnahm, bemerkte sie auffallende Veränderungen. Die unangenehmsten hatten mit Gluten und Weizen zu tun. Sobald Jessica irgendein glutenhaltiges Produkt aß, fühlte sie drastische psychologische Auswirkungen, unter anderem Angst, Depression, Verwirrtheit und Wut. Alle diese Symptome verschwanden, als sie sich von Gluten entgiftete. Doch wenn sie aus Versehen etwas aß, das diese Zutat enthielt, kippte ihre Stimmung sofort um, und sie fühlte sich unwohl.

Nachdem Jessica Gluten komplett von ihrer Liste gestrichen hatte, ist sie heute schlanker und gesünder als je zuvor. Ihr Gesicht sieht klarer aus und ist weniger geschwollen. Und was am schönsten ist, sie macht nicht länger einen müden und erschöpften Eindruck. Als Resultat ihrer Entwöhnung von Gluten ist auch Jessicas Intuition feiner geworden. Sie stellte eine Verbesserung ihrer außersinnlichen Fähigkeiten und Empathie fest. Zudem kann sie sich jetzt besser fokussieren und konzentrieren. Ihre glutenfreie Ernährung hat sie insgesamt ruhiger gemacht, sodass sie die Stimmen ihrer Engel hören kann.

Heilungsmethoden für Weizen- und Gluten-Detox

Die Engel freuen sich sehr, Ihnen zu helfen, Weizen, Gluten und Gliadin aus Ihrem Speiseplan zu streichen. Vertrauen Sie Ihrem höheren Selbst und der inneren Führung. Dient es zu Ihrem Besten, diese Substanzen loszulassen? Wenn ja, hier sind einige sichere und wirksame Methoden zur Entgiftung.

Gebet

»Lieber Gott und liebe Engel, bitte beseitigt den Klebstoff (Gluten) aus meiner Aura. Ich verstehe jetzt, dass Weizen und Gluten meine Fähigkeiten beeinträchtigen. Ich wähle diesen Moment, um bewusst alle Form von Weizen und

Gluten aufzugeben. Bitte heilt meinen Körper und meine Energie. Danke für diese Heilung.«

Erzengel Raphael-Meditation

- Finden Sie einen ruhigen Ort zum Meditieren. Beginnen Sie, indem Sie sich durch ruhiges, entspanntes Atmen zentrieren. Während Sie langsame, tiefe Atemzüge nehmen, beschließen Sie, auf Ihren Körper zu hören. Seien Sie bereit zu hören, was der empfindsame Tempel Ihrer Seele mitzuteilen hat. Wenn Sie so weit sind, fragen Sie Ihren Körper: »Werde ich davon profitieren, Weizen und Gluten aus meinem Speiseplan zu streichen?«
- Bleiben Sie still sitzen, und warten Sie auf die Antwort, die als Gedanke, Gefühl, Vision oder Stimme kommen kann. Vertrauen Sie dieser Antwort, und schreiben Sie sie zum späteren Nachlesen auf ein Blatt Papier. Als Nächstes fragen Sie Ihren Körper: »Welche Vorteile werde ich erfahren, wenn ich Weizen und Gluten aufgebe?«
- Horchen Sie auf die Antwort. Nehmen Sie sich diesen Moment, um alle anderen Fragen im Hinblick auf Ihre Weizen- und Glutenverträglichkeit zu stellen. Dann wenden Sie sich an den wohlwollenden und heilenden Erzengel Raphael mit den Worten:

  »Lieber Erzengel Raphael, bitte hilf mir, Weizen und Gluten aus meiner Ernährung zu streichen. Bitte hilf mir, diese Produkte ohne weiteres Verlangen oder Entzugserscheinungen loszulassen. Bitte erinnere mich daran, zu fragen oder auf den Etiketten nachzulesen, ob ein Produkt Gluten enthält.

Erzengel Raphael, bitte umgib meinen Körper jetzt mit deinem heilenden smaragdgrünen Licht, um jegliche Anhaftungen an diese Substanz aufzulösen.«

- Visualisieren Sie Bilder von Weizen, Mehl, Backwaren, Kuchen und anderen Nahrungsmitteln, die Gluten enthalten, wie sie von Raphaels liebevollem Licht beseitigt werden. Er wird an Ihrer Seite bleiben, während Sie sich von Weizen und Gluten entgiften, und Sie von jetzt an vor den schädlichen Auswirkungen dieser Substanz schützen.

Gelbwurz (Hydrastis canadensis)

Der Gelbwurz repariert Ihre Magenschleimhaut. Im Laufe der Zeit stärkt er Ihr Verdauungssystem und heilt das Syndrom der »pathologisch durchlässigen Darmwand«, die Folge ständigen Verzehrs von Nahrungsmitteln, gegen die Sie allergisch sind, was dazu führt, dass Ihre Magenwand immer schwächer und dünner wird. Diese geschwächte Membran erlaubt Toxinen, in Ihren Körper resorbiert zu werden. Gelbwurz behebt diesen Schaden und reduziert die Entzündung.

Vielleicht können Sie irgendwann kleine Mengen der allergieauslösenden Produkte wieder essen, doch es wird mehrere Monate dauern, bevor Ihr Körper so weit ist. Sie müssen diese Nahrungsmittel komplett weglassen und regelmäßig Gelbwurz nehmen. Nach einiger Zeit können Sie es dann mit kleinen Portionen versuchen. Vertrauen Sie den Botschaften Ihres Körpers, denn es kann sein, dass Sie angeleitet werden, die entsprechenden Produkte für immer zu meiden.

Probiotika

Gute Darmbakterien sind von wesentlicher Bedeutung für die richtige Verdauung. Während Sie sich von Weizen und Gluten entgiften, müssen Sie Ihr Verdauungssystem wieder auf Vordermann bringen. Das Gluten kann Ihren Darm träge machen, wodurch Toxine länger im Körper bleiben. Wenn Ihr Verdauungssystem dank gesunder Bakterien im Gleichgewicht ist, können Sie Abfallprodukte leicht eliminieren.

Nehmen Sie unmittelbar vor dem Essen Probiotika, am besten solche, die im Kühlschrank aufbewahrt werden müssen, denn sie wirken am effizientesten. Außerdem prüfen Sie, welche guten Bakterien diese Produkte beinhalten. Entscheiden Sie sich für ein Mittel, das ein breites Spektrum von Probiotika aufweist, nicht nur eins oder zwei. Wenn Sie sich näher umschauen, werden Sie Probiotika finden, die pro Dosis ca. acht verschiedene Bakterienstämme enthalten.

7-Tage-Plan zur Weizen- und Gluten-Entgiftung

1. Tag

- Beginnen Sie den Tag mit dem Gebet zur Entgiftung von Weizen und Gluten. Wiederholen Sie dieses Gebet im Laufe des Tages, wenn Sie fühlen, dass Sie zusätzliche Unterstützung von den Engeln brauchen.

- Entfernen Sie alle weizenhaltigen Produkte aus Ihrer Küche. Wenn Sie keine Weizenprodukte im Haus haben, kann es nicht passieren, dass Sie diese aus Versehen essen. Stimmen Sie sich auf andere glutenhaltige Nahrungsmittel ein, und fragen Sie Ihr höheres Selbst, ob Sie diese auch entfernen sollten. Einige unter Ihnen werden sämtliche Produkte eliminieren müssen, die Gluten enthalten. Andere wiederum werden mit Weizen beginnen und sich dann vielleicht angeleitet fühlen, in Zukunft sämtliche Formen von Gluten zu meiden. Vertrauen Sie Ihrem Bauchgefühl, und hören Sie auf die Botschaften, die Sie empfangen.

- Nehmen Sie sich heute einen ruhigen Moment, um mit Erzengel Raphael zu sprechen. Machen Sie die oben beschriebene Meditations-Übung, um weitere Einsichten in das Thema Weizen und Gluten zu gewinnen. Vielleicht möchten Sie die Information, die Sie empfangen, aufschreiben, um sie in den nächsten Wochen immer wieder mal nachlesen zu können.

- Erkundigen Sie sich im Bioladen nach Alternativen zu Weizen. Es gibt diverse nahrhafte Getreidesorten und Hülsenfrüchte, die weizen- und glutenfrei sind.

- Bevor Sie schlafen gehen, sprechen Sie das Gebet zur Entgiftung von Weizen und Gluten.

2. Tag

- Beginnen Sie den Tag mit dem Gebet zur Entgiftung von Weizen und Gluten.

- Gluten klebt Ihre Zellen wie Klebstoff zusammen. Sorgen Sie dafür, dass Sie heute ausreichend frisches Wasser trinken. Damit spülen Sie alte Giftstoffe und angesammelte Chemikalien aus Ihrem Organismus.

- Besorgen Sie sich glutenfreie Rezepte und entsprechende Kochbücher. Glutenfrei zu essen bedeutet nicht, dass Ihre Ernährung langweilig werden muss. Sie können nach wie vor jeden Tag gesunde, köstliche Mahlzeiten genießen! Fragen Sie Freunde, die sich glutenfrei ernähren, nach Rezepten oder Menü-Tipps.

- Bevor Sie schlafen gehen, sprechen Sie das Gebet zur Entgiftung von Weizen und Gluten.

3. Tag

- Beginnen Sie den Tag mit dem Gebet zur Entgiftung von Weizen und Gluten.
- Im Laufe der Jahre hat Ihr hoher Konsum von Weizen Ihr Verdauungssystem geschädigt. Beginnen Sie mit der Heilung Ihres Darms, indem Sie ein Probiotik-Ergänzungsmittel nehmen. Probiotika enthalten gute Bakterien, die Ihre Verdauung wieder ins Gleichgewicht bringen. Besorgen Sie sich ein Produkt, das mehrere gute Bakterienstämme beinhaltet und im Kühlschrank aufbewahrt werden muss.
- Gute Fette sind wichtig fürs Energieniveau und die Gehirnfunktionen. Bereichern Sie Ihren Speiseplan mit Avocados, Kokosnussöl und Walnüssen.
- Bevor Sie schlafen gehen, sprechen Sie das Gebet zur Entgiftung von Weizen und Gluten.

4. Tag

- Beginnen Sie den Tag mit dem Gebet zur Entgiftung von Weizen und Gluten.
- Heute ist ein ausgezeichneter Tag, sich erneut mit Ihren spirituellen Gaben vertraut zu machen. Nehmen Sie sich die

Zeit, in Ruhe zu meditieren, um Ihr wahres Selbst und Ihre wirklichen Bedürfnisse zu identifizieren. Selbst 15 Minuten können einen großen Unterschied machen, sowohl was Ihren jetzigen Tag als auch Ihre Sicht der Zukunft betrifft. Indem Sie mehr Zeit mit Meditieren verbringen, werden Sie sich tiefer mit den universalen Energien verbinden, die verfügbar sind, um Sie zu heilen.

- Arbeiten Sie mit Erzengel Michael, um mit seiner Saugtechnik Ihre Energie und Ihr Zuhause zu klären. Dies wird für eine wesentlich friedlichere und harmonischere Energie in Ihrem Umfeld sorgen. In diesem neuen sensitiven Zustand verdienen Sie eine reine Umwelt und einen ebensolchen Körper!

- Geben Sie Ihrer Verdauung einen Kickstart, indem Sie frisch gepressten Zitronensaft trinken. Bevor Sie morgens irgendetwas anderes zu sich nehmen, pressen Sie eine halbe Zitrone in ein Glas warmes Wasser. Trinken Sie dies, um Ihre Verdauung anzuregen und Ihren Magen auf die kommende Nahrung vorzubereiten. Die Säure der Zitrone heilt Verdauungsstörungen während des Entgiftungsprozesses.

- Bevor Sie schlafen gehen, sprechen Sie das Gebet zur Entgiftung von Weizen und Gluten.

5. Tag

- Beginnen Sie den Tag mit dem Gebet zur Entgiftung von Weizen und Gluten.

- Gelbwurz heilt und repariert Ihre Magen- und Darmschleimhaut. Fangen Sie an, von jetzt an dreimal täglich direkt vor dem Essen 10 Tropfen Gelbwurz-Tinktur in einem Glas Wasser zu nehmen. Sofern Sie noch andere Gesundheitsprobleme haben oder zusätzliche Medikamente nehmen, sprechen Sie bitte zuerst mit Ihrem Arzt oder Heilpraktiker.

- Genießen Sie ballaststoffreiche Nahrungsmittel, die Ihr Verdauungssystem reinigen, wie zum Beispiel grüne Blattsalate und frisches Obst. Ihr Darm ist aufgrund des Weizens träge und faul geworden. Jetzt ist es an der Zeit, ihn daran zu erinnern, dass er für Ihre Gesundheit verantwortlich ist.
- Bevor Sie schlafen gehen, sprechen Sie das Gebet zur Entgiftung von Weizen und Gluten.

6. Tag

- Beginnen Sie den Tag mit dem Gebet zur Entgiftung von Weizen und Gluten.
- Prüfen Sie heute Ihr Energieniveau und Ihre Gefühle und achten Sie auf den Unterschied. Bereits jetzt sehen Sie die Welt durch klarere Augen. Dieser Planet ist ein wundervoller Ort zum Leben! Erblicken Sie Liebe, wo immer Sie hingehen, und erfreuen Sie alle Menschen, die Ihnen begegnen.
- Löwenzahn-Tee verbessert Ihre Leberfunktion und Verdauung. Trinken Sie von heute an täglich diesen Tee, damit alle Toxine aus Ihrem Körper gespült werden. Wenn Sie möchten, können Sie den Tee mit etwas Honig oder Agavensaft süßen.
- Bevor Sie schlafen gehen, sprechen Sie das Gebet zur Entgiftung von Weizen und Gluten.

7. Tag

- Beginnen Sie den Tag mit dem Gebet zur Entgiftung von Weizen und Gluten.
- Bereiten Sie sich heute ein herzhaftes Linsengericht zu. Diese proteinreichen Hülsenfrüchte werden Sie angenehm sättigen. Sie sind reich an Ballaststoffen, die Ihr Verdauungssystem reinigen, Ihr Gehirn zufriedenstellen und Ihre Stimmung heben werden.
- Bevor Sie schlafen gehen, sprechen Sie das Gebet zur Entgiftung von Weizen und Gluten.
- Stimmen Sie sich auf Ihre Gesundheit ein, und würdigen Sie die Vorteile, die Sie schon jetzt feststellen. Schauen Sie weiterhin vergnügt in die Zukunft, und freuen Sie sich auf die neuen und aufregenden gesundheitlichen Verbesserungen, die auf Sie warten!

MILCHPRODUKTE-DETOX

Milchprodukte verstopfen Ihr Drittes Auge und bilden eine Art Belag über Ihren Chakras. Durch den regelmäßigen Konsum von Milchprodukten schwindet Ihre Fähigkeit, Ihre innere Stimme klar zu hören.

Käse ist eine konzentrierte Form von Milch, die schnell Ihre außersinnlichen Fähigkeiten blockieren kann. Wenn Sie Probleme hatten, Kontakt mit Ihren Engeln aufzunehmen, schauen Sie sich Ihren Käsekonsum an. Wenn Sie Käse von Ihrem Speiseplan streichen, wird Ihre Intuition umgehend besser!

Wir Menschen sind die einzige Spezies, die die Milch anderer Säugetiere trinkt. Unser Körper ist darauf angelegt, menschliche Milch zu verarbeiten – nicht die von Kühen, Ziegen oder Schafen. Daher kann es sein, dass Sie unter bestimmten Symptome leiden, die auf Ihren täglichen Milchkonsum zurückzuführen sind. Zu den häufigsten Beschwerden gehören hierbei Magenschmerzen, Blähungen und vor allem die Produktion von Schleim. Das kann dazu führen, dass Sie sich ständig räuspern müssen, Sinusproblemen, und Kopfschmerzen haben und krank aussehen. Kleinen Kindern (und Erwachsenen), denen ständig die Nase läuft, geht es wesentlich besser, wenn sie sich von Milchprodukten entgiften.

Heutzutage (vor allem in den USA und Kanada) sind Milchprodukte meistens genmanipuliert, es sei denn, sie stammen aus kontrolliert biologischer Landwirtschaft. Die Milchkühe in Nordamerika werden generell mit genmanipuliertem Getreide gefüttert, und die darin enthaltenen toxischen Überreste werden dann in die Milchprodukte übertragen. Darüber hinaus wird den meisten Kühen in Massentierhaltung Antibiotika und Wachstumshormone injiziert, die in die Milch und die daraus hergestellten Produkte übergehen.

Außerdem gibt die Brutalität, der die Kühe in der Massentierhaltung ausgesetzt sind, den Milchprodukten die niedrige Energiefrequenz von Schmerz und Leiden, die Sie aufnehmen, wenn Sie Milchprodukte, die von den gequälten Tieren stammen, essen oder trinken. Ein besonders brutaler Fakt bei der Massentierhaltung ist die Tatsache, dass Kühe laktierend sein müssen, um Milch zu produzieren. Das bedeutet, dass sie Kälber haben müssen, die ihren Müttern sofort nach der Geburt weggenommen werden, weil die Milch verkauft wird, anstatt sie dem Jungtier zu geben, wie die Natur es eigentlich vorgesehen hat. Stellen Sie sich vor, Ihr Baby könnte Ihnen Augenblicke nach seiner Geburt weggenommen werden – welche Grausamkeit gegenüber Mutter und Kind!

Doch es kommt noch schlimmer: Die männlichen Kälber produzieren keine Milch, also werden sie in winzige, übervolle Käfige gesperrt, die wie Lattenkisten aussehen. Diese Käfige sorgen dafür, dass die Kleinen keine Muskeln aufbauen können, weil sie bald geschlachtet und als »Kalbfleisch« verkauft werden sollen. Die dem Kalbfleisch innewohnende Energie ist so niedrig, niedriger geht es nicht mehr – das bedeutet, dass Sie beim Verzehr von Kalbfleisch diese Energie aufnehmen.

Auch Hautprobleme wie zum Beispiel Dermatitis werden mit dem Konsum von Milchprodukten in Verbindung gebracht; und Akne ist bei Personen besonders schlimm, die eine Menge Milch, Käse etc. konsumieren.

Das Gesetz bestimmt, dass Milch pasteurisiert, also keimfrei gemacht werden muss. Dieser Prozess tötet jegliche Bakterien oder Parasiten ab, die vorhanden sein könnten. Viele Menschen fühlen jedoch, dass es gerade der Homogenisierungsprozess ist, der Probleme verursacht. Er macht die Milch homogen, damit sie nicht länger Sahne bilden kann. Dieser Vorgang beschädigt das Protein in der Milch und führt zu Entzündungen im Körper. Sie können nicht homogenisierte Milch ausprobieren, wobei es vielleicht besser für Sie wäre, sich komplett von Milch und Milchprodukten zu entgiften. Diese nicht pasteurisierte, »altmodische« Milch ist ähnlich der, die jeden Morgen bei Ihrer Großmutter auf der Türschwelle stand. Diese Milch führt nicht zu den massiven Reaktionen wie konventionelle Milch.

Joghurt von guter Qualität ruft keine allergischen Reaktionen hervor, so wie es bei anderen Arten von Milchprodukten der

Fall ist. Vielleicht liegt es an den guten Bakterien, die Laktose verarbeiten. Wenn Sie sich angeleitet fühlen, Milchprodukte aufzugeben, können Sie sich selbst oder Ihre Familie entwöhnen, indem Sie naturbelassenen Bio-Joghurt essen. Tun Sie dies ein paar Wochen lang, während Sie Ihren Milchkonsum durch andere Produkte ersetzen.

Es gibt viele Alternativen zu Milch, zum Beispiel Sojaprodukte, doch achten Sie darauf, nicht genmanipulierte Produkte zu kaufen. Sie können Bio-Sojamilch genießen, Käse, Joghurt und sogar Eis. Mandelmilch, Hafermilch und Sonnenblumenmilch sind ebenfalls köstliche Alternativen zur Kuhmilch. Tatsächlich schmelzen die neuen veganen Käsesorten, die aus Mandelmilch hergestellt werden, beim Kochen oder Backen, genau wie Käse aus Kuhmilch! Carob (Johannisbrot) ist eine milchfreie Alternative zu Schokolade, doch auch hier sollten Sie aufmerksam das Etikett lesen, da manche Marken feste Milchbestandteile wie zum Beispiel Kasein enthalten.

Mandelmilch selbst herstellen

Es ist ganz einfach! Alles, was Sie brauchen, sind rohe Bio-Mandeln (oder andere Nüsse), Wasser und einen Mixer.

- Geben Sie eine Tasse Mandeln in eine Schüssel und füllen sie mit Wasser auf. Lassen Sie die Mandeln über Nacht einweichen. Am nächsten Morgen schütten Sie das Wasser ab und geben die Mandeln in den Mixer. Fügen Sie drei Tassen gekühltes Quellwasser hinzu. Wenn Sie es etwas süßer wollen, können Sie eine reife Dattel hinzufügen oder eine Prise Zimt und ein wenig Vanille. Stellen Sie den Mixer auf die höchste Stufe, bis sich alles zu einer feinen Paste vermischt hat. Sieben Sie die Mandelmilch durch ein Seihtuch oder einen Filter. Dann stellen Sie die Milch für drei oder vier Tage in den Kühlschrank.

- Falls Sie keine Zeit haben oder vergessen, die Mandeln über Nacht einzuweichen, können Sie die Nussmilch auch sofort zubereiten: Mischen Sie rohe Bio-Nüsse mit gefiltertem Wasser in einem hochtourigen Mixer. Wenn Sie möchten, fügen Sie ein wenig Bio-Vanillepulver hinzu. Diese grobkörnige Nussmilch können Sie dann über Ihr Müsli geben. Oder Sie filtern die Mischung durch ein Seihtuch (in Naturkostläden oder Internet-Shops erhältlich).
- Die gleiche Methode lässt sich auch bei der Herstellung von Milch aus Cashewnüssen oder Sonnenblumenkernen anwenden.

Hummus statt Käse

Ich (Doreen) habe mich von Käse entgiftet, indem ich ihn durch Hummus ersetzt habe. Seit 1996 gibt es bei mir zu Hause keinen Käse mehr, und ich hatte auch nie wieder Verlangen danach! Außerdem verdanke ich meine kristallklaren hellsichtigen Fähigkeiten der Tatsache, dass ich keinen Käse mehr esse.

- Hummus ist ein Aufstrich aus Tahini (Sesampaste), Kichererbsen, Olivenöl und Meersalz. Sie können Hummus problemlos in Ihrem hochtourigen Mixer zubereiten oder fertige Variationen in Bioqualität kaufen. Fügen Sie je nach Wunsch Knoblauch, rote Paprika, Oliven, Koriander, eingelegte Artischockenherzen oder sonnengetrocknete Tomaten hinzu. Hummus lässt sich auf die gleiche Weise verwenden wie Käse.

Mittlerweile kann man in Bioläden köstliche vegane Käse-Ersatzprodukte kaufen, die beim Kochen oder Braten tatsächlich bräunen und schmelzen. Doch achten Sie darauf, dass kein Kasein enthalten ist, ein Milchprotein, das – wenn es nicht biologisch ist – GVO enthält, genetisch veränderte Organismen. Das kann bei Personen mit einer Laktose-Intoleranz schnell zu allergischen Reaktionen führen. Wenn Kasein enthalten ist, bedeutet dies, dass das Produkt nicht wirklich vegan ist.

Zufuhr von Kalzium

Es besteht kein Anlass zur Sorge beim Thema Kalzium. Wenn Sie sich von Milchprodukten entgiften, werden Sie sich vielleicht sorgen, ob Sie in Zukunft genügend Kalzium zu sich nehmen. Nur Personen, die tierische Produkte essen, müssen zusätzliches Kalzium nehmen, da tierische Produkte Ihrem Körper dieses Mineral entziehen. Sie können das notwendige Kalzium aus anderen Quellen beziehen, zum Beispiel aus Grünkohl. Wenn Sie sich entsprechend angeleitet fühlen, können Sie Kalzium-Ergänzungsmittel nehmen, um sicherzugehen, dass Ihr Körper die Nährwerte bekommt, die er braucht.

Sesamkörner enthalten große Mengen Kalzium. Streuen Sie Sesam über Ihren Salat oder Ihr Gemüse. Wie können Sie genug Sesamkörner konsumieren, um eine ausreichende Menge an Kalzium zu gewährleisten? Durch Tahini. Falls Sie noch nie was von Tahini gehört haben: Es ist ähnlich wie Erdnussbutter, doch besteht es aus Sesam anstatt aus Erdnüssen. Wenn Sie Tahini auf eine glutenfreie Scheibe Brot streichen und ein wenig Agavensaft darüber träufeln, haben Sie eine leckere, nahrhafte Köstlichkeit. Verwenden Sie Tahini in Salatsaucen, um Ihren Speiseplan mit zusätzlichem Kalzium anzureichern. Oder nehmen Sie Tahini als Basis für einen köstlichen und nährstoffreichen Hummus-Brotaufstrich.

Auch dunkelgrüne Blattgemüse sind reich an Kalzium, unter anderem Spinat, Grünkohl, Brokkoli, Kresse, Sareptasenf (grüne Senfblätter) und Algen.

Heilungsmethoden für Milchprodukte-Detox

Gebet

»Lieber Gott und liebe Engel, bitte beseitigt den Nebel der Milchprodukte, der über meiner Aura liegt. Ich bete für größere Klarheit und eine stärkere Verbindung mit euch. Bitte entgiftet meinen Körper von Milchprodukten und ihren Auswirkungen. Ich bin jetzt bereit, Milch loszulassen und bitte um eure Hilfe. Führt mich, damit ich diese Dinge ohne Verlangen oder Probleme loslassen kann. Bitte zeigt mir gesunde Nahrungsmittel, die reich sind an Kalzium, damit ich meinen wunderbaren Körper optimal ernähren kann. Danke.«

Erzengel Metatrons heiliger Lichtstrahl

Indem Sie Erzengel Metatron um Hilfe bitten, werden Ihre Chakras wieder ins Gleichgewicht gebracht. Das stärkt Ihre Verbindung zum Schöpfer. Beseitigen Sie die klebrige Schicht, die Milchprodukte auf Ihrem energetischen Körper hinterlassen haben.

Erzengel Raphaels Suchtentwöhnung

Raphael würde Ihnen mit Freuden helfen, jede Form von Milchprodukten für immer aufzugeben. Raphael in seiner gütigen Weisheit wird Ihnen bei jedem Stadium der Entgiftung zur Seite stehen.

Erzengel Raphael-Meditation

- Setzen Sie sich still hin, und atmen Sie langsam und tief ein. Nutzen Sie diese Gelegenheit, um auf Ihren Körper zu lauschen. Seien Sie bereit zu hören, was Ihr großartiger Körper zu sagen hat. Wenn Sie so weit sind, fragen Sie ihn: »Welchen Vorteil habe ich davon, wenn ich ab sofort auf Milchprodukte verzichte?«

- Bleiben Sie still sitzen, und warten Sie auf eine Antwort. Die Botschaft kann als Gedanke, Gefühl, Vision oder auch als Stimme kommen. Vertrauen Sie Ihrer Antwort, und notieren Sie diese auf ein Blatt Papier, um sie später nachlesen zu können.

- Horchen Sie auf Ihren Körper; er ist Ihr bestes Wahrsage-Instrument, da er alle Antworten weiß. Stellen Sie ihm jede weitere Frage in Bezug auf Milchprodukte als Teil Ihrer Ernährung. Und nun wenden Sie sich an den königlichen Erzengel Raphael mit den Worten:

  »Erzengel Raphael, bitte hilf mir, auf Milchprodukte zu verzichten. Bitte hilf mir, sie ohne Verlangen oder Entzugserscheinungen aufzugeben. Bitte erinnere mich daran zu fragen, ob Nahrungsmittel Milchprodukte enthalten, und die Eti-

ketten auf den Verpackungen aufmerksam zu lesen. Erzengel Raphael, umgib meinen Körper jetzt mit deinem heilenden smaragdgrünen Licht, um jegliche Anhaftungen an diese Produkte zu lösen. Danke.«

- Visualisieren Sie Bilder von Milch, Käse, Sahne und anderen milchhaltigen Nahrungsmitteln, wie sie durch das liebevolle Licht eliminiert werden.
- Wenn die Heilung beendet ist, danken Sie Raphael. Er wird bei Ihnen bleiben, während Sie Ihre Entgiftung zu Ende bringen, und Sie von jetzt an vor der schädlichen Wirkung von Milchprodukten schützen.

7-Tage-Plan zur Milchprodukte-Entgiftung

1. Tag

- Sprechen Sie am Morgen als Erstes das Gebet zur Entgiftung von Milchprodukten. Das wird Ihnen im weiteren Verlauf des Tages helfen. Achten Sie darauf, dieses Gebet so oft wie möglich zu wiederholen.
- Entfernen Sie sämtliche milchhaltigen Produkte aus Ihrem Haushalt. Vergessen Sie nicht, auf allen Packungen nachzusehen, ob sie Milchbestandteile oder Käsepulver enthalten.
- Begeben Sie sich an einen friedlichen Ort, und meditieren Sie mit Erzengel Raphael. Wenden Sie die obige Meditationsübung an, um weitere Einsichten darüber zu erhalten, welche Wirkung Milchprodukte auf Sie haben. Lernen Sie direkt von den Engeln, wie Sie diese Produkte und ihre schädlichen Auswirkungen überwinden können.

- Bevor Sie ins Bett gehen, geben Sie eine Tasse rohe Mandeln in eine Schüssel Wasser und lassen sie über Nacht einweichen.
- Vor dem Schlafengehen wiederholen Sie das Gebet zur Entgiftung von Milchprodukten.

2. Tag

- Sprechen Sie am Morgen als Erstes das Gebet zur Entgiftung von Milchprodukten.
- Beginnen Sie Ihren Tag, indem Sie Mandelmilch zubereiten. Nehmen Sie die vorgeweichten Mandeln vom Abend zuvor, und spülen Sie diese gründlich. Dann geben Sie die Mandeln mit drei Tassen Wasser in den Mixer. Sie können einen Teelöffel Honig oder Agavensaft hinzufügen, falls Sie es süßer mögen. Stellen Sie den Mixer auf die höchste Stufe, und mixen Sie das Ganze zwei bis drei Minuten. Dann sieben Sie die Paste und drücken die Milch durch ein Stück Musselin oder ein Sieb aus Edelstahl. Sie können die Paste zum Backen benutzen oder einen Teil davon in der Milch lassen für zusätzliche Ballaststoffe. Stellen Sie die Milch in den Kühlschrank und brauchen Sie sie innerhalb der nächsten Tage auf. Mandelmilch ist eine köstliche und nahrhafte Alternative zu Kuhmilch.
- Arbeiten Sie mit Erzengel Raphael und führen seine Suchtentwöhnungs-Übung durch. Raphael wird Ihnen mit großer Freude helfen, Ihr Verlangen nach Milchprodukten zu überwinden.
- Vor dem Schlafengehen wiederholen Sie das Gebet zur Entgiftung von Milchprodukten.

3. Tag

- Sprechen Sie am Morgen als Erstes das Gebet zur Entgiftung von Milchprodukten.
- Achten Sie sehr genau auf das, was Sie heute essen, und sorgen Sie dafür, kalziumreiche Nahrungsmittel zu konsumieren. Dämpfen Sie Brokkoli zum Mittag- und Abendessen. Wenn Sie besorgt sind, ob Sie genügend Kalzium zu sich nehmen, können Sie sich ein Ergänzungsmittel besorgen. Doch zunächst fragen Sie in einer Meditation Ihre Engel, ob das wirklich das Richtige für sie ist.
- Bevor Sie schlafen gehen, wiederholen Sie das Gebet zur Entgiftung von Milchprodukten.

4. Tag

- Sprechen Sie am Morgen gleich nach dem Aufwachen das Gebet zur Entgiftung von Milchprodukten.
- Ein übermäßiger Konsum von Milchprodukten hat Ihre Aura verstopft und Ihre Chakras blockiert. Beseitigen Sie diesen Nebel, indem Sie sich an Erzengel Metatron wenden und mit seinem heiligen Lichtstrahl arbeiten.
- Bereiten oder kaufen Sie sich einen Hummus-Brotaufstrich, und genießen Sie ihn.
- Bevor Sie schlafen gehen, wiederholen Sie das Gebet zur Entgiftung von Milchprodukten.

5. Tag

- Sprechen Sie am Morgen gleich nach dem Aufwachen das Gebet zur Entgiftung von Milchprodukten.
- Spirulina ist reich an Nährstoffen, es öffnet das Herz und heilt. Fangen Sie mit einem Teelöffel pro Tag an. Mischen Sie es mit einem Glas frisch gepresstem oder Bio-Saft, und steigern Sie die Dosis allmählich, entsprechend Ihrer inneren Führung. Nach und nach nehmen Sie einen Teelöffel zwei- bis dreimal täglich und gehen dann zu einem Teelöffel täglich über.
- Bevor Sie schlafen gehen, wiederholen Sie das Gebet zur Entgiftung von Milchprodukten.

6. Tag

- Sprechen Sie am Morgen gleich nach dem Aufwachen das Gebet zur Entgiftung von Milchprodukten.
- Überlegen Sie sich, ein Multivitaminpräparat zu nehmen. Falls Sie in der Vergangenheit sehr viele Milchprodukte konsumiert haben, ist Ihr Körper daran gewöhnt, Kalzium, Vitamin D, Vitamin A und Vitamin E aufzunehmen. Wenn Sie sich von Milchprodukten entgiften, werden Sie automatisch zu gesunden Lebensmitteln greifen, die reich sind an diesen Nährstoffen. Ein Multivitaminpräparat, das Sie vorübergehend nehmen, kann sicherstellen, dass Sie jeden Tag genug Nährstoffe bekommen.
- Bevor Sie schlafen gehen, wiederholen Sie das Gebet zur Entgiftung von Milchprodukten.

7. Tag

- Sprechen Sie am Morgen gleich nach dem Aufwachen das Gebet zur Entgiftung von Milchprodukten.
- Besorgen Sie sich ein paar rote oder pinkfarbene Rosen, und arrangieren Sie diese in einer Vase. Wenn Sie keine frischen Rosen finden können, ist ein Foto genauso wirkungsvoll. Setzen Sie sich vor die Blumen oder das Bild, und senden Sie all den Kühen und anderen Tieren, die grausam und brutal behandelt werden, Energie. Beten Sie dafür, dass auch andere Ihrem Beispiel folgen und sich für ethische Formen der Kalziumzufuhr entscheiden, um ihren Körper ausreichend damit zu versorgen. Fühlen Sie, wie die Blumen Ihr Herz öffnen und jeden Schmerz eliminieren, den Sie durch den Konsum von Tierprodukten in sich aufgenommen haben. Entlassen Sie die Giftstoffe und niederen Energien von Milchprodukten ins Licht.
- Bevor Sie schlafen gehen, wiederholen Sie das Gebet zur Entgiftung von Milchprodukten.

Milchprodukte sind aus Ihrem Leben verschwunden, und Ihre spirituellen Gaben erwachen aufs Neue. Genießen Sie Ihre außersinnlichen Fähigkeiten, die jetzt viel klarer sind. Sie haben den Nebel beseitigt, der Ihre spirituelle Sicht blockiert hat.

ZUCKER-DETOX

Die Engel haben uns gezeigt, dass Zucker in der Aura kristallisiert. Er bildet winzige weiße Körnchen auf der Innenseite des Schutzschildes der Aura. Diese Zuckerkristalle rauben Ihnen Energie und erschöpfen Ihre Motivation und Lebenskraft. Sie hindern Sie daran, wichtige Aufgaben zu Ende zu bringen und sorgen dafür, dass Sie wichtige Dinge aufschieben. Nach Aussage der Engel sind diese Kristalle darüber hinaus verantwortlich für Kopfschmerzen, da sie Energie aus Ihrem Kopf ziehen, und sensitive Lichtarbeiter fühlen das. Diese Kopfschmerzen können geheilt werden, indem Sie Zucker gänzlich meiden.

Schmerztabletten helfen in diesen Fällen nicht, da sie wiederum Kopfschmerzen auslösen, die bei Sonneneinstrahlung schlimmer werden. Je mehr Zucker Sie konsumieren, desto größer werden diese Kristalle. Andererseits schrumpfen die Zuckerkristalle und verschwinden, wenn Sie sich von Zucker entgiften.

Erzengel Raphael kann dabei helfen, diesen Prozess zu beschleunigen. Arbeiten Sie mit ihm, indem Sie sagen:

»Erzengel Raphael, bitte wasche die Zuckerkristalle aus meiner Aura.«

Visualisieren Sie nun Raphael, wie er warmes Wasser über Ihre Aura sprüht. Zucker löst sich in warmem Wasser auf. Wenn Sie keinen Zucker in Ihrer Aura mehr sehen können, danken Sie Raphael für die Reinigung.

Zucker gibt es in vielen verschiedenen Formen. Natürlicher Zucker in frischen Früchten wird mit Ballaststoffen ausgeglichen. Ballaststoffe verlangsamen die Absorption von Zucker in den Blutkreislauf. Diese Verzögerung verhindert sogenannte

»Zuckerspitzen«. Stattdessen wird Ihr Körper mit länger anhaltender Energie versorgt.

Wenn Sie industriell verarbeiteten weißen Zucker konsumieren, bekommen Sie eine Menge Kalorien auf einmal, und Ihr Körper hetzt sich ab, um ein Gleichgewicht herzustellen. Er setzt chemische Stoffe und Hormone frei, um Ihr Blutzuckerniveau zu regulieren, und diesem Ansturm folgt schnell ein Zucker-Crash. Ihr Blutzucker fällt so schnell, wie er gestiegen ist, und Ihr Körper zahlt den Preis dafür. Das hat unter Umständen zur Folge, dass Sie sich müde, schlecht gelaunt und gereizt fühlen.

Falls Sie die Kalorien, die Sie konsumieren, nicht verbrennen, speichert Ihr Körper sie als Fettzellen. Wenn Sie also langfristig große Mengen Zucker konsumieren, werden Sie zunehmen. Industriell verarbeiteter Zucker löst außerdem einen Suchtkreislauf aus, der zu einem immer stärkerem Verlangen nach Süßem führt. Dieser traurige Kreislauf gibt Ihnen nie ein Gefühl der Befriedigung, sondern dient nur dazu, sich selbst in Gang zu halten. Hier ist ein Szenario, um Ihnen diesen Ablauf verständlich zu machen. Es erklärt die Rolle von Zuckerkonsum und Blutzuckerspiegel im Suchtkreislauf:

Sie beginnen den Tag, indem Sie eine Schüssel gesüßtes Müsli essen. Eine Zeit lang fühlen Sie sich gesättigt, doch schon bald haben Sie wieder Hunger. Ihr Körper hat den Zucker schnell absorbiert und Ihnen Energie gegeben. Und dann, genauso schnell, ist die Energie wieder fort. Das löst in Ihrem Gehirn den Gedanken aus, dass Sie mehr Energie benötigen. Sie hören das als einen Ruf nach Zucker. Also verspüren Sie Hunger und suchen nach einem Snack. Sie finden ein paar Plätzchen und Schokolade, um Ihren Hunger zu stillen. Doch auch jetzt sind Sie bald darauf schon wieder hungrig. Mittlerweile ist Ihre

Hirnchemie beeinträchtigt, und Ihre Laune beginnt sich zu verschlechtern. Und dabei ist noch nicht einmal Mittagszeit. Was Sie Ihrem Körper zuführen, wirkt sich direkt auf Ihre Energie aus. Wenn Sie sich entscheiden, natürliche, nicht industriell verarbeitete Nahrungsmittel zu essen, wird Ihr Körper vor Vitalität strahlen.

Natürlichen Zucker finden Sie in frischen Vollwertprodukten, die Ihren Körper mit Nährstoffen versorgen. Sie geben Ihnen Energie und können dazu beitragen, das Verlangen nach industriell verarbeitetem Zucker zu reduzieren. Also genießen Sie frisches, energiespendendes Obst – tropische Sommerfrüchte sind besonders köstlich und süß. Außerdem sind sie aufgrund ihrer Vitamine viel gesünder als Schokoriegel.

Viele Menschen meiden Bananen, weil sie mehr Zucker enthalten als andere Früchte. Doch vergessen Sie nicht, dass Bananen ballaststoffhaltig sind. Ihr Körper verarbeitet diese Art Zucker auf andere Weise. Solange Sie nicht an Diabetes erkrankt sind, können Sie viele köstliche Fruchtsorten genießen, da sie ein ausgezeichneter Snack sind, um das Verlangen nach etwas Süßem zu befriedigen.

Wenn Sie sich angeleitet fühlen, keine Schokolade mehr zu essen, sind Sie wahrscheinlich ein sehr sensitiver Mensch. Die Schokoladenindustrie ist erfüllt von der Energie des Schmerzes, da sie ihre Gewinne in erster Linie durch Sklavenarbeit erzielt. Falls Sie weiterhin Schokolade essen wollen, sollten Sie nur Marken kaufen, die mit dem Etikett »Fair Trade« versehen sind, was bedeutet, dass jeder, der an dem Herstellungsprozess beteiligt war, gerecht behandelt und bezahlt wurde.

Ich (Doreen) fühlte mich 1995 angeleitet, keine Schokolade mehr zu essen, weil ich davon Kopfschmerzen bekam. Während ich um Führung betete, zeigten mit die Engel, dass Schokolade meine Vibration reduzierte. Ich bat um Hilfe und verlor umgehend jegliches Verlangen nach Schokolade. Seit damals habe ich sie nie mehr gegessen – und hatte nie wieder Kopfschmerzen!

Eine Frau namens Megan Elfertasse wusste seit Jahren um ihre krankmachende Sucht nach Zucker. Sie hatte den starken Wunsch, sich von Zucker zu entgiften, wusste aber nicht, wie sie das anstellen sollte. Megans Engel zeigten ihr die schädlichen Wirkungen von Zucker und warnten sie vor der Gefahr, zuckerkrank zu werden. Ihre innere Stimme sagte ihr, dass Zucker reines Gift für ihren Körper war. In der Vergangenheit war sie sich der Wirkung nicht bewusst, die Zucker auf sie hatte. Doch jetzt merkte Megan, dass Zucker sie depressiv machte und in eine Art geistigen Nebel einhüllte. Außerdem führte Zucker zu Stimmungsschwankungen, die sich negativ auf ihr Verhalten als Mutter auswirkten. Ihre Sucht nach Süßem bescherte ihr alle möglichen Schmerzen und Wehwehchen und führte dazu, dass sie sich physisch immer schlechter fühlte. Am meisten erschreckte es Megan zu sehen, wie der Zuckerkonsum ihre intuitiven Fähigkeiten schwächte und sie die Stimme ihrer Engel nicht mehr hören konnte.

Die Engel drängten sie, *Overeaters Anonymous* (OA) beizutreten, um ihre Zuckersucht zu überwinden. Megan betete immer wieder zu den Erzengeln Michael und Raphael und bat sie um Hilfe. Sie gaben ihr den Mut, OA beizutreten. Zucker führte bei Megan zu der gleichen körperlichen Reaktion wie Alkohol beim Alkoholiker. Endlich war sie bereit, eine Veränderung vorzunehmen.

Zunächst hatte sie geglaubt, nie die Kraft zu besitzen, auf Zucker für immer zu verzichten. Deshalb beschloss sie zu vertrauen und zu den Engeln zu beten. Sie bat sie, ihr das Verlangen nach Zucker zu nehmen, damit sie ihre geistige und physische Gesundheit und ihr Leben zurückgewinnen würde. Es funktionierte! Die Engel befreiten Megan von ihrer Zuckersucht. Allmählich gewann sie ein Gefühl der Ruhe und des Friedens, selbst wenn sie mit der Möglichkeit, etwas Süßes zu naschen, konfrontiert war. Sie spürte, wie die Entzündung in ihrem Körper abheilte und ihr Kopf wieder klar wurde.

Erzengel Michael unterstützt Megan weiterhin und erinnert sie immer wieder daran, wie ungesund Zucker sein kann. Heute ist sie in der Lage, gelassen zu bleiben und positive, liebevolle Veränderungen vorzunehmen.

Jane Powell, eine ehemalige Drogen- und Alkohol-Beraterin, erlebte die Wirkung von Zucker am eigenen Körper. Am Anfang wusste sie nicht, was sie tun sollte, um sich zu entgiften. Auf Partys fühlte sie sich von anderen ermutigt, Süßes zu essen, und sie hörte auf ihr Ego, wenn es ihr einflüsterte, dass sie eine kleine Nascherei wie zum Beispiel einen Muffin verdient hatte. Doch ihr höheres Selbst wusste, dass Zucker ihren Körper und ihren Geisteszustand völlig durcheinanderbrachte.

Eines Tages war ihr klar, dass es an der Zeit war, ihre Zuckersucht genau wie jede andere Sucht zu behandeln. So wie sie früher anderen geraten hatte, einen Drogen- oder Alkoholentzug zu machen, war sie jetzt an der Reihe. Jane erinnerte sich, dass eine Hellseherin ihr gesagt hatte, Erzengel Michael sei immer bei ihr. Janes Ehemann, ein Polizist, war sich schon immer des Beistandes von Erzengel Michael sicher, weil er der Schutzheilige der Polizisten und all jener ist, die sich dem Dienst am Nächsten verschrieben haben.

Jane wandte sich an den Erzengel und bat ihn, sie von ihrer Sucht nach Zucker zu befreien. Sie fühlte das dringende Bedürfnis, sich sofort von diesem schädlichen Stoff zu entgiften. Sie entfernte alle zuckerhaltigen Produkte aus ihrer Umgebung. Mit der liebevollen Hilfe ihres Ehemannes überwand Jane ihre Sucht und entgiftete ihr Leben.

Kirsti Boothroyd, eine Angel-Therapeutin aus Brisbane, Australien, spürte eines Tages deutlich die schädliche Wirkung des Zuckers auf ihren Körper.

An einem anderen Tag, nachdem sie eine kleine Packung süßer Kekse genascht hatte, fühlte sich Kirsti plötzlich müde und schlecht gelaunt. Doch aus Langeweile aß sie noch mehr davon. Ihr war nicht klar, welche Wirkung dieses industriell verarbeitete, extrem zuckerhaltige Produkt haben könnte. Jeden Tag fühlte Kirsti sich lethargisch und elend wegen des Zuckers, den sie konsumierte. Dann fiel ihr auf, dass auch das Verhalten ihrer Tochter mit deren eigenem Zuckerkonsum zu tun hatte. Sie bekam Wutanfälle und konnte nur schwer beruhigt werden. Zu dem Zeitpunkt wusste Kirsti nicht, dass es die Zusatzstoffe in den süßen Snacks waren, die dieses Verhalten auslösten.

Die Engel leiteten Kirsti an, Zucker aus ihrem Speiseplan zu streichen, und zeigten ihr, was sie tun konnte, um dauerhaft darauf zu verzichten. Von einem Tag auf den anderen hörte sie auf, zuckerhaltige Produkte zu essen. Jetzt, wo sie keinen Zucker mehr zu sich nehmen, strahlen sowohl Kirsti als auch ihre Tochter eine friedliche, harmonische Energie aus.

Heilungsmethoden für Zucker-Detox

Gebet

»Lieber Gott und liebe Engel. Ich bin bereit, Zucker aufzugeben. Ich weiß, dass jetzt der perfekte Zeitpunkt ist, um mich von dieser Substanz zu entgiften. Ich vertraue auf eure Führung und eure Liebe. Ich weiß, dass ihr mir bei diesem Prozess helfen und mich vor Versuchungen bewahren werdet. Bitte umgebt mich mit eurer himmlischen Gegenwart. Zucker ist so leicht verfügbar, daher brauche ich eure Hilfe, damit ich stark und gesund bleibe. Ich möchte nicht mehr die negativen Gefühle erleben, die von Zucker hervorgerufen werden, daher entscheide ich mich freiwillig, keinen Zucker mehr zu essen. Danke.«

Süße Belohnungen

Kinder erhalten oft Süßigkeiten als Belohnung für braves Verhalten, was bald dazu führt, dass sie Zucker mit Vergnügen assoziieren. Untersuchungen zeigen, dass Kleinkinder immer gesüßtes Wasser dem ungesüßten vorziehen. Wissenschaftler glauben, dass es sich dabei um eine instinktive Reaktion handelt, die uns die Fähigkeit gibt, in der Natur die reifen Früchte auszuwählen.

Wenn Sie ein häufiges Verlangen nach Zucker haben, kann es sein, dass Sie sich in Wahrheit nach Belohnungen sehnen! Vielleicht haben Sie das Gefühl, immer derjenige zu sein, der gibt, und dass Sie nicht genügend Anerkennung oder Dankbarkeit erhalten. Das Verlangen nach Süßigkeiten kann auch ein Zeichen dafür sein, dass Sie mehr Vergnügen in Ihrem Leben brauchen. Wann haben Sie das letzte Mal einfach nur gespielt und sich vergnügt? Indem Sie sich Hobbys zulegen, die Ihnen Spaß machen, werden Sie vielleicht feststellen, dass Ihr Verlangen nach Süßem abnimmt. Dies ist eine einfache und gesunde Möglichkeit, sich besser zu fühlen, Gewicht zu verlieren, neue Freunde zu finden (falls Sie sich einer entsprechenden Gruppe anschließen oder einen Kurs besuchen) und sogar ein neues Unternehmen zu starten, wenn Sie das möchten!

Außerdem können Sie Ihre Kinder vor der Sucht nach Süßigkeiten bewahren, indem Sie sie mit Lob, spannenden Ausflügen, Spielsachen oder anderen nicht kalorienhaltigen Vergnügungen belohnen.

Natürliche Süßstoffe

Unter Umständen können Sie in Maßen natürliche Süßstoffe verwenden. In Bezug auf die Energie stellen sie nicht dieselbe Bedrohung dar wie weißer Zucker. Der übermäßige Konsum kann aber zu Gewichtszunahme führen. Versuchen Sie es doch einmal mit biologischem Agavendicksaft, Honig, rohem Kokosnuss-Sirup oder Stevia. Dies alles sind wunderbare Alternativen zu Zucker – und sie sind süß. Wenn Ihr Insulinlevel sensitiv auf Fluktuation reagiert, sind Kokosnuss-Sirup oder -kristalle am besten.

Bevor Sie sich für irgendeine Form von Süßstoff entscheiden, ziehen Sie die Engel zurate, um zu sehen, ob es das Richtige für Sie ist. Setzen Sie sich still hin und fragen: »Ist es für mich okay, natürliche Süßstoffe wie Agavendicksaft, Honig oder Stevia zu benutzen?« Lauschen Sie auf die Antwort. Ihr Körper wird die Botschaft als Visionen, Gedanken, Worte oder Gefühle empfangen. Sie sind es sich selbst schuldig, der Führung zu vertrauen, die Sie erhalten. Wenn Sie das Gefühl haben, dass Sie diese Alternativen vermeiden sollten, vertrauen Sie der Botschaft und folgen Sie ihr.

Erzengel Raphaels Suchtentwöhnung

Raphael möchte uns helfen, Zucker aufzugeben, den er als unnatürliche, künstlich hergestellte Substanz bezeichnet. Industriell verarbeiteter Zucker hat nichts mit dem Fruchtzucker in frischem Obst oder anderen natürlichen Zuckerarten zu tun. Lassen Sie zu, dass Erzengel Raphael das Bedürfnis für ungesunden Zucker eliminiert und Ihnen hilft, Nahrungsmittel und Getränke loszulassen, die einen hohen industriell hergestellten Zuckeranteil haben.

Erzengel Raphaels Aura-Wäsche

Wie an einer früheren Stelle in diesem Kapitel bereits erklärt, bitten Sie Raphael, Ihre Aura von Zuckerkristallen zu reinigen.

Chrom

Chrom reguliert Blutzucker und beugt dem Verlangen nach Zucker vor. Es verstärkt die Sensitivität Ihres Körpers für Zucker, was dazu führt, dass Sie diese Substanz nicht länger vertragen können. Falls Sie dennoch Zucker konsumieren, werden sie ihn als unerträglich süß empfinden. Dies ist eine ausgezeichnete Möglichkeit, sich von zuckerhaltigen Nahrungsmitteln zu entwöhnen.

Um optimale Resultate zu erzielen, muss die Chromdosierung hoch sein. Zudem gibt es unterschiedliche Formen von Chrom:

Manche werden besser absorbiert, manche sollten nur kurzfristig und wieder andere dürfen nicht in hochdosierter Form genommen werden. Am sichersten ist es, wenn Sie sich vorher mit Ihrem Arzt oder Heilpraktiker beraten, um das richtige Produkt und die perfekte Dosis für Sie zu bestimmen. Holen Sie immer zuerst den Rat eines Arztes oder Heilpraktikers ein, bevor Sie anfangen, etwas Neues zu nehmen.

Wiesenkerbel (Gymnema sylvestre)

Wiesenkerbel hat fantastische zuckerregulierende Eigenschaften. Es bringt den Blutzucker ins Gleichgewicht und eliminiert das Verlangen nach Süßem. Dieses Heilkraut betäubt die »süßen« Geschmacksnerven und verringert die Zucker-Absorption des Körpers – ein außergewöhnlicher Vorgang, den kein anderes Heilkraut verrichten kann. Wenn Sie also Wiesenkerbel nehmen und danach etwas Zuckerhaltiges essen, werden Sie keine Befriedigung empfinden – der Geschmack verändert sich und wird Ihnen nicht zusagen.

- Führen Sie mal dieses lustige Experiment durch: Träufeln Sie ein paar Tropfen Wiesenkerbel-Tinktur auf Ihre Zunge. Schlucken Sie die Tropfen, und nehmen Sie dann einen Teelöffel Zucker in den Mund. Zunächst werden Sie es vielleicht nicht merken, doch der Zucker hat nicht den geringsten Geschmack, so als hätten Sie Sand im Mund!

Wiesenkerbel ist auf seine Affinität zur Bauchspeicheldrüse untersucht worden. Wie bereits erwähnt, reguliert es den Blutzucker. Um das zu erreichen, wirkt es auf bestimmte Zellen in der Bauchspeicheldrüse ein. Es ist ein bemerkenswertes Heilkraut, das unseren Respekt verdient.

Magnesium

Dieser Nährstoff wird Ihnen helfen, wenn Sie viel Sport treiben, denn dann braucht Ihr Körper Kohlehydrate, um schnell Energie zu mobilisieren. Bei regelmäßigem intensiven Training verbrennen Sie rasch Ihren Vorrat an Kohlehydraten. Ihr Körper will mehr Energie und signalisiert Ihnen ein Verlangen nach bestimmten Nahrungsmitteln; dabei sind es häufig die süßen Produkte mit hohen Kalorien, die am verlockendsten erscheinen. Mit Magnesium kann dieses Verlangen nach Süßem eliminiert werden. Magnesium nährt Ihre Muskeln und gibt Ihrem Körper den nötigen Brennstoff.

7-Tage-Plan zur Zucker-Entgiftung

1. Tag

- Sprechen Sie am Morgen mehrmals das Gebet zur Entgiftung von Zucker. Wiederholen Sie dies im Laufe des Tages, um die kontinuierliche Unterstützung Ihrer liebevollen Engel zu fühlen.

- Ziehen Sie sich an einen ruhigen Ort zurück, und führen Sie nun zusammen mit Erzengel Raphael eine Suchtentwöhnung durch. Fühlen Sie, wie die alten Energien, die Sie an den Zucker gefesselt haben, von Raphaels heilender Gegenwart aufgelöst werden.

- Genießen Sie heute gesunde Kohlehydrate. Beginnen Sie Ihren Tag mit einer köstlichen Schüssel Haferflocken – als Porridge oder Müsli. Hafer und andere komplexe Getreide werden Ihnen über mehrere Stunden gleichbleibende Energie liefern. Wenn Sie den Tag mit einem gesüßten Müsli beginnen oder als Zwischenmahlzeit etwas Süßes naschen, werden Sie sich den ganzen Tag über müde fühlen. Ihr Blutzucker wird rauf und runter gehen, was zur Folge hat, dass Ihr Verlangen nach Zucker noch größer wird. Ihr Körper und Ihre Energie werden Ihnen für die Zufuhr komplexer Kohlehydrate danken. Führen Sie dieses Experiment eine Woche lang jeden Tag durch.

- Legen Sie Ihre ganze Intention in das abendliche Gebet zur Entgiftung von Zucker.

2. Tag

- Sprechen Sie am Morgen mehrmals das Gebet zur Entgiftung von Zucker.
- Nehmen Sie sich heute Zeit zum Reflektieren. Während dieser Zeit der Ruhe fragen Sie Ihr höheres Selbst, ob es für Sie okay ist, natürliche Süßstoffe wie zum Beispiel Stevia, Agavendicksaft oder Honig zu sich zu nehmen. Vertrauen Sie der ersten Reaktion, die Sie wahrnehmen, und folgen Sie dieser Führung.
- Der Genuss von Zucker hat zu Kristallablagerungen in Ihrer Aura geführt. Waschen Sie diese schädlichen Energien aus, indem Sie mit Erzengel Raphael zusammenarbeiten. Achten Sie darauf, wie sich Ihr Gefühl von Energie und Vitalität umgehend verbessert!
- Legen Sie Ihre ganze Intention in das abendliche Gebet zur Entgiftung von Zucker.

3. Tag

- Sprechen Sie am Morgen mehrmals das Gebet zur Entgiftung von Zucker.
- Klären Sie alle negativen Energien, die Sie aufgenommen haben, durch Erzengel Michaels spirituelle Saugtechnik. Dieser Vorgang wird Sie von allem spirituellen Müll entgiften, der sich aufgrund des Zuckers angesammelt hat.
- Greifen Sie zu gesunden Snacks, um Ihren Hunger zwischendurch zu stillen. Sorgen Sie dafür, immer ein kleines Glas mit Nüssen und Samenkörnern in der Nähe zu haben, die Sie im Laufe des Tages knabbern können. Das wird Sie daran hindern, etwas Ungesundes zu naschen.
- Legen Sie Ihre ganze Intention in das abendliche Gebet zur Entgiftung von Zucker.

4. Tag

- Sprechen Sie am Morgen mehrmals das Gebet zur Entgiftung von Zucker.
- Chrom reduziert das Verlangen nach Zucker und bringt Ihren Blutzuckerspiegel ins Gleichgewicht. Chrom reduziert das Verlangen nach Zucker und bringt Ihren Blutzuckerspiegel ins Gleichgewicht. Der geschätzte Tagesbedarf liegt bei 30 bis 100 Mikrogramm. Bitte achten Sie darauf, Chrom nicht überzudosieren. Erkundigen Sie sich auch bei Ihrem Arzt oder Heilpraktiker, ob die Form von Chrom, die Sie nehmen wollen, sicher ist. Manche Formen von Chrom werden leichter absorbiert und können in hohen Dosierungen schädlich sein. Gehen Sie stets auf Nummer sicher! Außer-

dem sollten Sie Ihren Arzt oder Heilpraktiker entsprechend informieren, wenn Sie zusätzliche Ergänzungsmittel nehmen wollen.

- Befriedigen Sie Ihr Verlangen nach Süßem mit natürlichen, biologischen, frisch gepressten Säften. Sie können sich einen Entsafter zulegen und Ihre eigenen herrlichen Mischungen kreieren. Frisch gepressten Saft sollten Sie am besten immer sofort trinken. Allerdings können Sie auch ein wenig Saft in Ihre Wasserflasche geben, dann haben Sie den ganzen Tag etwas davon.
- Legen Sie Ihre ganze Intention in das abendliche Gebet zur »Entgiftung von Zucker«.

5. Tag

- Sprechen Sie am Morgen mehrmals das Gebet zur Entgiftung von Zucker.
- Wiesenkerbel ist ein hervorragendes Heilkraut, um das Verlangen nach Zucker zu stillen und Ihren Blutzuckerspiegel zu regulieren. Beginnen Sie mit 12 Tropfen Wiesenkerbel-Tinktur dreimal täglich. Geben Sie die Tropfen in ein kleines Glas Wasser, und trinken Sie es vor den Mahlzeiten. Wenn Sie weiterhin Probleme mit Ihrem Verlangen nach Süßem haben, können Sie die Dosis auf 20 Tropfen dreimal täglich erhöhen.

  Bitte seien Sie vorsichtig, wenn Sie bereits Medikamente nehmen oder irgendwelche gesundheitliche Bedenken haben. Bevor Sie ein neues Präparat einnehmen, sollten Sie sich immer zuerst mit Ihrem Arzt oder Heilpraktiker beraten.
- Legen Sie Ihre ganze Intention in Ihr abendliches Gebet zur Entgiftung von Zucker.

6. Tag

- Sprechen Sie am Morgen mehrmals das Gebet zur Entgiftung von Zucker.

- Magnesium reguliert Ihr Nervensystem und hat darüber hinaus eine zuckerregulierende Wirkung. Wenn Sie nach dem Fitnesstraining Verlangen nach Kohlehydraten haben, nehmen Sie Magnesium; 400 mg natürliches Magnesium täglich sind zu empfehlen. Nehmen Sie 200 mg am Morgen und 200 mg abends. Wie immer beraten Sie sich auch hier zuerst mit Ihrem Arzt oder Heilpraktiker.

- Legen Sie Ihre ganze Intention in Ihr abendliches Gebet zur Entgiftung von Zucker.

7. Tag

- Sprechen Sie am Morgen mehrmals das Gebet zur Entgiftung von Zucker.

- Entscheiden Sie sich für eine Trainingsroutine, die Ihnen Spaß macht, und führen diese regelmäßig durch. Ihr Körper muss schwitzen, um die angesammelten Giftstoffe loszuwerden, und er braucht physische Bewegung. Durch körperliches Training erlangen Sie die hohe Energie und die Glücksgefühle, die Sie sich bisher von Zucker erhofften. Zucker kann nicht dafür sorgen, dass Sie sich besser fühlen, auch wenn das Ego sein Bestes tut, um Sie vom Gegenteil zu überzeugen. In Wahrheit jedoch sind nur Gott und die Engel in der Lage, Ihnen Freude zu bringen. Wenn Sie trainieren, lassen Sie Stress los und kommen in Einklang mit der hohen Vibration der Quelle aller Energie.

- Legen Sie Ihre ganze Intention in das abendliche Gebet zur »Entgiftung von Zucker«.

Sie genießen bereits die Süße des Lebens, indem Sie sich von Zucker entgiften. Ihr Körper, Ihre Energie und Ihre Engel danken es Ihnen! Sie werden höhere Energie und größere Klarheit gewinnen, wenn Ihre Aura gereinigt und wieder ins Gleichgewicht gebracht wird.

KOFFEIN- UND KAFFEE-DETOX

Koffein ist ein Stimulanz, das in Kaffee, Tee, Softdrinks und Guaraná enthalten ist. Es stimuliert Ihr Nervensystem, was Ihnen ein falsches Gefühl von Energie gibt. Die durch Koffein hervorgerufene Energie ist keine echte – sie sorgt lediglich dafür, dass Ihr Körper und Ihr Geist härter arbeiten, was Ihnen ein Gefühl gesteigerter Energie verleiht. Ihr Körper ist das beste Instrument, das Sie haben, um Ihre Bedürfnisse klar zu erkennen. Wenn Sie müde sind, möchte er sich ausruhen. Vielleicht brauchen Sie mehr Schlaf oder müssen irgendeine andere Form der Entspannung finden. Koffein regt Sie an und sorgt dafür, dass Sie schneller wieder an die Arbeit gehen. Es erschöpft Ihre Energie, was dazu führt, dass Sie sich hinterher noch müder fühlen. Energetisch verursacht Koffein »Spitzen« in Ihrer Aura. Dann sieht sie nicht mehr schön glatt aus, sondern gezackt und scharf. Es wird schwieriger für Sie, die Energie von Personen und Orten zu fühlen. Sie nehmen nur noch einen kleinen »Vorgeschmack« der Energie wahr. Ohne es zu wissen, setzen Sie sich selbst Risiken aus.

Koffein sorgt dafür, dass sich Ihre Chakras, die Energie filtern, schneller drehen. Chakras funktionieren ähnlich wie die Filter von Klimaanlagen. Sie absorbieren Energie und senden sie gleichzeitig aus. Wie die Filter einer Klimaanlage verstopfen die Chakras von Zeit zu Zeit und müssen gereinigt werden. Sie können sehr effektiv mit Erzengel Michaels spiritueller Saugtechnik arbeiten, doch Koffein sorgt dafür, dass die Chakras übermäßig aktiv sind. Sie haben nicht die Möglichkeit, die Energie zu verarbeiten, bevor sie erneut ausgesendet wird. Das kann dazu führen, dass Sie sich verwirrt und reizbar fühlen.

Suzanne Shaw war schon als Teenager nach Kaffee süchtig. Viele Jahre später landete sie deswegen in der Notaufnahme eines Krankenhauses.

Im Alter von 17 Jahren verließ Suzanne ihren Heimatort und besuchte eine neue Schule. Der Stundenplan unterschied sich drastisch von dem, was sie gewohnt war. Die erste Unterrichtsstunde begann bereits um 7.35 Uhr, also trank sie schon am frühen Morgen Kaffee, um wach zu werden. Ihre Abhängigkeit von Koffein setzte sich durch die anstrengenden Jahre auf dem College fort – es war das Elixier, das ihr durch ihre mitternächtlichen Studien half.

Suzannes Kaffeesucht wurde offensichtlicher, als sie mit ihrer Arbeit als Grundschullehrerin begann. Tagsüber war es ihr unmöglich zu funktionieren und ihren Job zu machen, solange sie nicht eine Tasse Kaffee in Reichweite hatte. Suzanne brachte sogar eine Mini-Kaffeemaschine mit in die Schule. Jetzt konnte sie sich jederzeit eine Tasse starken Kaffee brauen, um den Nachmittag zu überstehen.

Acht Jahre später arbeitete sie im Hotel- und Gastgewerbe. Sie saß jeweils 10 Stunden lang am Schreibtisch und stand nur auf, um sich aus dem Restaurant eine weitere Tasse Kaffee zu holen. Sie betrachtete das Getränk als ihren Treibstoff und ihre einzige Energiequelle. (In Wahrheit ist Gott unsere Quelle, und nur er kann uns aufwecken.)

Eines Morgens im Büro fühlte Suzanne, wie ihr Gesicht rot wurde. Sie bekam einen Schwächeanfall, wurde kurzatmig, und ihr Herz begann unkontrolliert zu rasen. Sie informierte ihren Vorgesetzten, der sofort den Notdienst rief. Die Sanitäter waren innerhalb von Minuten da und checkten ihren Blutdruck und Puls. Suzannes Herzschlagfrequenz lag bei 230 pro Minute – der Durchschnitt ist 60 bis 70 Schläge pro Minute. Was bedeutet, dass ihr Herz mehr als dreimal in der Sekunde schlug! Sie wurde sofort in die Notaufnahme des nächstliegenden Krankenhauses gebracht, wo die Ärzte sie untersuchten. Sie konnten keinen Grund für ihre schnelle Herzfrequenz finden, doch ihr selbst wurde in diesem Moment der Zusammenhang klar. Suzanne beschloss auf der Stelle, dass sie ihren Kaffeekonsum drastisch senken musste. Im Laufe der folgenden Wochen und Monate überkam die Sucht sie jedoch erneut, und sie fragte sich, wie sie jemals damit aufhören könnte. Sie versuchte es mit entkoffeiniertem Kaffee, aber es war nicht dasselbe – sie brauchte den »richtigen« Stoff. Sie konnte sich nicht vorstellen, wie sie ohne Koffein den Tag überstehen könnte, und dachte an die bevorstehende Weihnachtszeit, wo sie von ihren Freunden immer besonders edle Kaffeemischungen als Geschenke erhielt. Und das alles wollte sie nicht verpassen!

Eines Tages wachte Suzanne morgens auf und fühlte sich müde und schläfrig. Es war Zeit für ihre erste Tasse Kaffee. Dann merkte sie, dass sie nicht mehr genug Kaffee hatte, nicht einmal für eine halbe Tasse. Sie bekam einen Wutanfall! Draußen regnete es, und der Gedanke, jetzt zum Supermarkt zu gehen, war völlig ausgeschlossen. Also durchsuchte sie ihre Schränke, doch alles, was sie finden konnte, war ein wenig entkoffeinierter grüner Tee. Normalerweise benutzte sie ihn nur, um Eistee zu machen, doch ließ sie es auf einen Versuch ankommen.

Sie begann, den heißen Tee zu trinken, und fühlte sich okay. Um die Mittagszeit fühlte sie sich immer noch ziemlich gut. Sie fuhr fort, den grünen Tee zu trinken und merkte bald, dass sie klarer denken konnte. Die neblige Schläfrigkeit war ganz verschwunden. Außerdem fühlte sie sich angeleitet, mehr Wasser zu trinken und regelmäßig Sport zu treiben.

Heute hat Suzanne mehr echte Energie als je zuvor. Sie ist intensiver in Kontakt mit ihrem inneren Selbst und fühlt sich fantastisch! Vor Kurzem erzählte sie einer Freundin, dass sie keinen Kaffee mehr trinkt, und die Freundin wollte wissen: »Wo ist die ›wirkliche‹ Suzanne geblieben?«

Suzanne freute sich, ihrer Freundin sagen zu können, dass sie jetzt »wirklicher« ist, als sie es je zuvor war.

Kevin Hunter kam die Idee für eine Entgiftung erst, als er Mitte Dreißig war. Er fühlte, dass seine Engel die Energie um ihn herum klären wollten, deshalb begann er, sehr eng mit der Ebene der Engel zusammenzuarbeiten.

Sie leiteten ihn an, sich zunächst von Kaffee zu entgiften. Kevin konnte fühlen, dass Kaffee seine Fähigkeit beeinträchtigte, Kontakt mit der göttlichen Ebene aufzunehmen. Er bemerkte einen spürbaren Unterschied, nachdem er Kaffee getrunken hatte, da die Energie des Kaffees seine Aura verstopfte und es ihm schwerer machte, seine Engel zu hören. Außerdem hatte Kevin seit Langem unter Panikattacken gelitten. Sein regelmäßiger Kaffeekonsum verstärkte diesen Zustand und hinderte ihn daran, Frieden zu finden. Die Engel drängten ihn, den Kaffee aufzugeben, doch Kevin widersetzte sich dieser Veränderung, da er mit der Führung seiner Engel nicht einverstanden war.

Eigentlich war er kein großer Kaffeetrinker – er genehmigte sich nicht mehr als eine Tasse pro Tag, ansonsten trank er nur Wasser. Er forderte die Engel heraus und erklärte, dass andere Menschen viel mehr Kaffee trinken würden als er. Darüber hinaus recherchierte er über Kaffee und seine möglichen Folgen im Internet und kam zu dem Schluss, dass eine Tasse Kaffee am Tag keine schädlichen Nachwirkungen hat.

Jeden Morgen um 7.45 Uhr schleppte sich Kevin nach mindestens acht Stunden Schlaf vom Schlafzimmer in die Küche, um mithilfe seiner geliebten teuren Cafetière eine perfekte Tasse Kaffee zu brauen. Während er sich für den Tag fertig machte, hörte er seine Engel sagen: »Du brauchst das nicht.«

Dann murrte Kevin vor sich hin und ignorierte die Information. Er insistierte: »Doch, ich brauche meinen Kaffee wirklich! Warum seid ihr so hartnäckig?« Er wollte einen konkreten Beweis dafür, dass er Kaffee nicht mehr brauchte.

Die Engel fuhren fort, ihm weiterhin die gleiche Botschaft zu übermitteln, und eines Tages reichte es Kevin. Er gab den Engeln die uneingeschränkte Erlaubnis, sein Verlangen nach Kaffee zu reduzieren – das war die einzige Lösung, die ihm sinnvoll erschien. Wenn Kevin das Bedürfnis nach Kaffee hatte, dann gab es nichts, das ihn davon abhalten würde – es sei denn, die Engel nahmen ihm sein Verlangen. Wenn nicht, würde er weiterhin Kaffee trinken. Die Engel waren mit dieser Forderung einverstanden.

Am nächsten Morgen wachte Kevin auf und ging in die Küche. Zu seinem Erstaunen fühlte er sich voller Energie und fand es seltsam, dass er keine Lust auf Kaffee verspürte. Er beschloss zu versuchen, einen ganzen Tag lang ohne Kaffee auszukommen. Einen Monat später gönnte sich Kevin nicht mehr täglich, sondern nur noch ein paar Mal in der Woche eine Tasse Kaffee. Bald waren es nur noch ein- bis zweimal alle paar Wochen, und kurz darauf war er komplett koffeinfrei!

Nach 20 Jahren täglichen Kaffeegenusses verspürte Kevin nicht länger das geringste Verlangen danach. Erzengel Michael war mehrere Jahre lang an seiner Seite und entfernte in dieser Zeit Toxine und negative Personen aus seinem Leben. Heute ist Kevin stressfrei, innerlich im Frieden und umgeben von warmherzigen, liebevollen Menschen.

Heilungsmethoden für Kaffee- und Koffein-Detox

Gebet

»Lieber Gott und liebe Engel, bitte erlöst mich von der Macht, die Kaffee über mich hat. Ich möchte nicht länger Kaffee trinken, da ich weiß, dass er meinen kostbaren Körper veranlasst, zu hart zu arbeiten. Ich liebe meinen Körper und möchte gut für mich sorgen. Ich weiß, dass ich nicht wirklich Frieden finden kann, wenn ich weiterhin Kaffee trinke. Bitte helft mir, in jeder Hinsicht ruhig, entspannt und ausgeglichen zu sein. Ich entlasse bereitwillig jedes Verlangen nach Kaffee ins Licht. Ich gebe euch die Erlaubnis, mir jetzt zu helfen. Danke.«

Löwenzahn-Kaffee

Manche Menschen verspüren das Bedürfnis, ihren Kaffee durch etwas anderes zu ersetzen. Eine Möglichkeit ist Kaffee aus Löwenzahn, der in Wahrheit natürlich kein Kaffee ist. Er enthält weder Koffein noch Kaffeebohnen, sondern besteht aus gerösteten Löwenzahnwurzeln. Sie produzieren eine dunkle Flüssigkeit, ähnlich wie Kaffee, doch der Geschmack ist anders. Versuchen Sie eine Tasse Löwenzahn-Kaffee und prüfen Sie, ob er Ihnen schmeckt. Viele Cafés bieten mittlerweile dieses Getränk an. Sie können zum Beispiel einen Löwenzahn-Kaffee mit Sojamilch bestellen und sich weiterhin mit Ihren Freunden »auf einen Kaffee« treffen!

Schizandra (Schisandra chinensis)

Schizandra reinigt und nährt Ihre Leber und entgiftet Sie von den im Kaffee enthaltenen Toxinen. Dieses Heilkraut ist optimal, da es Ihrem Nervensystem guttut und Ihre Stimmung sowie Ihren Geist ins Gleichgewicht bringt. Außerdem hilft es Ihnen, sich zu konzentrieren und Ihren Fokus zu bewahren. Schizandra entgiftet die Leber und gibt Ihnen die Energie, die Sie brauchen, um Ihre Entgiftung erfolgreich zu beenden.

Erzengel Michaels spirituelle Saugtechnik

Michael wird die Energie der Angst aus Ihrem Körper beseitigen. Koffein bringt Sie dazu, sich in unausgewogene Situationen zu begeben, in deren Verlauf es passieren kann, dass Sie sich niederen Energien aussetzen. Indem Sie Erzengel Michael um Hilfe bitten, werden diese negativen Energien beseitigt.

Erzengel Michael wird Ihre Chakras von außersinnlichem Müll reinigen, wodurch Ihre Energie harmonischer fließt und Sie in der Lage sind, Ihre Passionen und Motivationen deutlicher zu erkennen und entsprechend zu handeln.

Erzengel Raphaels Suchtentwöhnung

Arbeiten Sie mit Erzengel Raphael, um Ihre Schnüre der Sucht und Anhaftung zu durchtrennen. Seien Sie bereit, zu Ihrem eigenen Besten Kaffee und Koffein aufzugeben. Raphael kann Ihnen den Schaden vor Augen führen, den Kaffee bei Ihnen angerichtet hat.

Wenn Sie also bereit sind, bitten Sie den Engel um klare Information, warum Sie sich ohne Koffein wohler und gesünder fühlen sollten. Ohne Ihnen zu schaden, werden die Engel die Bereiche Ihres Lebens identifizieren, die sich dann verbessern würden.

7-Tage-Plan zur Kaffee- und Koffein-Entgiftung

1. Tag

- Sprechen Sie morgens nach dem Aufwachen achtsam das Gebet zur Entgiftung von Kaffee und Koffein.
- Beseitigen Sie alle Spuren von Kaffee und Koffein aus Ihrem Heim und möglichst auch aus Ihrem Arbeitsumfeld. Wenn Sie also im Büro Ihre eigene Kaffeetasse oder einen Kaffeevorrat haben, entsorgen Sie ihn.
- Durchtrennen Sie Ihre Schnüre der Sucht und Anhaftung, indem Sie mit Erzengel Raphael zusammenarbeiten.

- Bevor Sie schlafen gehen, nehmen Sie sich einen Moment Zeit, zentrieren Sie sich und wiederholen das Gebet zur Entgiftung von Kaffee und Koffein.

2. Tag

- Sprechen Sie morgens nach dem Aufwachen achtsam das Gebet zur Entgiftung von Kaffee und Koffein.
- Löwenzahn-Kaffee ist eine gute Alternative zu regulärem Kaffee. Hingegen ist die Entscheidung, entkoffeinierten Kaffee zu trinken, keine gute Alternative, da zur Entfernung des Koffeins diverse chemische Stoffe erforderlich sind. Probieren Sie stattdessen Löwenzahn-Kaffee mit etwas Sojamilch oder Bio-Honig oder beidem.
- Während der Koffeinentwöhnung können Kopfschmerzen auftreten. Das wollen wir natürlich nicht affirmieren, also beten wir für eine angenehme, mühelose Entgiftung. Doch gleichzeitig möchten wir Ihnen ein wenig Führung anbieten für den Fall, dass dennoch Kopfschmerzen auftreten. Reiben Sie Ihre Schläfen und die Rückseite Ihres Nackens mit einigen Tropfen Lavendelöl ein. Das wird sehr schnell die Spannung des Kopfschmerzes beseitigen.
- Bevor Sie abends schlafen gehen, nehmen Sie sich einen Moment Zeit, und wiederholen Sie das Gebet zur Entgiftung von Kaffee und Koffein.

3. Tag

- Sprechen Sie morgens nach dem Aufwachen achtsam das Gebet zur Entgiftung von Kaffee und Koffein.

- Heute sollten Sie mit Erzengel Michael seine spirituelle Saugtechnik anwenden. Beseitigen Sie sämtliche Abfallreste aus Ihren Chakras, und ermöglichen Sie den ungehinderten Fluss der Energie durch Ihre Meridiane.
- Trinken Sie heute viel qualitativ hochwertiges Wasser. Das wird Ihren Körper hydrieren und die Flüssigkeiten ersetzen, die der Kaffee Ihnen genommen hat. Wenn Sie Wasser trinken, werden Sie sich wunderbar erfrischt fühlen. Sollten Sie sich müde fühlen, trinken Sie ein Glas Wasser anstatt Kaffee.
- Bevor Sie abends schlafen gehen, nehmen Sie sich einen Moment Zeit, und wiederholen Sie das Gebet zur Entgiftung von Kaffee und Koffein.

4. Tag

- Sprechen Sie morgens nach dem Aufwachen achtsam das Gebet zur Entgiftung von Kaffee und Koffein.
- Klären Sie Ihren Geist durch revitalisierende Spaziergänge in der Natur. Genießen Sie es, von Bäumen und Tieren umgeben zu sein, während Sie innerlich die Vergangenheit loslassen. Lassen Sie ziehen, was Ihnen nicht länger dient, und gleiten Sie in eine neue, spannende Phase Ihrer Gesundheit.
- Es bietet sich an, während der Entgiftung von Kaffee ein Coenzym-Q10-Ergänzungsmittel zu nehmen. 150 mg täglich geben Ihnen den Ansporn, der für inspirierte Motivation nötig ist. Achten Sie darauf, während Ihrer Kaffee-Entwöhnung nicht in ein Loch zu fallen. Stattdessen nehmen Sie diese Gelegenheit wahr, um Ihre kreativen Wünsche zum Ausdruck zu bringen.

- Bevor Sie abends schlafen gehen, nehmen Sie sich einen Moment Zeit, und wiederholen Sie das Gebet zur Entgiftung von Kaffee und Koffein.

5. Tag

- Sprechen Sie morgens nach dem Aufwachen achtsam das Gebet zur Entgiftung von Kaffee und Koffein.
- Beginnen Sie mit der Heilung Ihrer Leber, indem Sie Schizandra nehmen, und zwar dreimal täglich acht Tropfen der Tinktur in einem Glas Wasser. Schizandra reinigt Ihre Leber und bringt Ihr Nervensystem und Ihren Geist ins Gleichgewicht.
- Inhalieren Sie den Duft von Kamillenöl, um sich zu entspannen. Geben Sie ein paar Tropfen in einen Aromatherapie-Diffuser oder vermischt mit Wasser in eine Duftlampe, um Ihr Zuhause oder Ihr Büro mit diesem angenehmen Geruch zu erfüllen. Kamille wird Sie nicht schläfrig machen, sondern vielmehr Ihren Geist entspannen, damit Sie sich auf das fokussieren können, was wirklich wichtig ist. Achten Sie ganz aufmerksam auf Ihre Gedanken, da sie Botschaften des Göttlichen sind.
- Bevor Sie abends schlafen gehen, nehmen Sie sich einen Moment Zeit, und wiederholen Sie das Gebet zur Entgiftung von Kaffee und Koffein.

6. Tag

- Sprechen Sie morgens nach dem Aufwachen achtsam das Gebet zur Entgiftung von Kaffee und Koffein.

- Stellen Sie einen Topf Usambaraveilchen auf Ihren Nachttisch. Diese heilenden Blumen werden allen Stress des Tages absorbieren. Die Veilchen werden Sie von allen Negativitäten klären und Ihnen das Gefühl geben, erfrischt und lebendig zu sein. Wenn Sie am nächsten Morgen aufwachen, werden Sie sich nicht mehr erschöpft, sondern wunderbar beschwingt fühlen.

- Reinigen Sie Ihren sensitiven Körper durch regelmäßige Salzbäder. Gönnen Sie sich heute Abend ein reinigendes Bad, um Ihren Körper bei der Entgiftung zu unterstützen.

- Bevor Sie heute Abend schlafen gehen, nehmen Sie sich einen Moment Zeit und wiederholen Sie das Gebet zur Entgiftung von Kaffee und Koffein.

7. Tag

- Sprechen Sie morgens nach dem Aufwachen achtsam das Gebet zur Entgiftung von Kaffee und Koffein.

- Jetzt, wo das Koffein aus Ihrem System verschwunden ist, können Sie Ihren Geist zur Ruhe bringen. Es fällt Ihnen leichter, den Kontakt mit den Engeln aufzunehmen, und Sie werden ihre Führung wieder klarer hören. Nehmen Sie sich regelmäßig Zeit zum Meditieren. Je mehr Sie meditieren, desto höher wird Ihre Vibration. Während Sie mit Ihrer neu gewonnenen Energie aufsteigen, werden Sie offen für neue Erfahrungen aus der Welt des Göttlichen.

- Bevor Sie abends schlafen gehen, nehmen Sie sich einen Moment Zeit, und wiederholen Sie das Gebet zur Entgiftung von Kaffee und Koffein.

Sie sind eine ganze Woche ohne Kaffee ausgekommen, und jetzt können Sie sehen, wie schön der Morgen ist. Indem Sie sich von Kaffee entwöhnen, wachen Sie aus dem Schlummer auf, in dem Sie gefangen waren. Genießen Sie Ihre neu gefundene Energie, die einem Quell reiner Freude und guter Gesundheit entspringt.

ZIGARETTEN-DETOX

Zigarettenrauch enthält mehr als 4000 schädliche Chemikalien, die bei jedem Zug inhaliert werden. Mehr als 70 dieser chemischen Stoffe sind krebserregend, daher kann buchstäblich gesagt werden, dass »Ihnen jede Zigarette schadet«. Das Gegenteil ist genauso wahr: Jede Zigarette, die Sie *nicht* rauchen, erhält Ihre Gesundheit.

Viele Menschen sind süchtig nach Zigaretten, weil sie Gefühle von Entspannung, Trost, Beruhigung und gesteigerter Energie hervorrufen. Sicher, Nikotin und andere anregende Chemikalien sind in jedem Lungenzug enthalten, doch in spiritueller Wahrheit entspringen alle positiven Gefühle einer Ebene der Liebe. Da Gott hundert Prozent Liebe ist, ist alles, was von Gott kommt, Liebe. Weder hat er Zigaretten erschaffen noch jemanden angeleitet, es zu tun. Vielmehr handelt es sich dabei um Instrumente, um Sie krank zu machen, damit Sie Ihre Mission in diesem Leben nicht erfüllen können. Zigaretten sind so weit von der Liebe entfernt, wie man es sich nur vorstellen kann. Ihre Energie ist extrem niedrig und schwer. Doch wenn Sie sich mit dem heilenden Licht der Engel umgeben, werden Sie feststellen, dass Ihnen Rauchen zuwider ist.

Wenn Sie zu Hause oder in der Öffentlichkeit rauchen, gefährden Sie damit auch andere Menschen, die damit gegen ihren Willen zu Passivrauchern werden.

Eine Sucht, egal wonach, versteht es, Sie zu überzeugen, dass Sie nicht im Geringsten süchtig sind. Manche Menschen sagen, dass sie nur zwei Zigaretten am Tag rauchen. Andere wiederum meinen, dass sie das Rauchen jederzeit aufgeben könnten, wenn sie wollten. Doch sie tun es nicht, und sie können es nicht. Sie rauchen weiter und inhalieren toxische Dämpfe.

Eines Tages kam eine Patientin zu mir (Robert) und wollte meinen Rat zum Thema Fruchtbarkeit und Empfängnis. Diese junge Dame hatte seit einiger Zeit erfolglos versucht, schwanger zu werden und suchte Hilfe. Sie wollte wissen, ob es irgendetwas Natürliches gab, das wir tun konnten, um ihre Fruchtbarkeit zu verbessern. Einige ihrer Freundinnen hatten ihr von meinen Behandlungen und ihren Erfolgen erzählt.

Als wir uns ihre Situation genauer ansahen, wollte ich mehr über ihre Ernährung und Lebensgewohnheiten wissen. Sie sagte mir, dass sie vier Zigaretten am Tag rauchte. Für sie war das keine große Sache, weil es nur so wenige waren. Ich empfand das jedoch anders. Ich erklärte ihr das Ausmaß der Schäden, die sie ihrem Körper zufügte, und informierte sie über die Auswirkungen, die Rauchen auf ein in der Entwicklung befindliches Baby haben konnte. Ich schlug vor, dass wir uns zunächst auf den Entzug von Zigaretten fokussieren, danach würden wir ihre Fruchtbarkeitsprobleme in Angriff nehmen.

Leider teilte sie meine Sicht der Dinge nicht und beschloss, weiterhin zu rauchen. Danach fühlte ich mich nicht mehr wohl bei dem Gedanken, sie zu behandeln. Unsere erste Regel als Naturheiler lautet, keinen Schaden zuzufügen. Ich konnte ihr nicht helfen, schwanger zu werden, falls ihr Baby toxischen

Stoffen ausgesetzt sein würde. Dieses kleine Wesen würde schon in der Gebärmutter von Rauch umgeben sein.

Wenn Sie rauchen, so ist dies ein Akt Ihres freien Willens. Wir möchten niemanden dafür verurteilen oder schuldig sprechen. Jedoch ist es uns wichtig, dass Sie genau wissen sollten, was Sie Ihrem Körper damit antun. Hier lesen Sie, was die Engel über das Rauchen sagen: Das Rauchen von Zigaretten führt zu Schäden am Dritten Auge und in der Aura. Es ist der gleiche Schaden, der auch die Lungen in Mitleidenschaft zieht. Hellsichtig betrachtet, sieht es aus wie Feuer, das durch Plastik brennt, oder Seifenblasen im Badewasser. Wenn Sie wissen, wie ein Emphysem aussieht, dann wissen Sie auch, was mit Ihrer Aura passiert. Sie wird hauchdünn und geschwächt und lässt viele Öffnungen entstehen, die negativen Energien ermöglichen durchzukommen. Es zerstört den sensitiven Bereich Ihres Dritten Auges und vernebelt Ihre spirituelle Sicht.

Umgeben von Menschen, die Drogen nahmen und sich Alkoholexzessen hingaben, war Melissa Howe entsetzt darüber zu sehen, was aus ihr geworden war. Sie trank jeden Tag nach der Arbeit Alkohol, und alle paar Tage brauchte sie eine neue Packung Zigaretten. Zum Glück tappte sie trotz ihrer vielen Freunde, die Drogen konsumierten, nie selbst in diese Falle; dennoch machte ihre Lebensweise sie extrem unglücklich und hatte zu einem Kreislauf ungesunder Beziehungen geführt. Melissa entschied, dass sie genug davon hatte; zudem gab ihr Körper ihr Zeichen, dass es höchste Zeit war aufzuhören. Sie litt unter Panikattacken und Gefühlen von Traurigkeit, und beim Atmen keuchte sie so sehr, dass sie nachts davon aufwachte. Ihr Immunsystem war völlig geschwächt, und sie litt ständig unter Erkältungen und Infekten. Melissa wusste, dass es Zeit war, die nächtlichen Partys und das Rauchen aufzugeben. Stattdessen erklärte sie ihre Gesundheit zu ihrer höchsten Priorität. So kam es, dass Melissa sich am 26. Dezember 2005 vom Alkohol lossagte. Ein paar Tage später, am 04. Januar 2006, hörte sie mit dem Rauchen auf und stellte ihre Ernährung um – und hat es bis heute nicht bereut! Sie gab auch Kaffee und Fast Food auf, was ihr half, in kurzer Zeit 30 Kilo abzunehmen.

Doch als Melissa sich entgiftete, erlebte sie ein paar sehr unangenehme Symptome. Sie bekam Kopfschmerzen und Angstzustände, zitterte am ganzen Körper und litt unter Panikattacken, doch trotz all dieser Probleme machte sie mit der Entgiftung weiter. Tief in ihrem Inneren wusste Melissa, dass sie es tun musste, wenn sie weiterleben wollte.

Im Jahre 2011 nahm Melissa an ihrem ersten Engel-Workshop teil. Dies half ihr, sich den Ängsten zu stellen und sie loszulassen. Sie war in der Lage, sich von den schmerzhaften Emotionen aus der Vergangenheit zu entgiften, die sich in ihrer Seele aufgestaut hatten. Indem sie sich zunächst physisch und dann emotional entgiftete, fand Melissa eine neue Richtung und Passion in ihrem Leben. Sie fühlte sich beseelt von der Motivation, an ihrer wahren Aufgabe zu arbeiten, die darin bestand, Kindern zu helfen. Sie begann ein entsprechendes Studium, das sie vor Kurzem erfolgreich abschloss. Bald wird sie ihr Diplom bekommen. Außerdem möchte sie Kinderbücher über das Thema Engel schreiben, mit dem Ziel, Kindern zu zeigen, wie sie mit Trauer und Verlust umgehen können, indem sie alles über ihre Engel lernen. Melissa war in der Lage, den Kontakt mit ihren Engeln aufzunehmen und sich ihrer Aufgabe zu erinnern, indem sie ihr Leben entgiftete.

Margo Bereska war seit ihrer Kindheit hochsensitiv für künstliche Nahrungszusätze und Chemikalien. Als Erwachsene gelang es ihrem Ego, sie zu überzeugen, dass sie alles essen oder trinken konnte, wonach ihr der Sinn stand. Sie unterdrückte ihre spirituellen Fähigkeiten durch den Konsum von Alkohol, Drogen und Zigaretten.

Innerhalb von drei Monaten erfuhr Margo deutlich die energetischen Auswirkungen ihrer Ernährungs- und Lebensweise. Sie konnte die Vibrationen der Chemikalien in ihrer Nahrung sehen und die Giftstoffe fühlen, die sie zu sich nahm. Sie wusste, dass eine Veränderung dringend nötig war und beschloss, ab sofort auf ihre Engel zu hören.

Die Engel drängten Margo, mit dem Rauchen aufzuhören und jagten ihr einen gehörigen Schrecken ein, indem sie ihr sagten, welche riesigen Mengen an Giftstoffen sie durch das Rauchen inhalierte und dass es ihr alle Lebenskräfte raubte. Sie begann, sich an vergangene Lebenszeiten zu erinnern, in denen das Rauchen ein Bestandteil von Friedenszeremonien gewesen war. Das war der Grund, warum sie sich beim Rauchen so wohl fühlte.

Margo fand eine Verbindung zu der Energie des alten Ägypten. Sie sah, dass sie in einer vergangenen Inkarnation mit Katzen kommunizierte und dass dies Teil ihrer Lebensaufgabe war. Das verwirrte Margo so sehr, dass sie zum Tisch ging und sich eine Zigarette anstecken wollte. Wie aus dem Nichts rannte plötzlich eine schwarze Katze durch ihr Haus, sprang auf den Tisch und starrte ihr direkt in die Augen. Die Katze schlug die Zigarette regelrecht von Margos Lippen, bevor sie überhaupt die Gelegenheit hatte, sie anzuzünden. Margo war verblüfft von der physischen Präsenz ihres Katzen-Engels. Sie beschloss in dem Moment, mit dem Rauchen aufzuhören. Seitdem hat sie nie wieder eine Zigarette angerührt.

Alexandre Musruck war ein leidenschaftlicher Raucher, der Zigaretten als seine besten Freunde betrachtete. Er bezeichnete sie als seine »Geliebte«, da sie immer da waren, um ihm zuzuhören.

Dann hatte Alexandre einen Autounfall, bei dem ein Engel ihm das Leben rettete – er erhielt einen Besuch von Erzengel Raphael, der ihm half, am Leben zu bleiben. Kurz darauf begann Alexandre, überall Engel zu sehen! Sie unterstützten ihn, sich von Chemikalien und Toxinen zu entgiften, und leiteten ihn an, alle schädlichen oder ungesunden Substanzen und Personen aus seinem Leben zu entfernen.

Die Engel halfen ihm, mit dem Rauchen aufzuhören, indem er nicht mehr das geringste Verlangen danach verspürte. Jetzt, fünf Jahre später, vergisst er oft, dass er jemals geraucht hat. Heute arbeitet er als intuitiver Ratgeber, frei von dem Rauch, der sein Leben verunreinigt hatte. Er ist verheiratet und stolzer Vater eines zweijährigen Jungen mit Namen Raphael!

Heilungsmethoden für Zigaretten-Detox

Gebet

»Lieber Gott und liebe Engel, ich bitte euch, mich mit eurem heilenden Licht zu umgeben. Bitte sendet mir jetzt sofort Liebe, Mitgefühl und perfekte Gesundheit. Ich bitte euch, jeglichen Schaden zu beheben, den das Rauchen bei mir angerichtet hat. Bitte nehmt mir mein Verlangen nach Zigaretten. Ich bitte euch, mich mit hilfreichen, gesunden Menschen zu umgeben. Ich bin bereit, diese positive Veränderung in meinem Leben vorzunehmen, eurer Führung zu

folgen und der Richtung zu vertrauen, die ihr mir vorgebt. Ich weiß, dass ich bald wieder gesünder sein werde, und indem ich mich von Zigaretten entgifte, öffne ich mich noch umfassenderen Formen der Liebe. Danke.«

Haferstroh (Avena sativa)

Haferstroh oder Hafergrün entspannt das Nervensystem. Dies ist ein wichtiger Schritt, um den Kreislauf der Sucht zu unterbrechen. Wenn Sie süchtiges Verlangen nach Zigaretten spüren, braucht Ihr Gehirn Zeit, um dieses Verlangen zu überwinden. Meistens sind diese Momente des Verlangens nur kurz. Mit Haferstroh gewinnt Ihr Nervensystem die Fähigkeit zu denken, bevor Sie handeln.

Johanniskraut (Hypericum perforatum)

Johanniskraut drängt Ihren Körper dazu, verstärkt Serotonin zu produzieren. Dieses Wohlfühl-Hormon bringt Ihre Stimmung und Ihre Energie ins Gleichgewicht und unterbricht den Kreislauf der Sucht, indem es Verlangen durch Freude ersetzt. Untersuchungen über Johanniskraut haben gezeigt, dass es bei der Zigarettenentwöhnung hilfreich sein kann. In einer Studie wurde Johanniskrautextrakt mit einer häufig verschriebenen pharmazeutischen Droge zur Rauchentwöhnung verglichen, und man kam zu dem Ergebnis, dass in beiden Gruppen ähnlich viele Personen das Rauchen aufgegeben hatten. Bei einer späteren Untersuchung wurde jedoch festgestellt, dass viele Personen aus der pharmazeutischen Gruppe wieder angefangen hatten zu rauchen. Die Johanniskraut-Probanden hatten tatsächlich mit dem Rauchen komplett aufgehört. Darüber hinaus laufen Untersuchungen, um die Wirkung von pharmazeutischen Nikotin-Pflastern mit Johanniskraut-Pflastern zu vergleichen, sowie einer Kombination aus beiden.

Vitamin C

Jede Zigarette zieht Vitamin C aus dem Körper, was zu vorzeitigem Altern der Zellen und zu oxidativen Schäden führt. Das wiederum hat eine Schwächung Ihres Immunsystems zur Folge und macht Sie anfälliger für Infektionen. Eingedenk der Tatsache, dass die Lungen durch das Rauchen bereits geschwächt sind, ist es auf jeden Fall ratsam, Vitamin C zu nehmen. Dieser Nährstoff baut Ihre Nebennieren wieder auf, die für Ihre Energiereserven verantwortlich sind. Rauchen macht es Ihrem Körper sehr schwer, gegen die Toxine anzukämpfen. Daher wird ein Auftanken dieser Energiespeicher bereits Wunder wirken.

B-Vitamin-Komplex

B-Vitamine werden für jeden einzelnen Gedanken benötigt, der Ihnen durch den Kopf geht. Um Ihre Gedanken unbeschwert und glücklich zu halten, brauchen Sie eine ausreichende Menge dieser Vitamine. Für jeden Gedanken, den Ihr Gehirn verarbeitet, werden die Vitamine B_6, B_9 und B_{12} benötigt. Und nun versuchen Sie sich vorzustellen, wie viele Gedanken in Ihrem Kopf durcheinanderwirbeln, wenn Sie sich gestresst oder ängstlich fühlen. Zu viele, um sie zählen zu können! Dieses extrem schnelle Abfeuern von Neurotransmittern führt dazu, dass Sie in kürzester Zeit einen Vitamin-B-Mangel erleiden, wobei unglücklicherweise Ihre Empfindungen von Stress und Angst stärker werden. Wenn also Ihre täglichen Verpflichtungen ein hohes Maß an gedanklicher Konzentration erfordern, sollten Sie als Teil Ihrer Selbstfürsorge die regelmäßige Zufuhr von B-Vitaminen in Erwägung ziehen.

B-Vitamine sind wasserlöslich. Das heißt aber nicht, dass Sie sie zusammen mit Wasser einnehmen. Vielmehr bedeutet es, dass diese Vitamine sich in dem in Ihrem Körper befindlichen Wasser auflösen. Diese Nährstoffe werden nicht im Körper gespeichert, daher brauchen Sie eine konstante Zufuhr.

Dazu eignen sich zum Beispiel Vollkorngetreide und dunkelgrüne Blattgemüse. Bitte bedenken Sie auch Ihre individuellen Bedürfnisse. Wenn Sie sich übermäßig gestresst und erschöpft fühlen, ist es unter Umständen nicht genug, einen Teller Spinat zu essen. Wahrscheinlich wäre es hilfreich, wenn Sie außerdem ein Vitamin-B- oder ein Multivitaminpräparat einnehmen. Das kann Ihnen helfen, schwierige Zeiten besser zu überstehen, während Sie Ihren Speiseplan mit mehr Vollkorngetreide und grünem Blattgemüse bereichern. Wenn Ihr Stressniveau dann sinkt, können Sie diese Ergänzungsmittel weglassen und stattdessen zu den geeigneten Nahrungsmitteln greifen. Worauf Sie jedoch achten sollten, ist die Qualität der Nahrungsmittel. Heutzutage werden Lebensmittel auf die Schnelle produziert und dann längere Zeit gelagert, wobei sie mit jeder Minute, die sie vom Baum oder aus der Erde geholt sind, an lebenswichtigem Nährwert verlieren. Daher ist ein qualitativ hochwertiges B-Vitamin-Ergänzungsmittel vielleicht das Beste für Ihre allgemeine Gesundheit und Ihr Wohlbefinden.

Wenn Sie auf der Suche nach dem für Sie perfekten Vitamin-B-Produkt sind, achten Sie auf das Gleichgewicht und die Anteile der jeweiligen B-Vitamine. Viele im Handel erhältliche Produkte bieten nicht die optimal wirksame Rezeptur. In den letzten Jahren hat es in den USA einige Panikmache bezüglich der Sicherheit von hoch dosierten B-Vitaminen gegeben. Das hat die Medien auf den Plan gerufen, wobei diese Behauptung jedoch nie bestätigt wurde.

Hier ist ein Vergleich zwischen einigen Rezepturen plus empfohlene Richtlinien:

Vitamin	Rezeptur A	Rezeptur B	Rezeptur C	Rezeptur D
B_1	100 mg	2.18 mg	75 mg	50 mg
B_2	20 mg	3.2 mg	10 mg	50 mg
B_3	10 mg	15 mg	100 mg	50 mg
B_5	92 mg	10.8 mg	68.7 mg	68.7 mg
B_6	50 mg	6 mg	25 mg	41.14 mg
B_9	400 mcg	300 mcg	150 mcg	500 mcg
B_{12}	100 mcg	29 mcg	30 mcg	50 mcg

Die Rezepturen A und B enthalten hoch wirksame B-Vitamine und sind dennoch ausgewogen. Die Anteile der jeweiligen B-Vitamine stehen in einem direkten Verhältnis zueinander und werden vom Körper schnell verarbeitet. Die Rezeptur B enthält minimale Mengen dieser Nährstoffe, mit einem unverhältnismäßigen Anteil von Vitamin B_9. Diese Rezeptur könnte aufgrund der unausgewogenen Dosierungen zu einem Ungleichgewicht mit B_{12} führen. Die Rezeptur C ist grundsätzlich in Ordnung, wenn auch der hohe Anteil an B_3 nach der Einnahme kurzzeitig zu Hitzewellen führen könnte. Daher wären die Rezepturen A und D für Stressminderung und Wohlbefinden die optimale Wahl.

Hämatit-Kristalle

Hämatit-Kristalle können helfen, die Energie der Sucht zu klären, wie auch negative Energien aus Ihrem Körper zu beseitigen. Tragen Sie den Hämatit bei sich und halten Sie ihn in der Hand, wenn Sie einen Suchtdruck spüren. Nehmen Sie sich einen Moment Zeit, um die reflektierende Oberfläche zu betrachten. Fragen Sie sich selbst, ob Sie vielleicht in Wahrheit nach etwas ganz anderem verlangen.

Erzengel Raphaels Suchtentwöhnung

Bitten Sie Erzengel Raphael um Führung und Unterstützung. Arbeiten Sie mit seiner Suchtentwöhnungs-Technik, um Ihre Energie von Zigaretten zu entgiften.

> *»Erzengel Raphael, bitte erlöse mich jetzt von dem Verlangen nach Zigaretten. Ich bete um deine Hilfe und Führung, um sie loszulassen. Ich weiß um die schädlichen Auswirkungen des Rauchens und entscheide mich jetzt dafür, gesund zu sein. Ich weiß, du wirst mir dabei helfen. Danke.«*

7-Tage-Plan zur Zigaretten-Entgiftung

1. Tag

- Nehmen Sie mehrere tiefe Atemzüge, und sprechen Sie das Gebet zur Entgiftung von Zigaretten. Wiederholen Sie es im Laufe des Tages als Ihr Mantra, und bitten Sie die Engel um zusätzliche Unterstützung. Machen Sie sich bewusst, dass die Engel immer über Sie wachen, und sobald Sie sie um Hilfe bitten, werden sie an Ihrer Seite sein.

- Entfernen Sie vereinzelt herumliegende Zigaretten, Kippen, alte Zigarettenschachteln, Aschenbecher, Streichhölzer, Feuerzeuge oder sonstige Dinge aus Ihrem Umfeld, die Sie mit Rauchen in Verbindung bringen.

- Wenden Sie sich an Erzengel Raphael, und beten Sie darum, dass er als Teil seiner Suchtentwöhnung Zigaretten aus Ihrem Leben beseitigen möge. Darüber hinaus werden Sie sich vielleicht angeleitet fühlen, Freunden, die rauchen, aus dem Weg zu gehen. Folgen Sie den Botschaften von Raphael, und machen Sie sich bewusst, dass er Ihr höchstes Wohl im Sinn hat.

- Bevor Sie abends schlafen gehen, nehmen Sie sich einen Moment Zeit, um Ihren Geist zu beruhigen, und wiederholen Sie das Gebet zur Entgiftung von Zigaretten.

2. Tag

- Atmen Sie mehrmals tief durch, und sprechen Sie dann das Gebet zur Entgiftung von Zigaretten.

- Beginnen Sie mit der Einnahme von Johanniskraut, da es das Muster von Sucht und Abhängigkeit durchbricht. Außerdem hebt es die Stimmung und fördert Freude. Nehmen Sie kurz vor dem Essen zehn Tropfen der Tinktur in ein wenig Wasser. Am besten dreimal täglich, es sei denn, Sie nehmen noch andere Medikamente oder haben weitere gesundheitliche Probleme. In diesem Fall sprechen Sie zuerst mit Ihrem Arzt oder Heilpraktiker, bevor Sie mit dem Johanniskraut beginnen.

- Tragen Sie einen Hämatit-Kristall in der Tasche oder als Schmuck. Sollten Sie den Wunsch nach einer Zigarette verspüren, halten Sie den Kristall in der Hand, und fühlen Sie, wie das Verlangen verschwindet.

- Bevor Sie abends schlafen gehen, nehmen Sie sich einen Moment Zeit, um Ihren Geist zu beruhigen, und wiederholen Sie das Gebet zur Entgiftung von Zigaretten.

3. Tag

- Atmen Sie mehrmals tief durch, und sprechen Sie dann das Gebet zur Entgiftung von Zigaretten.
- Beginnen Sie heute mit der Einnahme eines guten Vitamin-B-Präparates. Lesen Sie die obige Beschreibung der B-Vitamine, um zu wissen, ob das in Erwägung gezogene Produkt gut für Sie ist.
- Bevor Sie abends schlafen gehen, nehmen Sie sich einen Moment Zeit, um Ihren Geist zu beruhigen, und wiederholen Sie das Gebet zur Entgiftung von Zigaretten.

4. Tag

- Atmen Sie mehrmals tief durch, und sprechen Sie dann das Gebet zur Entgiftung von Zigaretten.
- Haferstroh entspannt die Nerven und hilft, den Suchtkreislauf zu unterbrechen. Sie können dieses Heilkraut mit Johanniskraut kombinieren oder es separat einnehmen. Sprechen Sie auch hier zuerst mit Ihrem Arzt oder Naturheiler. Geben Sie dreimal täglich sieben Tropfen der Tinktur in ein wenig Wasser. Falls sich das Verlangen besonders hartnäckig erweist, können Sie zusätzliche sieben Tropfen nehmen. Vergessen Sie nicht, auch die Engel um Hilfe zu bitten, damit Ihr

Verlangen verschwindet, und um Ihnen Kraft zu geben. Sie sind geführt worden, das Rauchen aufzugeben im Austausch für bessere Gesundheit und mehr Freude am Leben.

- Bevor Sie abends schlafen gehen, nehmen Sie sich einen Moment Zeit, um Ihren Geist zu beruhigen, und wiederholen Sie das Gebet zur Entgiftung von Zigaretten.

5. Tag

- Atmen Sie mehrmals tief durch, und sprechen Sie dann das Gebet zur Entgiftung von Zigaretten.
- Mit jeder Zigarette, die Sie rauchen, verlieren Sie Vitamin C, doch Sie können Ihren Vitamin-C-Bedarf befriedigen, indem Sie sich ein Vitamin-C-Präparat aus der Apotheke besorgen, das Mineralascorbate enthält. Nehmen Sie das Vitamin C unmittelbar vor dem Essen, da dies für die Absorption und Verdauung des Vitamins am günstigsten ist. Besorgen Sie sich ein Vitamin-C-Präparat, das Mineralascorbate enthält und nicht nur Ascorbinsäure, da diese den Magen zu sehr reizen kann. Nehmen Sie das Vitamin C regelmäßig drei Monate lang.
- Bevor Sie abends schlafen gehen, nehmen Sie sich einen Moment Zeit, um Ihren Geist zu beruhigen, und wiederholen Sie das Gebet zur Entgiftung von Zigaretten.

6. Tag

- Atmen Sie mehrmals tief durch, und sprechen Sie dann das Gebet zur Entgiftung von Zigaretten.

- Holen Sie frische Magnolienblüten und Blätter in Ihr Haus und Büro. Die dunkelgrünen Blätter absorbieren Toxine aus der Luft und reinigen Ihre Umgebung. Sie tragen dazu bei, sowohl Ihre Schnüre der Sucht als auch die Verbindung zu allen Orten zu kappen, die mit Rauchen assoziiert sind. Auch Lilien eignen sich wunderbar, um die Luft zu reinigen. Eine gute Idee sind zudem Salzlampen und Luftreiniger.
- Bevor Sie abends schlafen gehen, nehmen Sie sich einen Moment Zeit, um Ihren Geist zu beruhigen, und wiederholen Sie das Gebet zur Entgiftung von Zigaretten.

7. Tag

- Atmen Sie mehrmals tief durch, und sprechen Sie dann das Gebet zur Entgiftung von Zigaretten.
- Geben Sie Koriander an Salate, Suppen und Smoothies. Dieses wohlschmeckende Kraut löst Schwermetalle und andere Giftstoffe aus Ihrem Körper, die sich durch das Rauchen angesammelt haben. Verwenden Sie Koriander von heute an regelmäßig in Ihrer Küche.
- Bevor Sie abends schlafen gehen, nehmen Sie sich einen Moment Zeit, um Ihren Geist zu beruhigen, und wiederholen Sie das Gebet zur Entgiftung von Zigaretten.

Jetzt waren Sie schon sieben Tage lang rauchfrei! Schon jetzt ist Ihr Körper gesünder als letzte Woche. Danken Sie Gott und den Engeln für dieses neue Gefühl von Gesundheit, und vertrauen Sie darauf, dass Sie diesen Weg weitergehen werden.

ENTGIFTUNG VON ANDEREN SÜCHTEN
(Essen, Drogen, Medikamente, etc.)

Bitte suchen Sie immer die Hilfe eines freundlichen, mitfühlenden und kompetenten Arztes oder Heilpraktikers. Es ist wesentlich leichter, den Weg des Lichts zu beschreiten, wenn Sie ihn nicht allein gehen müssen. Es mag entmutigend oder erschreckend scheinen, sich selbst aus der niederdrückenden Energie einer Sucht zu befreien, doch sollten Sie wissen, dass es das ist, um was Ihr höheres Selbst Sie bittet. Vertrauen Sie darauf, dass es einen Grund gibt, warum Sie dieses Kapitel lesen. Machen Sie sich bewusst, dass Sie in diesem Moment den Entschluss fassen möchten, sich selbst zu entgiften.

Sie können jedem der oben beschriebenen Schritte zur Suchtentwöhnung folgen. Stimmen Sie Heilungsmethoden mit Erzengel Raphael auf Ihre individuellen Bedürfnisse ab. Darüber hinaus können Sie mit den verschiedenen Heilkräutern, Kristallen und Blumen arbeiten, die bereits erwähnt wurden.

Manche Drogen können sich in der Leber oder in Fettzellen ablagern. Es ist sicherer, diese Substanzen allmählich aus Ihrem Körper zu beseitigen. Wenn Sie dabei zu schnell vorgehen, gehen Sie das Risiko ein, dass die angesammelten Toxine wieder in den Kreislauf zurückfließen, was dazu führen könnte, dass Sie sich viel schlechter fühlen. Es ist deshalb wichtig, mit jemandem zu arbeiten, der weiß, wie Sie diese Aufgabe sicher und effizient angehen können.

Kevin Hunter, ein ehemaliger Süchtiger, glaubt, dass die meisten Menschen mit Alkohol- und Drogenmissbrauch vor einem Problem davonlaufen. In der Regel hat es etwas mit emotionalem Trauma und ungelöstem emotionalem Schmerz zu tun. Sie nehmen Drogen, weil sie das Gefühl lieben, dass die Drogen ihnen vermitteln, im Gegensatz zu dem Gefühl, was sie haben, wenn sie *nichts* nehmen. Kevin wuchs in einer Familie heran, in der Missbrauch und Gewalt an der Tagesordnung waren. Schon mit 21 Jahren benutzte er Drogen und Alkohol, um seiner Situation zu entfliehen. Er nahm Kokain, Crystal Meth und Marihuana. Wenn er keine Drogen nahm, konsumierte er exzessive Mengen von Alkohol, oft zum Umfallen. (Wenn Sie aufgrund von Alkohol das Bewusstsein verlieren, sind Sie nach Aussage der Engel offener für negative Wesenheiten, die sich an Ihnen festmachen.)

Kevin hatte immer eine starke Verbindung zu seinen Engeln und nie Probleme damit gehabt, ihre himmlische Führung zu hören. Seine Engel boten ihm zahlreiche Gelegenheiten, ihre Botschaften zu hören, doch seine Sucht machte es ihm unmöglich, diese Botschaften anzunehmen. Es kam der Moment, wo er sich nicht länger vor der himmlischen Führung verstecken konnte, indem er sie mit Drogen oder Alkohol zu übertönen versuchte. Es war Zeit, clean zu werden. Kevin arbeitete mit seinen Engeln, um sein Verlangen nach Drogen und Alkohol loszulassen, und mit 25 Jahren, nur vier Jahre später, hatte er sein Ziel erreicht. Heute achtet Kevin sehr auf seine Gesundheit, und er ist fit. Er trainiert regelmäßig und ist stark, unabhängig und mit einem klaren Kopf gesegnet. Die Menschen, die heute zu ihm kommen, wissen nichts von seinen früheren Süchten. Er hat mit den Engeln gearbeitet, um Schritt für Schritt sein Leben zu entgiften, und es hat wunderbar funktioniert!

Victoria Dawn Ward aus Schottland begann 2012, ihre Süchte loszulassen. Sie fühlte sich erschöpft und verloren und nahm sich vor, sowohl Marihuana als auch verschreibungspflichtige Medikamente, ihre unglückliche Ehe, Nahrungsmittel, die ihr nicht guttaten, und finanzielle Probleme aus ihrem Leben zu verbannen.

Victoria wandte sich an eine gute Freundin, die ihr ein spirituelles Buch zu lesen gab. Sie lernte, an Gott zu glauben und ihm zu vertrauen. Victoria betete um Hilfe bei dem Versuch, Koffein sowie Marihuana loszulassen. Außerdem fühlte sie sich angeleitet, andere Selbsthilfewerkzeuge wie Meditation, Meridian-Klopfen, Nahrungsergänzungsmittel und Kräutermedizin anzuwenden und viel Wasser zu trinken.

Victoria war auf dem richtigen Weg, doch empfand sie ihre Beziehung wie eine Achterbahn durch Himmel und Hölle. Sie fühlte, dass ihr Ehemann Druck auf sie ausübte und sie depressiv machte. Sie verlor ihren Fokus und begann wieder, Marihuana zu rauchen. Sie hatte sich eingeredet, dass Marihuana sie besänftigen und ihr zu besserem Schlaf verhelfen würde, doch ihr höheres Selbst wusste, dass sie ihren Körper mit den chemischen Zusätzen in der Droge vergiftete. Dann eines Nachts erhielt Victoria einen Telefonanruf von ihrem Mann. Er war auf der Polizeistation, wo sein Auto gerade nach Drogen durchsucht wurde. Nachdem sie den Hörer aufgelegt hatte, nahm sie sich eine Zigarette. In dem Moment fühlte sie einen mächtigen dumpfen Schlag, gefolgt von einer lauten Stimme, die sagte: »Wirst du endlich aufwachen?« Erschrocken, aber motiviert, wusste Victoria, dass sie dieses Mal für immer mit den Drogen aufhören musste. Victoria gelangte zu der Erkenntnis, dass ihr Ehemann, mit dem sie seit 20 Jahren verheiratet war, sich nicht ändern würde. Er war nicht bereit, seinen regelmäßigen Drogen- und Alkoholmissbrauch aufzugeben. Es war an ihr, den ersten Schritt zu tun. Sie traf die schwierige Entscheidung, sich scheiden zu lassen, damit sie wieder ins Gleichgewicht kam. Kurz darauf fand sie die Unterstützung von gleichgesinnten, spirituell ausgerichteten Menschen, die ihr durch diese schwierige Zeit halfen.

Heute sieht Victoria, dass sie eine höhere Aufgabe hat. Im Januar 2013 bestand sie ihren Massageeignungstest. Sie hat überflüssige Pfunde verloren und fühlt sich voller Energie und Vitalität. Tatsächlich hat sich ihre Gesundheit so verbessert, dass sie diesen Sommer für einen Marathonlauf trainiert hat. Victoria war in der Lage, ein glücklicheres, gesünderes Leben für sich zu schaffen, indem sie ihr Vertrauen in Gott und die Engel legte.

Aubrey aus Milwaukee, Wisconsin, hatte seit jeher Probleme damit, sich auszudrücken. Sie fing an, Marihuana zu rauchen, um sich anderen mitzuteilen. Sie war 16 Jahre, als sie zum ersten Mal zu der Droge griff, weil sie hoffte, sich in der eigenen Haut wohler zu fühlen. Im Laufe der Zeit rauchte sie immer mehr Marihuana, und schließlich war sie süchtig danach. Es dauerte nicht lange, und Aubrey konnte nur noch mit anderen Kontakt aufnehmen, wenn sie high war. Gleichzeitig blockierte die Droge ihre Chakras, und ihr Leben war ein einziges Chaos. Sie machte die schlimmsten Jobs, ihre finanzielle Situation verschlechterte sich, und ihre Ehe litt.

Mit 26 Jahren rauchte sie immer noch mehrere Joints am Tag, um ihr Leben bewältigen zu können. Sie fühlte sich verloren, gefangen und depressiv. Niemand wusste, wie verletzt sie sich innerlich fühlte. Aubrey verglich diesen Schmerz damit, auf einer Klippe zu stehen, bereit zum Sprung in die Tiefe. Ein erschreckender Zustand, bei dem man nicht weiß, ob man überlebt – oder überleben will. Im Juni 2011 fuhren Aubrey und ihre Eltern nach Boulder, Colorado, um ihren Bruder zu besuchen. Dort war sie in der Lage, ihre Sucht loszulassen. Aubrey machte eine neuntägige Entgiftung. Dort erfuhr sie auch etwas über die Engel und betete um ihre Hilfe.

Als Aubrey wieder nach Hause fuhr, war sie drogenfrei und empfand neue Begeisterung für das Leben. Sie fand den perfekten Job, ihre finanzielle Situation besserte sich, und ihre Ehe war wieder von Liebe erfüllt.

Gebet

»Liebster Gott und liebste Engel, ich rufe euch an in meiner Zeit der Not. Ich habe genug von dieser ungesunden Ernährungs- und Lebensweise. Ich fühle, wie sie meiner Energie und meinem Geist schadet. Ich frage euch aus tiefster Seele, könnt ihr mir helfen? Ich weiß, ihr seid fähig, alles zu heilen, und ich gebe euch die Erlaubnis, mein Leben wieder in Ordnung zu bringen. Bitte sendet mir liebevolle Engel, die mich in meiner Genesung führen werden. Ich danke euch für diese Heilung.«

Detox-Plan

- Wiederholen Sie das Entgiftungs-Gebet nach Bedarf. Indem Sie es aus ganzem Herzen sprechen, rufen Sie die Macht der Engel an Ihre Seite. Die himmlischen Wesenheiten werden Ihnen ihre Unterstützung geben und Ihnen helfen, so wie es ihnen möglich ist. Arbeiten Sie mit den bereits erwähnten Detox-Plänen und -Techniken, um alles loszulassen, wonach Sie süchtig sind. Folgen Sie Ihrer Führung, und halten Sie an Ihrem Plan fest.

8

Entgiften Sie Ihre Emotionen

Entgiftung ist nicht etwas, das sich nur auf Ihren physischen Körper bezieht. Es ist ebenso heilend, alte toxische Emotionen loszulassen. Es ergibt keinen Sinn, an Stress, Herzenskummer oder Unversöhnlichkeit festzuhalten. Ihr Körper und Ihre Energie wollen, dass Sie diese niederdrückenden Vibrationen loslassen. Die Engel sind zur Stelle und führen Sie auf diesem Weg, daher ist jetzt für Sie der Zeitpunkt gekommen, wirklich alles gehenzulassen und dem Wunsch Ihres höheren Selbst zu folgen, der einzigen wahren Quelle Ihres Glücks. Wenn Sie sich mit der Liebe verbinden – mit ihr allein –, erleben Sie wahre Freude. Und Sie sind mit Sicherheit fähig dazu. Hören Sie nicht auf die Stimme des Egos, das Sie zu überzeugen versucht, an negativen Emotionen festzuhalten, denn das bringt Ihnen nicht den geringsten Segen. Es ist nur zu Ihrem Besten, wenn Sie der Führung Ihrer Engel folgen. Zögern Sie Ihr Glück deshalb nicht länger hinaus.

STRESS-DETOX

Psychischer Stress ist etwas sehr Reales und kann schädlich sein, wenn Sie ihn über einen längeren Zeitraum ertragen müssen. Stress führt dazu, dass Ihr Körper und Ihr Geist härter arbeiten. Stress bürdet Ihnen übermäßigen Druck auf, der unnötig ist. Für Ihren Geist ist Stress das, was ein Marathonlauf für Ihren Körper ist. Ein bisschen Stress kann gesund und sogar motivierend sein, sich mehr anzustrengen, Deadlines einzuhalten und zu erkennen, wozu Sie fähig sind. Ständiger Stress jedoch verpulvert lebenswichtige Nährstoffe und zehrt Sie aus.

Ihr Körper geht durch Stoffwechselprozesse, um stressigen Situationen entgegenzuwirken, und Ihr Gehirn löst unter Umständen Adrenalinschübe aus. Wird Adrenalin durch Ihren ohnehin gestressten Körper gepumpt, fühlen Sie sich noch nervöser und gestresster. Es kann sein, dass Sie Panikgefühle kriegen und glauben, nicht genügend Zeit zu haben, die Dinge zu erledigen, da Adrenalin alles beschleunigt. In Wahrheit handelt es sich dabei um eine falsche Botschaft Ihres Egos, denn tatsächlich haben Sie alle Zeit, die Sie brauchen. Vergessen Sie nicht, Zeit ist eine menschliche Erfindung. Würden wir alle Uhren und sonstigen Zeitmesser aus der Welt schaffen, könnten wir dann noch funktionieren? Natürlich könnten wir das! Stress überzeugt Sie, das Sie sich beeilen müssen. Je ängstlicher, nervöser und pingeliger Sie werden, desto schwerer wird es, offen zu sein für die Kommunikation mit dem Göttlichen, die aus innerem Frieden und Stille erwächst.

Zusammen mit Adrenalin werden auch Endorphine ausgeschüttet, die dafür sorgen, dass Sie sich gut fühlen. Manche Menschen werden süchtig nach Stress, weil ihnen diese Wellen von Adrenalin und Endorphinen Hochgefühle vermitteln. Darüber hinaus wird Ihr Körper Cortisol produzieren, ein Steroidhormon, das in kleinen Mengen segensreich ist und Sie wieder ins Gleichgewicht bringt. Lange anhaltender Stress jedoch führt zu einer ständigen Ausschüttung von Cortisol in Ihren Blutkreislauf. Es kann sich ansammeln und zu Wassereinlagerungen führen, was unter Umständen zu Gewichtszunahme und Erschöpfung führen kann.

Machen Sie sich bewusst, dass Ihre Engel Ihnen helfen können, Stress und Ängste zu reduzieren. Wenn Sie ihrer Führung folgen, werden Sie größere Klarheit und Ruhe finden.

Amanda Dowel entdeckte, wie heilsam und wohltuend es ist, Stress und negative Menschen loszulassen. In der Vergangenheit hatte Amanda in einem sehr kontrollierenden Familienunternehmen gearbeitet, in dem sie sich schlecht behandelt und ausgenutzt fühlte. Zum Glück wurde sie von hilfreichen Menschen unterstützt – sie hatte sich mit Hellsehern, Heilern, Massagetherapeutinnen und Ernährungsberatern angefreundet. Sie alle funktionierten als ihre Erdenengel und taten ihr Bestes, um dafür zu sorgen, dass Amanda in Sicherheit war.

Im Laufe der Zeit fühlte sie sich zusehends erschöpft und gestresst. Außerdem bemerkte sie einen unerklärlichen Fleck auf ihrem Bein. Ihre beste Freundin, eine Heilerin, schlug Amanda vor, den Job, der ihr so zusetzte, aufzugeben. Die Heilerin fühlte, dass ihre Vorgesetzten dort der Grund für den emotionalen und mentalen Stress waren, der sich negativ auf Amandas Gesundheit auswirkte.

Leider hatte diese liebe Freundin Eileiterkrebs. Sie versprach Amanda, nach ihrem Übergang zurückzukommen, um ihr als Engel zu helfen. Nachdem sie gestorben war, kam bald darauf eine professionelle Ernährungsberaterin mit in Amandas Leben. Auch sie empfing die Botschaft, dass Amanda eine Veränderung vornehmen musste. Als sie sich eingestand, dass diese Frau das Gleiche sagte wie die Engel, erschrak sie, da sie nicht wusste, was sie als Nächstes tun sollte. Doch sie hörte immer wieder die Aufforderung: »Du musst da weggehen; du *wirst* da weggehen.«

Amanda fühlte, dass die Zeit für ihre Heilung gekommen war. Sie praktizierte bereits regelmäßig Yoga und beschloss darüber hinaus, sich besser zu ernähren. Sie wollte ihren Geist, ihren Körper und ihre Seele nähren. Das war genau die Entscheidung, die die Engel brauchten: Ohne es zu wissen, hatte Amanda soeben den Engeln gesagt, sie sei bereit, ihre Hilfe anzunehmen, also führten die Engel sie auf ihrem Weg zu besserer Gesundheit.

Der erste Schritt bestand darin, das ungesunde Familienunternehmen, für das sie arbeitete, zu verlassen. Im Oktober 2012 forderte ihre Familie sie auf, auszuziehen. Das war ärgerlich, weil Amanda nicht ausziehen wollte, doch es war genau der Anstoß, den sie brauchte, um gesund zu werden. Später hatte sie Visionen von vergangenen Lebenszeiten mit derselben Familie. Sie erinnerte sich, wie sie von dieser Familie attackiert wurde und dankte den Engeln dafür, dass sie sie jetzt beschützten.

Sie wusste nicht, wohin sie gehen wollte und fragte sich, ob sie vielleicht bald obdachlos sein würde. Sie setzte sich mit ihrer Freundin und Ernährungsberaterin zusammen und schaute sich verschiedene Wohnmöglichkeiten an, doch es war nichts Passendes dabei. Amanda wollte irgendwo leben, wo sie sich wohlfühlte, also betete sie um einen Ort, an dem sie heilen könnte. Beinahe sofort ergab es sich, dass sie via Internet mit einem alten Freund kommunizierte. Er sagte, sie könne gerne bei ihm einziehen und dass alles okay sein würde.

Die Engel hatten ihre Gebete erhört und ihr zudem einen guten Freund geschickt. Bald danach merkte Amanda, dass ihr Gewicht sich normalisiert hatte, sie sich alles in allem besser fühlte und der Fleck auf ihrem Bein geschrumpft war. Als sie die Engel wegen des Fleckens fragte, sagten sie, dass er aufgrund von Stress entstanden war. Nun erkannte Amanda die ungeheuren Auswirkungen, die Stress auf den Körper haben konnte. Indem sie negative Menschen und Situationen aus ihrem Leben gehen ließ, begann ihre Heilung beinahe umgehend.

Heilungsmethoden für Stress-Detox

Gebet

»Lieber Gott und liebe Engel, bitte entgiftet mich von Stress und all seinen Auswirkungen. Beginnend mit dem heutigen Tag bin ich bereit, Stressmuster zu durchbrechen. Ich werde nicht länger verlegen, nervös oder ängstlich.

Erzengel Haniel, bitte bring mir Frieden. Ich bitte dich, mir zu zeigen, wie ich ein ruhigeres, harmonischeres Leben führen kann.

Erzengel Jophiel, ich bete darum, dass du mich in deine Liebe einhüllst. Während mein Körper und Geist deine Heilung absorbiert, fühle ich, wie der Stress verschwindet. Bitte zeige mir die Schönheit, die mich umgibt.

Erzengel Michael, ich bitte dich, alle negativen Energien aus meinem Leben zu entfernen. Ich weiß, dass mein Ego mich umso weniger beeinflussen kann, je heller mein Licht erstrahlt. Ich bitte um deine Kraft und deinen Mut, um angstvolle Gedanken loszulassen.

Erzengel Metatron, bitte verhilf mir zu einem ausgeglichenen Leben. Ich bitte dich, mein Chakrasystem zu klären, um meine Energie ins Gleichgewicht zu bringen. Ich vertraue auf deine Führung und werde deinen Botschaften folgen. Danke.«

Erhebende Engel

Sie sind immer von Engeln umgeben. Manche Erzengel verfügen über außergewöhnliche Fähigkeiten, die bei der Beseitigung von Stress besonders hilfreich sind. Sie müssen weder ein spezielles Gebet noch kunstvolle Formulierungen wählen, um den Kontakt mit den Engeln aufzunehmen. Ihre von Herzen kommenden Entschlüsse und Absichten sind alles, was nötig ist. Schon in dem Moment, wo Sie ihre Namen lesen, rufen Sie diese Engel zu sich. Vergessen Sie nicht, ihnen die Erlaubnis zu geben, Ihnen zu helfen, indem Sie die infrage stehende Situation Gott und den himmlischen Helfern übergeben. Der Wunsch »Bitte helft mir« reicht aus, um göttliche Intervention in Gang zu setzen.

Erzengel Haniel bringt Ihnen Anmut und Haltung. Sie hilft Ihnen, ruhig und zentriert zu bleiben und stets angemessen zu handeln. Sie erinnert Sie daran, dass es keinen Vorteil birgt, sich wegen einer Situation zu stressen. Denn was würde Ihnen das nutzen? Mit Sicherheit bringt es Sie Ihrem Ziel nicht näher. Arbeiten Sie mit Haniel, um inneren Frieden zu finden. Vielleicht wird der Engel Sie auffordern, mit dem Mond zu arbeiten, daher sollten Sie einen Blick auf den »Vollmond-Segen« werfen, der in Kapitel 2 beschrieben wird. Das kann Ihre Energie besänftigen und Sie mit der göttlichen Quelle verbinden.

Erzengel Jophiel umgibt Sie mit einem heiteren pinkfarbenen Licht. Sie klärt Ihren Geist von negativen Mustern und ersetzt sie durch liebevolle. Sie sorgt dafür, dass Sie sich auf glückliche und erhebende Problemlösungen ausrichten. Mit dieser Einstellung lassen Sie Stress schnell hinter sich.

Erzengel Michael zieht angstbasierte Energien aus Ihrer Aura. Er weiß, dass Stress durch eine Ansammlung negativer Energien in Ihrem Leben entsteht. Das Ego lebt in diesen niederen Vibrationen und verursacht Stress. Da Michael alle negativen Energien aus Ihrem Leben entfernt, hat das Ego nur wenig Raum zum Leben.

Erzengel Metatron bringt Ihr Leben ins Gleichgewicht. Er adjustiert Ihren Zeitplan, damit Sie genug Zeit für Arbeit, Erholung und Vergnügen haben. Er weiß, dass Sie am besten arbeiten, wenn Sie glücklich sind, also befreit er Sie von Stress, damit alle Beteiligten von dieser Situation profitieren können. Wenn Sie das, was Sie tun, lieben, müssen Sie niemals auch nur einen Tag in Ihrem Leben »arbeiten«. Gehen Sie mit dieser Einstellung an das Leben heran, und Stress gehört der Vergangenheit an! Wenn Sie die positive Natur der Menschen um Sie herum annehmen, halten die Engel grenzenlose Gelegenheiten für Sie bereit.

Erzengel Metatrons heiliger Strahl des Lichts

- Bitten Sie Erzengel Metatron, alle Aspekte Ihres Lebens ins Gleichgewicht zu bringen. Er wird Ihre Chakras klären und aufeinander abstimmen, damit Sie Energie besser verarbeiten können. Alles im Leben braucht ein Gleichgewicht. Selbst der liebevolle Akt des Gebens muss ausgewogen sein, damit Sie spüren können, wann Sie zu viel geben. Wenn Sie nur geben, aber sich weigern zu empfangen, schaffen Sie einen unausgewogenen Austausch. Metatron wird Sie darauf hinweisen, sollte dieser Fall eintreten.

Erzengel Michaels spirituelle Saugtechnik

Das Ego macht Stress noch schlimmer, denn es verführt Sie, seinen Lügen zu glauben, und sorgt dafür, dass Sie noch frustrierter und nervöser werden. Dieses Verhalten hilft weder Ihnen, noch macht es die Erfüllung Ihrer Aufgabe leichter. Das Ego versteckt sich in negativer Energie, und je mehr negative Energie Ihr Körper festhält, desto lauter wird die Stimme Ihres Egos.

Das Gegenteil ist ebenso wahr: Je positiver, liebevoller Ihre Energie ist, desto lauter sind die Stimmen Ihrer Engel. Michael wird Ihren Körper und Ihre Aura »staubsaugen«, um Negativität zu beseitigen.

Ätherische Öle zur Stressminderung

Auch reine ätherische Öle haben starke heilende Eigenschaften, die über den physischen Bereich hinausgehen. Sie durchdringen Ihren Geruchssinn und üben eine tiefgreifende Wirkung auf Geist, Körper und Seele aus. Diese Wirkung tritt umgehend ein, sodass Sie sofort die heilenden Eigenschaften dieser Essenzen fühlen.

Wenn Sie unter Stress stehen, haben beruhigende Düfte, die durch Ihr Heim oder Ihr Büro strömen, eine sehr heilende Wirkung. Machen Sie es zu einem Teil Ihres täglichen Rituals, Ihr Zuhause mit einem angenehmen Duft zu erfüllen – und gleichzeitig mit liebevoller Energie.

Zu diesen köstlichen, beruhigenden Ölen gehören Lavendel und Kamille, die beide sehr beruhigend und sanft entspannend sind. Zudem lassen sie sich auch wunderbar kombinieren.

Aromatherapie-Diffuser/ Duftlampe

- Geben Sie vier Tropfen Lavendel- und Kamillenöl in einen Aromatherapie-Diffuser oder mit Wasser vermischt in eine Duftlampe. Es könnte ein Gerät sein, das Öl erhitzt, oder eins, das keine Hitze benötigt. Untersuchungen zeigen, das die nicht erhitzten Öle eine bessere therapeutische Wirkung haben, da Hitze die chemische Struktur und Vibration verändern kann.

Aroma-Bad

- Geben Sie fünf Tropfen Lavendel- und Kamillenöl ins warme Badewasser. Im Handel gibt es Dispergiermittel (hergestellt von Herstellern ätherischer Öle), die helfen, das Öl mit dem Wasser zu vermischen. Eine andere Möglichkeit besteht darin, die Öle zuvor mit ein wenig Bio-Essig zu mischen. So löst das Öl sich besser auf und ist außerdem gut für Ihre Haut.
- Für eine zusätzliche Entgiftung könnten Sie dem Wasser auch Meersalz hinzufügen. Keltisches, Atlantisches, Himalaya- oder Totes-Meer-Salz eignen sich besonders gut. Geben Sie eine Tasse davon ins Badewasser. Das mineralreiche Meersalz zieht alte Energie aus Ihrem physischen und ätherischen Körper. Ein Bad mit Meersalz hilft Ihnen, Ihre Ängste, Sorgen und alle Blockaden loszulassen, die Sie davon abhalten, den nächsten Schritt in Ihrem Leben zu tun.
- Verstärken Sie Ihre Entgiftung, indem Sie zuvor Ihre Hände in einer segnenden Geste über das Badewasser halten. Wenden Sie sich an Ihre Engel mit den Worten:

»Himmlische Engel, bitte schickt euer liebevolles Licht in mein Bad, damit ich seine heilende Energie aufnehmen kann. Möge sie mir Ruhe und Frieden bringen. Ich lasse bereitwillig jeden Stress und Anspannung in meinem Körper los. Bitte beseitigt alle Blockaden, die mich daran hindern, mein höchstes Gut zu realisieren. Danke.«

- Dann streichen Sie mit den Händen durch das Wasser, um dafür zu sorgen, dass alles gut vermischt ist. Schwelgen Sie mindestens 15 Minuten lang in diesem heilenden Bad, gerne auch länger. Erlauben Sie Ihrem Geist, zu wandern und sich in Tagträumen zu verlieren. Dies ist die Art, wie Ihre Engel Sie durch den Reinigungsprozess führen. Wenn Gedanken und Emotionen hochkommen, lassen Sie diese komplett los, indem Sie ihnen gestatten, sich in Luft aufzulösen.

Tagebuchschreiben

Schriftliche Aufzeichnungen müssen nicht in Form von »Liebes Tagebuch« festgehalten werden. Sie können einfach all die Gedanken und Gefühle aufschreiben, die Sie in diesem Moment empfinden.

- Erstellen Sie eine Liste von Dingen, Situationen und Personen, die Sie gerne loslassen möchten. Dann übergeben Sie das Ganze an Gott. Sie müssen das Geschriebene nicht aufbewahren, sondern können es auch zeremoniell zusammenknüllen und wegschmeißen.

Sie dürfen natürlich auch Ihren Computer benutzen: Öffnen Sie ein neues Dokument, und schreiben Sie sich alles von der Seele, ohne es anschließend zu sichern. Kein anderer muss diesen Brief sehen – es ist allein eine Sache zwischen Ihnen und Gott. Es wird Sie beruhigen und trösten, Ihre Sorgen und Ängste aufzuschreiben als Möglichkeit, sie gehen zu lassen. Dann müssen Sie sich innerlich nicht immer wieder aufs Neue damit beschäftigen

Kräutertee

Kamillentee ist bekannt für seine beruhigende Wirkung und seinen feinen Geschmack. Genießen Sie im Laufe des Tages eine Tasse Kamillentee, wann immer Sie sich gestresst fühlen. Oder mischen Sie ihn mit Lavendelblüten, und fertig ist ein köstliches, entspannendes Getränk, das Sie den ganzen Tag über genießen können. Oder gönnen Sie sich eine Tasse am Abend für besonders erholsamen Schlaf.

Kräuter arbeiten *mit* Ihrem Körper, nicht gegen ihn, daher können Sie so viel Kamillentee trinken, wie Sie wollen, ohne befürchten zu müssen, dass Sie vorzeitig einschlafen. Doch wenn Sie ihn abends trinken, schenkt er Ihnen einen tiefen Schlaf. Die Engel wachen über den Vorgang, um sicherzugehen, dass Sie die Heilung bekommen, die Sie brauchen.

Versuchen Sie es mit losem Bio-Kräutertee anstelle von Teebeuteln. Sie werden feststellen, dass der Geschmack völlig anders und die Energie viel höher ist. Wenn möglich, besorgen Sie sich frisch gepflückte Kamille. Eine einzige Blüte mit einer Tasse heißem Wasser übergossen ist ideal.

Körpertraining

Wenn Sie Ihren physischen Körper bewegen, werden Ihre natürlichen Energiereserven entfacht. Körpertraining ist ein wunderbar entspannendes Mittel zur Beseitigung von Stress. Beim Training schüttet Ihr Körper Endorphine aus, die dafür sorgen, dass Sie sich besser fühlen. Und je mehr Sie trainieren, desto entspannter werden Sie sich fühlen.

Es ist wichtig, Fitness auf eine Art zu betreiben, die Ihnen Spaß macht. Vielleicht genießen Sie es, durch Wandern Zeit im Freien zu verbringen. Machen Sie ausgiebige Spaziergänge in der freien Natur, um sich von der Hektik des modernen Lebens zu entgiften. In den meisten Naturparks gibt es spezielle Wege, auf denen Sie mit Vergnügen wandern und dabei Energie auftanken können.

Oder vielleicht ist es Ihnen lieber, zusammen mit anderen zu trainieren. Eine Gruppe bietet viele Vorteile. Sie fühlen sich motiviert, sich beim Trainieren mehr anzustrengen; außerdem hilft sie, Teamgeist zu entwickeln, und fügt Ihrem Training ein gesellschaftliches Element hinzu. Warum nicht einen Freund oder eine Freundin inspirieren, gemeinsam mit Ihnen auf morgendliche Power-Walks oder ins Fitnesscenter zu gehen?

Entscheiden Sie sich für ein Fitnesscenter mit angenehmer Energie und netten Menschen. Es sollte ein Ort sein, an dem Sie sich sicher und unterstützt fühlen. Es ergibt wenig Sinn, einem Fitnessclub beizutreten, wenn Sie sich dort befangen oder unsicher fühlen. Nehmen Sie ein paar Probestunden, bevor Sie sich für eine kostenpflichtige Mitgliedschaft entscheiden. In manchen Studios gehen die Trainer mit ihrer Klasse nach draußen in die Natur, um sich an der frischen Luft zu bewegen.

Es gibt Fitnesskurse, die meditative Elemente enthalten und sich damit wohltuend nicht nur auf den Körper, sondern auch auf Geist und Seele auswirken. Yoga eignet sich perfekt, da es Ihren Körper herausfordert und von Ihrem Geist verlangt, sich zu fokussieren. Sie können in stillen Visualisierungen schwelgen, während Sie unterschiedliche Yogapositionen halten. Pilates ist eine andere ausgezeichnete Form körperlichen Trainings. Es setzt sich aus Bewegungen zusammen, die vielleicht einfach aussehen, doch bei häufiger Wiederholung durchaus Kraft verlangen, was Ihrem Körper letzten Endes zugute kommt.

Je schneller Sie sich für eine Trainingsroutine entscheiden, desto schneller werden Sie ihren heilenden Segen entdecken.

Um die entspannende Wirkung von körperlichem Training wirklich zu fühlen, müssen Sie hart genug arbeiten. Trainieren Sie in einem Ihnen angenehmen Tempo – es ist wichtig, dass Sie Ihre Grenzen kennen, doch ebenso wichtig ist es zu wissen, wie weit Sie sich selbst fordern können. Um dafür zu sorgen, dass Endorphine freigesetzt werden, die Ihren Geist ankurbeln, müssen Sie beim Training an den Punkt gelangen, wo Sie aufgeben wollen. Dies ist der Punkt, wo Sie sich ein kleines bisschen mehr antreiben und diese Barriere durchbrechen werden. Sie haben vielleicht schon den Ausdruck »second wind« gehört: Dies ist der Moment, in welchem Endorphine ausgeschüttet werden. Das bedeutet auch, dass Sie stärker ins Schwitzen kommen, indem Sie sich jenseits dieser Barriere pushen. Und wenn Sie dann mit Ihrem Training fertig sind, werden Sie sich entspannt, flexibel und völlig klar im Kopf fühlen.

Beruhigende Kristalle

- Nehmen Sie Kontakt mit Kristallen auf, die Ihre Nerven beruhigen und Ihnen erlauben, sich auf Frieden zu fokussieren.

Amethyst löst jegliche negative Energie auf und verwandelt sie zurück in Liebe. Der Amethyst ist ein beschützender Stein, daher ist es sinnvoll, ihn immer bei sich zu tragen, wenn Sie sich in der Nähe negativer oder Energie raubender Menschen aufhalten. Amethyst beseitigt unangenehme und verletzende Gedanken und erlaubt Ihnen, Ihren Fokus auf Liebe zu richten. Amethyst erweckt Ihre intuitiven Fähigkeiten, was Ihnen die Möglichkeit gibt, genau zu wissen, welcher Weg Ihnen Frieden bringt und welcher Weg Stress verursacht. In diesem Zustand der Klarheit können Sie stressige Situationen vermeiden.

Blauer Achat schenkt Ihnen Gelassenheit. Seine zarte himmelblaue Energie schmilzt Stress und Sorgen einfach weg. Er beseitigt Nervosität, nimmt die Angst und fokussiert sich auf die Ursachen Ihres Stress. Anschließend zieht Blauer Achat diesen Stress durch die Schichten Ihrer Aura, bis er sich komplett in Luft aufgelöst hat.

Fluorit bringt Ihre Gedanken und Emotionen ins Gleichgewicht und erlaubt Ihnen, bezüglich der vor Ihnen liegenden Arbeiten und Aufgaben Prioritäten zu setzen. Fluorit ordnet Ihre Gedanken, damit Sie sie besser verstehen können. Fluorit schenkt Ihnen Entspannung, weil Sie zuversichtlich sind, dass alles zum richtigen gottgewollten Zeitpunkt passiert.

Rauchquarz beseitigt den Nebel der Verwirrung, der Sie zuweilen umgibt. Er hilft Ihnen, den vor Ihnen liegenden Weg klar zu sehen und ego-basierte Gedanken zu identifizieren. Sie werden von den Engeln geführt und beschützt, und der Rauchquarz wird Ihnen eine zusätzliche Hilfe sein, indem er Ihre Energie über das Chaos erhebt.

Zitrin besänftigt Ängste und verleiht Ihnen Autorität und ein Gespür für die optimale Richtung in Ihrem Leben. Zitrin verankert Ihre Energie fest in Ihrem Körper, was Sie davor bewahrt, in negative Szenarios abzudriften. Er verstärkt Ihre Selbstachtung und Ihr Selbstvertrauen und erinnert Sie daran, Ihre Kreativität zu genießen. Wenn Sie Ihre angeborenen Talente annehmen und nutzen, verschwindet der Stress von allein.

Blumen, die Frieden verbreiten

Die Engel der Natur bringen Harmonie und Frieden in Ihr Zuhause. Umgeben Sie sich mit den unten aufgeführten Blumen, und Sie werden von Ihrer beruhigenden Energie profitieren. Die Heilungskräfte der Blumen umfassen alle Aspekte Ihres Lebens.

- Tragen Sie zur täglichen Unterstützung Abbildungen von Blumen in Ihrer Geldbörse oder Handtasche bei sich. Laden Sie ein Blumenbild als Bildschirmschoner auf Ihren Computer. Auf diese Weise werden Sie stets an die Liebe Gottes erinnert.

Blumen zeigen Ihnen, dass Sie in jeder Situation zwei Möglichkeiten haben: Gehen Sie die Sache allein an, oder bitten Sie die Engel um Hilfe?

Die folgenden Blumen helfen, Stress aufzulösen und inneren Frieden zu finden:

Begonie hilft Ihnen, mehr Geduld zu haben. Sie wacht über Ihren Privatbereich und beseitigt Ablenkungen aus Ihrer Umgebung.

Flieder ist mit Erzengel Michael verbunden. Diese Blumen bekämpfen die niederen Energien einer hektischen Routine. Sie eignen sich ausgezeichnet für Ängste und Depressionen aufgrund eines hektischen, anstrengenden Lebens. Jeder Tag mag wie eine Mühsal erscheinen und nicht wie ein Geschenk. Flieder ändert dieses Empfinden, damit Sie die wunderbaren Gelegenheiten genießen können, die auf Sie warten.

Fuchsie hebt Sie über die gegenwärtige Hürde. Sie hilft Ihnen, Ihren Weg entschlossen weiterzugehen und Ihr Leben von Stress zu befreien. Die Erzengel Michael und Metatron arbeiten mit dieser Blume, um Ihren Zeitplan ins Gleichgewicht zu bringen.

Gardenie beseitigt Stress und Sorgen, indem sie Ihnen in Erinnerung ruft, sich Freude und Vergnügen zu gönnen. Diese Blumen sind wunderbar bei lang anhaltendem Stress. Das Einatmen des köstlichen Duftes der Gardenie beruhigt Sie auf der Stelle.

Gänseblümchen bitten Sie, Ihr Leben zu vereinfachen. Sie haben zu viele Aufgaben übernommen, und es ist an der Zeit, sich eine dringend benötigte Erholung zu genehmigen und um Hilfe zu bitten. Außerdem raten Ihnen Gänseblümchen, Menschen aus Ihrem Freundeskreis loszulassen, die Ihnen Energie absaugen.

Gelbe Rosen beruhigen den Geist, was Ihnen gestattet, sich auf die nötigen Schritte zu fokussieren, um Ihren Weg weitergehen zu können. Gelbe Rosen schaffen einen Raum des Friedens in Ihrer Seele, der sich sehr sicher und entspannend anfühlt. In diesem Raum inneren Friedens lassen Sie leicht alle stressigen Gedanken und Sorgen los.

Hibiskus erinnert Sie an die umfassende Hilfe, die Ihnen von Ihrer Familie und Ihren heilenden Engeln zuteilwird. Möglicherweise »sehen« Sie diejenigen nicht wirklich, die Ihnen helfen. Die Engel bitten Sie jedoch zu vertrauen, dass Ihre Gebete gehört wurden. Hibiskus ist erfüllt von der Energie der Erzengel Chamuel und Raziel. Diese Engel erlauben Ihnen, das göttliche Licht zu finden, das durch jede irdische Illusion von Licht leuchtet.

Ingwerlilien helfen Ihnen, den Blick jenseits alles Unwichtigen zu richten. Sie öffnen Ihnen die Augen, damit Sie die vielen Wunder in Ihrer Umgebung sehen können, und holen Sie aus dem Angstmodus heraus, was Ihnen die Möglichkeit gibt, sich selbst als den oder die zu sehen, die Sie in Wahrheit sind.

Jasmin vertieft Ihre Meditationserfahrung. Jetzt können Sie leichter den Kontakt mit Ihren Engeln und der heilenden Energie aufnehmen, die Sie umfängt. Jasmin ist eine sehr machtvolle und weise Blume, mit der zu arbeiten äußerst segensreich ist. Lassen Sie alle Sorgen und Ängste zurück und empfangen Sie Kraft und Zuversicht aus Ihrer Verbindung zu Gott.

Lavendel in all seinen Formen beruhigt Ihre Nerven und schenkt Entspannung. Er löst Anspannungen in Ihrem Körper und bringt Stress zum Verschwinden. Lavendelblüten öffnen Ihr Drittes-Auge-Chakra, um größere Hellsichtigkeit zu ermöglichen. Mit dieser segensreichen Fähigkeit können Sie den Weg zum Glück klar erkennen.

Narzisse bestätigt, dass ausschließlich friedvolle Menschen in Ihr Leben kommen. Distanzieren Sie sich von »Freunden«, die mehr daran interessiert sind, etwas von Ihnen zu erhalten, als etwas zu geben. Lassen Sie diese natürliche Veränderung zu, und senden Sie allen Beteiligten Liebe.

Tulpen helfen, wenn Sie das Gefühl haben, keinen Fortschritt zu machen. Bitten Sie darum, dass diese heilenden Blumen Ihnen Zeit, Raum und alles sonstige geben, was Sie brauchen, um die vor Ihnen liegenden Aufgaben zu erledigen. Tulpen beseitigen Gefühle von Irritation und Wut und ersetzen sie durch Leichtigkeit und Freude.

BEHEBUNG ADRENALER ERSCHÖPFUNG

Adrenale Erschöpfung breitet sich immer weiter aus, da sich viele Menschen überarbeiten und unter Stress leiden. Ihre Adrenalindrüsen sind der Treibstofftank für Ihren Körper, und ihre Aufgabe besteht drin, Ihnen mit einer konstanten Energieversorgung zu dienen. Wenn der Treibstoff knapp wird, werden Sie angeleitet, ihn wieder aufzufüllen und nachzuladen. Bei den zahllosen täglichen Anforderungen vergessen viele Menschen, wie wichtig es ist, sich auszuruhen. Stattdessen verausgaben sie sich bis an ihre Grenzen, und dann ist plötzlich der Tank leer. Dies führt dann zu gesundheitlichen Problemen, weil die Adrenalindrüsen erschöpft sind.

Wenn Sie ein sehr anstrengendes Leben führen und schon seit Langem unter Stress stehen, dann sollten Sie jetzt unbedingt weiterlesen, um zu erfahren, ob auch Sie unter adrenaler Erschöpfung leiden.

Während Ihre Energiereserven immer weiter abnehmen, benötigen Sie immer mehr und stärkere Stimulanzien – Sie brauchen mehr Kaffee, koffeinhaltige Getränke und Nikotin. Ohne diese »Beschleuniger« haben Sie vielleicht das Gefühl, den Tag nicht durchstehen zu können. Sie werden sich müde, ausgepowert und mental nicht in der Lage fühlen, vorauszudenken und Dinge zu planen. Die Adrenalindrüsen sitzen an der Spitze der Nieren und unterstützen das Gleichgewicht der Flüssigkeiten im Körper. Daher entwickeln Personen, die unter adrenaler Erschöpfung leiden, häufig ein Verlangen nach Süßigkeiten wie auch nach salzigen Snacks.

Im Allgemeinen wird das Energie-Niveau niedrig sein. Adrenale Erschöpfung hat zur Folge, dass die Motivation schwindet und es schwierig wird, sich zu konzentrieren. Wenn die Adrenalin-Hormone im Laufe des Tages wieder ansteigen, fühlen sich diese Menschen interessanterweise abends voller Energie, im Gegensatz zum Rest des Tages. Sie gehen ins Bett und sind wacher und munterer als tagsüber. Doch wenn sie schließlich einschlafen, kann es passieren, dass sie durch unangenehme nächtliche Schweißausbrüche geweckt werden.

Um Ihre Adrenalindrüsen wieder in Ordnung zu bringen, müssen Sie sich auf eine längere Behandlungszeit einlassen, da dieses Problem nicht in ein paar Tagen behoben werden kann. Es ist durchaus möglich, das Sie sehr schnell drastische Verbesserungen spüren, doch müssen Sie die Behandlung für mehrere Monate fortsetzen, damit Ihr Organismus nachhaltig wieder ins Gleichgewicht kommt. Gestehen Sie sich ein, dass Ihre Motivation im Moment sehr gering ist, doch machen Sie sich bewusst, dass Ihnen – wenn Sie sich verpflichten, sich selbst zu helfen – die Belohnung sicher ist.

Phytopharmaka haben eine große Heilkraft, wenn es um adrenale Erschöpfung geht. Es gibt vor allem zwei Kräuter (Lakritz und chinesischer Fingerhut), die helfen, die Funktion der Adrenalindrüsen wieder in Ordnung zu bringen. Diese Kräuter geben Ihnen Energie, bis sie diese wichtigen Drüsen geheilt haben. Anders als aufputschende Substanzen wie Kaffee und Zigaretten, die Sie noch mehr erschöpfen, geben Ihnen diese Phytopharmaka Energie, während Sie Ihren Treibstofftank wieder auffüllen.

Lakritz *(Glycyrrhiza glabra)* ist etwas völlig anderes als die Variante im Süßigkeitenregal des Supermarktes. Echter Lakritz besteht aus der Wurzel der Lakritz-Pflanze; er ist energiespendend, stärkend und nährend für Ihr System. Außerdem ist Lakritz entzündungshemmend, übt eine heilsame Wirkung auf Ihr Verdauungssystem aus und ist wohltuend bei Husten.

Doch Vorsicht: Personen mit erhöhtem Blutdruck sollten Lakritz vermeiden. Da es sich auf die Adrenalindrüsen und ihren »Gastwirt«, die Nieren, auswirkt, kann es zu einer leichten Erhöhung des Blutdrucks führen. Falls Sie jedoch bisher keinen erhöhten Blutdruck hatten, haben Sie nichts zu befürchten.

Chinesischer Fingerhut *(Rehmannia glutinosa)* ist ein Heilkraut zur Wiederherstellung der Adrenalindrüsen und ihrer Funktion. Es bringt Stresshormone ins Gleichgewicht und behandelt damit die Ursache der Erschöpfung. Indem Sie ruhiger und entspannter werden, stehen Ihre Adrenalindrüsen unter weniger Druck.

Lakritz und chinesischer Fingerhut arbeiten wunderbar zusammen, sodass Sie beide Kräuter gleichzeitig anwenden können.

- Um eine optimale Heilung zu erzielen, nehmen Sie dreimal täglich nach dem Essen 2 ml (40 Tropfen) Lakritz- und Fingerhut-Tinktur in ein wenig Wasser oder Saft ein, und schon bald werden Sie merken, dass Sie sich wohler und kräftiger fühlen.

HEILUNG VON GELDSORGEN

Für jeden von Ihnen stehen Mittel in Hülle und Fülle bereit, doch Ihr Ego wird sein Bestes tun, um Sie in die Irre zu führen und Ihnen eine »Mangel-Mentalität« aufzuschwatzen. Es vermittelt Ihnen den Eindruck, als müssten Sie in Konkurrenz zu anderen treten, um überleben zu können, und redet Ihnen ein, dass es nicht genug für alle gibt. Außerdem sagt es Ihnen, dass Sie über die Maßen hart arbeiten müssten, um genug Geld zu verdienen, und dass selbst dann das verdiente Geld kaum ausreicht, um Ihre Rechnungen bezahlen zu können. Das Ego behauptet, Sie müssten Ihr Geld jahrelang sparen, damit Sie Ihren Traumurlaub buchen oder endlich Ihr Wunschhaus kaufen können.

Die Engel wiederum sagen, dass Sie alles haben können, worum Sie bitten: Sie müssen nur bereit sein, es anzunehmen.

Wir alle kommen mit genau dem gleichen Potenzial für Erfolg auf die Welt. Niemand hat einen besonderen Trick auf Lager, und wir können genauso viel haben wie die Menschen, zu denen wir aufsehen oder die wir beneiden. Letzten Endes sind wir alle Menschen, und wir sind alle Kinder Gottes. Gott liebt nicht manche von uns mehr als andere, und er gibt seinen Segen nicht nur einigen wenigen Auserwählten. Er liebt jedes seiner Kinder genauso wie das andere und sorgt für uns alle auf die gleiche Weise.

Sein Leben lang mit einem Gefühl der Armut dahinzuvegetieren ist eine sehr entmachtende Erfahrung, doch die Engel können Ihre Perspektive auf ein Gefühl der Fülle richten. Wenn Sie sich finanziell unsicher fühlen, bitten Sie die Engel um Hilfe. Heißen Sie ihre Unterstützung ohne Einschränkung willkommen, und vertrauen Sie darauf, dass sie den optimalen Weg für Sie kennen und Ihnen helfen werden, diesen Weg zu gehen.

Die Energie Ihrer Seele ist mit einem nie zur Neige gehenden Goldschatz verbunden. Sie kamen mit mehr als genug Energie auf die Welt und können sie jederzeit anzapfen. Manche Menschen haben ein Leben lang mit ihren Finanzen zu kämpfen. Andere entscheiden, dass sie wissen wollen, was ihr von Gott gegebener Seelenschatz bereithält, und nehmen ihre Fülle an.

Manche werden argumentieren, dass es weder ethisch noch spirituell sei, um Geld zu bitten, doch Gott und die Engel möchten, dass Sie glücklich sind. Sie wollen ein strahlenden Lächeln auf Ihrem Gesicht sehen. Falls finanzielle Sicherheit Ihnen dieses Glücksgefühl gibt, dann werden die Engel sie liefern. Sie müssen sich nicht schuldig fühlen bei der Bitte um finanzielle Fülle – die Engel *wollen* Ihnen diese Fülle geben! Sie nehmen niemandem etwas weg – nur das eingeschränkte Ego denkt so.

Tatsache ist, dass es für jeden von uns einen unbegrenzten Vorrat gibt!

Heilungsmethoden, um Fülle anzuziehen

Geld-Übung

Genau wie alles andere ist Geld eine Energie. In der gleichen Weise, wie Sie Gott bitten würden, Ihnen heilende Energie zu schicken, können Sie darum bitten, dass Ihnen Geld zufließt. Die Engel fordern Sie auf, Geld als eine Energie zu sehen, die Sie zu empfangen verdienen. Wenn Sie Angst vor Fülle oder Probleme damit haben, sie anzunehmen, ist es schwierig für die Engel, Ihnen diese Fülle zu liefern.

Denken Sie einen Moment über Ihre Einstellung zum Geld nach. Viele Menschen denken: »Wenn ich erst mal im Lotto gewinne, wird alles besser.« Doch wenn in diesem Moment jemand an die Tür klopfen oder Sie auf der Straße ansprechen und Ihnen einen dicken Sack voll Geld geben würde, was würden Sie tun? Würden Sie diese Fülle in Ihrem Leben willkommen heißen? Oder würden Sie misstrauisch fragen: »Und wo ist der Haken?« Diese Einstellung ist es, die den Himmel daran hindert, Ihnen in diesem Bereich zu helfen! Lassen Sie uns dieses alte Vorurteil aus Ihrem Bewusstsein löschen. Seien Sie bereit und offen, Geld in jeder Form, aus jeder Quelle anzunehmen.

Versuchen Sie folgende Übung:

- Holen Sie einen Geldschein, egal welchen, einen Stift und ein Blatt Papier. Zentrieren Sie sich, und nehmen Sie Kontakt mit der Vibration des Geldes auf. Halten Sie den Geldschein in der Hand, oder betrachten Sie ihn freundlich.

- Als Nächstes stellen Sie sich die Frage: *Wie fühle ich mich in Bezug auf das Geld?* Schreiben Sie alles auf, was Ihnen in den

Sinn kommt. Selbst wenn es scheinbar nichts mit dem Thema zu tun hat, notieren Sie es, um es später noch mal überprüfen zu können. Achten Sie auf Ihre körperlichen Reaktionen und eventuelle Visionen, die Sie sehen, oder Worte, die Sie hören. Schreiben Sie alles auf.

- Zum Schluss fragen Sie: *Wie kann ich mehr von dir bekommen?* Lauschen Sie, was das Geld zu Ihnen spricht.

Lernen Sie aus dieser Übung, damit Sie in Zukunft mit anderen Augen an Geld und finanzielle Fülle herangehen können.

Folgen Sie Ihrer Führung, wenn es darum geht, mehr Geld zu haben und sich damit wohl zu fühlen. Sie verdienen es, alles zu haben, was Sie brauchen, und wohlhabend und erfolgreich zu sein. Die Engel wissen, dass Sie glücklicher und gesünder sind, wenn Ihre irdischen Bedürfnisse erfüllt sind.

Universal-Scheck

Ihren eigenen Universal-Scheck zu entwerfen ist eine Möglichkeit, den Engeln Ihre Wünsche zu übermitteln. Er muss nicht aussehen wie ein richtiger Scheck, da die Formulierung wichtiger ist.

- Öffnen Sie ein neues Dokument auf Ihrem Computer, und geben Sie folgende Worte ein:

Ich, (fügen Sie Ihren Namen ein) *bin bereit, Geld in Höhe von* (Höhe angeben) *am oder vor dem* (Datum angeben) *zu empfangen.*

Ich gebe den Engeln die Erlaubnis, mich zu führen und mich bei jedem Schritt zu unterstützen.

(Ihre Unterschrift)

- Nachdem Sie dieses Dokument ausgedruckt und unterschrieben haben, legen Sie es an einen Ort, wo Sie es gut sehen können. Drucken Sie mehrere Kopien, um Sie in Ihrer Wohnung zu verteilen, in Ihrer Brieftasche oder Handtasche bei sich zu tragen und damit zu meditieren. Sehen Sie sich selbst, wie Sie die finanziellen Mittel haben, die Sie brauchen.

Ich (Robert) kann die Macht dieser Methode bestätigen. Ich habe sie angewandt, als ich mich vor Jahren für Doreens Medium-Kurs in Hawaii anmeldete. Ich war damals Vollzeitstudent und hatte weder Job, Einkommen oder Reisepass. Doch in dem Moment, als ich es brauchte, hatte ich den Betrag, um den ich gebeten hatte, und konnte mir diesen wundervollen Trip nach Hawaii leisten. Wie ist das Geld zu mir gekommen? Ich musste es nicht wissen. Ich habe der Energie der Fülle einfach erlaubt, ohne Einschränkung zu mir zu kommen.

Blumen der Fülle

Die gelbe Lilie ist wie ein Magnet für Fülle, da sie alle Formen von Wohlstand in Ihr Leben bringt.

- Kaufen Sie die Lilien, bevor sich alle Blüten geöffnet haben. Setzen Sie sich dann mit diesen Blumen hin, und schütten Sie ihnen Ihr Herz aus. Senden Sie den Blütenknospen Ihre wahren Intentionen, indem Sie innerlich um Hilfe beten. Gleichzeitig visualisieren Sie, wie die Energie des Geldes die Lilien erfüllt. Und wenn die Knospen zu erblühen beginnen, werden Ihre Gebete ins Universum entlassen.

Der Stein der Fülle

Zitrin (gelber Quarz) zeichnet sich durch eine Energie der Anziehung aus, die Ihnen alles bringt, was Sie sich wünschen.

- Nachdem Sie den Stein gereinigt haben, setzen Sie sich mit ihm hin und nehmen Kontakt zu seiner Vibration auf. Sagen Sie dem Kristall alles, was Ihnen auf dem Herzen liegt, auf eine ehrliche und konkrete Weise. Sie könnten zum Beispiel sagen, dass Sie gerne in einem bestimmten Stadtteil wohnen oder ein bestimmtes Auto haben möchten, oder einen Job, der Sie glücklich macht. Der Kristall urteilt nicht. Je konkreter Sie sind, desto mehr kann er Ihnen helfen.

Affirmationen

Positive Affirmationen sind eine gute Möglichkeit, sich eine neue Denkweise zuzulegen, da sie die Energie um Sie herum heben. Dann können Sie Ihre Herzenswünsche manifestieren.

- Affirmationen funktionieren am besten, wenn Sie sie aussprechen und gleichzeitig empfinden. Es ist wichtig, an das zu glauben, was Sie affirmieren, daher kann es ein Weilchen dauern, bis Sie sich daran gewöhnt haben. Bitte halten Sie durch, da viele wundervolle Erfahrungen auf Sie warten. Wiederholen Sie Ihre Affirmationen im Laufe des Tages so oft Sie möchten. Hier sind einige unserer bevorzugten Affirmationen, die Sie gerne benutzen dürfen:
  - Ich ziehe Fülle an.
  - Ich bin bereit zu empfangen.

- Ich vertraue darauf, dass Gott und die Engel alle meine Bedürfnisse erfüllen.
- Ich heiße Geld in meinem Leben willkommen.
- Ich habe mehr als genug Geld, um meine Rechnungen zu bezahlen und Spaß zu haben.

Visualisierung

Eine Visualisierung ist eine wortlose Affirmation, die Ihnen erlaubt, vor Ihrem geistigen Auge zu »sehen«, auf welche Weise Sie finanzielle Fülle erleben werden.

- Schließen Sie die Augen, und gestatten Sie sich die komplette Erfahrung dessen, was Sie sich wünschen. Atmen Sie den Geruch des neuen Autos ein, fühlen Sie die Holzdielen Ihres neuen Hauses unter Ihren Füßen, oder lächeln Sie bei dem Gefühl, einen Beruf auszuüben, den Sie lieben. Nehmen Sie sich fünf bis zehn Minuten Zeit, und stellen Sie sich vor, dass Sie Ihren Wunsch bereits realisiert haben. Falls Sie sich dabei von negativen Gedanken gestört fühlen, hören Sie auf und fangen von vorne an. Oder Sie machen eine Pause und versuchen es später noch einmal.

- Wiederholen Sie diese Visualisierung mehrmals täglich, und fügen Sie ihr jedes Mal eine neue Ebene hinzu. Bereichern Sie Ihre Visualisierung mit Gedanken, Gefühlen, Düften, Emotionen und allem anderen, zu dem Sie sich angeleitet fühlen.

Wenn Sie sich diese Übung zu eigen machen, werden Sie auf den Weg der Fülle geführt. Nehmen Sie diese himmlische Botschaft an, und heißen Sie alles, was Sie sich wünschen, als göttlich geführt in Ihrem Leben willkommen.

Bereiten Sie mit Erzengel Michael Ihren Weg zur Fülle

Erzengel Michael beseitigt Blockaden, damit Sie etwas empfangen können. Damit die Engel Ihnen Fülle liefern können, müssen Sie bereit sein, diese Fülle anzunehmen. Öffnen Sie metaphorisch sämtliche Fenster und Türen. Das gibt den Engeln viele Gelegenheiten, Ihnen ihre Segnungen zukommen zu lassen.

Michael verleiht Ihnen Mut und Kraft und erinnert Sie daran, dass es keine Gefahr für Sie bedeutet, Macht und Geld zu besitzen. Erlauben Sie Erzengel Michael, alte Glaubensmuster zu klären, die Geld mit kontrollsüchtigen oder einsamen Menschen assoziieren. Lassen Sie Gedanken los, die behaupten, Sie müssten ein Geizhals sein, um reich zu werden. Erzengel Michael kennt Ihren Weg zum Erfolg, also übergeben Sie ihm das Steuer, und lassen Sie sich damit zu Ihrem Herzenswunsch führen.

- Setzen Sie sich an einen ruhigen Ort, und nehmen Sie Kontakt mit Michael auf, indem Sie sagen:

  »Erzengel Michael, bitte hilf mir jetzt. Ich bitte dich, alle niederen Energien, die mit Geld verbunden sind, wegzusaugen. Bitte beseitige alle negativen Gedanken und jeglichen Stress im Zusammenhang mit finanziellen Themen. Ich bitte dich um einen offenen Geist, damit ich die Geschenke himmlischer Fülle empfangen kann. Ich vertraue darauf, dass du und Gott mir das Geld zukommen lassen werden, das ich brauche. Danke.«

- Bleiben Sie in diesem ruhigen, kontemplativen Zustand, während Michael niedere Energien wegsaugt. Indem Sie die Angst loslassen, schaffen Sie Raum für mehr Freude.

Manifestieren mit Erzengel Raziel

Erzengel Raziel hütet die Geheimnisse des Universums. Er kennt den Inhalt Ihres Seelenvertrages und versteht tiefgreifende spirituelle Gesetze. Er arbeitet eng mit dem Gesetz des freien Willens zusammen, welches lehrt, dass Sie sich für Großartigkeit oder Leiden entscheiden können.

Es gibt nie einen Grund für Sie, zu leiden – entscheiden Sie sich stets für Glück, Liebe und Fülle! Arbeiten Sie mit Raziel, um die Manifestationsmethode zu finden, die perfekt für Sie ist!

- Nehmen Sie sich Zeit, um über Ihre Hoffnungen und Träume zu meditieren. Entzünden Sie eine goldfarbene Kerze, und sprechen Sie folgendes Gebet:

  »Erzengel Raziel, bitte teile deine spirituellen Lehren mit mir. Ich bete darum, dass du mir zeigst, wie ich das Leben manifestieren kann, das ich mir erträume. Bitte erschließe mir den Weg zur Fülle, damit ich in jeder Hinsicht glücklich und zufrieden sein kann. Danke.«

- Erlauben Sie der Information, aufgenommen zu werden wie eine Software, die vom Computer heruntergeladen wird. Sie müssen weder wissen, *wie* das geschieht, noch *was* da geschieht. Geben Sie sich einfach der Heilung hin, und erlauben Sie Raziel, seine Wunder zu vollbringen.
- Lassen Sie die Kerze herunterbrennen, bis sie von allein verlöscht. Währenddessen wiederholen Sie das Gebet und die Meditation.

Danach werden Sie anfangen, Münzen auf der Straße zu finden. Achten Sie auf das Datum der Münzen, da dies von Bedeutung sein kann. Bald schon werden die Engel Ihnen alle finanzielle Hilfe bringen, die Sie brauchen.

LOSLASSEN SCHMERZHAFTER UND NEGATIVER EMOTIONEN

Ihre Emotionen sind das Wichtigste im Hinblick auf Ihre Gesundheit. Sie können Ihren physischen Körper auf einen Weg des Schmerzes führen … oder des Friedens. Ihre Gedanken und Gefühle formen Ihre Realität, daher sollten Sie darauf achten, den ganzen Tag lang eine hohe Energie und positive Gedanken beizubehalten. Wenn Sie schmerzhafte Erfahrungen erlitten haben, kann es schwierig sein, sich auf das Licht zu fokussieren. Daher machen Sie sich bewusst, dass auf der Ebene Ihrer Seele diese Dunkelheit nur eine Illusion ist. Sie wurde von Ihrem Ego konstruiert, um Sie davon abzuhalten, glücklich zu sein.

Vergessen Sie nicht: Je glücklicher Sie sind, desto inspirierender werden Sie. Wenn Sie andere Menschen inspirieren, können sie mit Ihnen gemeinsam den Weg des Glücks gehen. Sie werden automatisch zu Ihrem Glück und zur Vollendung Ihrer göttlichen Lebensaufgabe geführt, doch das Ego möchte Ihren Fokus auf den Schmerz und die Verletzung richten, die Sie erfahren haben. Es will vermeiden, dass Sie wieder glücklich werden. Doch seien Sie versichert, dass Gott und die Engel nichts anderes möchten, als dass Sie Freude im Leben haben. Entscheiden Sie sich deshalb dazu, Ihre Emotionen zu entgiften und nur die Liebe auf Ihrem Weg willkommen zu heißen.

Emotionen wie Trauer und Wut sind normale menschliche Gefühle. Sie müssen sich nicht dafür verurteilen, sie zu empfinden. Problematisch wird es, wenn Sie darin gefangen sind. Wenn Sie zornig werden und Minuten später wieder lachen können, ist das völlig in Ordnung. Doch wenn Sie zornig werden und noch Stunden, Tage, Monate oder Jahre später in diesen toxischen Vibrationen schmoren, geraten Sie seelisch und emotional aus dem Gleichgewicht.

Seien Sie versichert, dass Sie diese alten, angestauten Emotionen sicher loslassen und Raum machen können für Frieden. Geben Sie sich die Erlaubnis, diese zurückgelegte Strecke Ihres Lebens als etwas anzuerkennen, das Sie erfahren haben. Erkennen Sie, dass niemand perfekt ist und dass Sie, keine Frage, Fehler gemacht haben. Doch das bedeutet nicht, dass Sie im Leben versagt haben. Sie tun das Beste, das Ihnen möglich ist. Die Engel bitten Sie, Ihre Vergangenheit anzuerkennen, damit Sie vorwärts in die Zukunft gehen können. Gehen Sie dabei langsam vor, einen Schritt nach dem anderen. Vielleicht werden Sie auf eine Entgiftungsreise geführt, falls Sie seit Jahren alte Emotionen aufgestaut haben. Dabei werden die Engel Ihnen helfen, indem sie Sie führen und Sie erkennen lassen, wann Sie bereit sind, neue Techniken zu versuchen. Um alte Emotionen loszulassen, müssen Sie ehrlich mit sich selbst und Gott sein. Da der Schöpfer allliebend ist, müssen Sie nicht fürchten, verurteilt zu werden.

Ein rührendes Beispiel dafür, wie der Geist die Gesundheit beeinflussen kann, ist die Geschichte von Mr Thomas.

Er kam zu mir (Robert), um seine Alopezie behandeln zu lassen, ein Zustand, der zu teilweisem Haarausfall führt und kahle Stellen auf dem Kopf von Mr Thomas hinterlassen hatte. Sein Haarausfall war extrem. Er hatte sowohl seine Augenbrauen als auch seine Augenwimpern verloren.

Seine Freundin hatte ihn in meine Praxis gebracht. Sie wollte, dass er sich von mir helfen lässt, doch im Laufe der Untersuchung schien er große Widerstände gegen die Vorstellung zu haben, sich von einem Naturheiler behandeln zu lassen. Er saß da mit vor der Brust gekreuzten Armen und geschlossenen Beinen und beantwortete meine Fragen nur widerstrebend. Die naturheilkundliche Herangehensweise an seinen Haarausfall hätte sich wahrscheinlich auf Zink-Ergänzungsmittel oder auf das Immunsystem gerichtet. Irgendwann fragte ich ihn, wann der Haarausfall begonnen hatte. Mr Thomas erwiderte, dass er seit sieben Jahren an Alopezie litt. Zum damaligen Zeitpunkt hatte er eine sehr schmerzhafte und schwierige Scheidung erlebt und das Sorgerecht für seine Kinder verloren. Aufgrund seiner sehr emotionalen Reaktion erkannte ich, dass diese Ereignisse seinen Zustand hervorgerufen hatten! Um seinen starken Haarausfall zu heilen, musste sich die Behandlung auf die Ursache dieses Problems richten. Nachdem er eine Therapie für die Heilung seiner emotionalen Wunden begonnen hatte, begann auch sein Haar wieder zu sprießen.

Heilungsmethoden für die Entgiftung von schmerzhaften Emotionen

Gebet

»Lieber Gott und liebe Engel, helft mir, von diesen schmerzhaften Emotionen zu heilen. Ich bitte euch, die Schwere von mir zu nehmen, die ich mit mir herumgetragen habe. Ich bin bereit, Trauer, Wut, Bitterkeit, Unversöhnlichkeit und seelische Qual loszulassen. Ich weiß, dass ihr mir einen besseren Weg für mein Leben zeigen könnt. Indem ich diese niederen Energien loslasse, kann ich Frieden und

Harmonie erfahren. Bitte schickt eure Heilung bis in mein tiefstes Herz und beschützt mich davor, erneut verletzt zu werden. Danke.«

Erzengel Michaels spirituelle Saugmethode

- Rufen Sie zur Klärung Ihrer Emotionen Erzengel Michael an Ihre Seite. Er wird alle negativen Emotionen auf der Stelle beseitigen, und Sie werden sich anschießend leichter fühlen.

»Erzengel Michael, bitte nimm jetzt alle niederen Emotionen von mir. Bitte beseitige negative Gedanken aus meinem Kopf, damit ich mich auf Liebe ausrichten kann. Ich bitte dich, mich von allen toxischen Emotionen zu reinigen, an denen ich unbewusst festgehalten habe. Ich danke dir für diese Klärung.«

Meersalz-Bad

Die Energie des Meeres ist zutiefst reinigend. Schwimmen Sie im Meer, um negative Energien aus Ihrer Aura zu klären. Falls Sie nicht an oder in der Nähe einer Küste leben, bringen Sie die Energie des Meeres in Ihr Zuhause. Natürliches Meersalz (zum Beispiel keltisches, atlantisches, Totes Meer-Salz sowie Himalaya-Salz) enthält alle diese Elemente. Es unterscheidet sich sehr von Tafelsalz, das gereinigt und industriell verarbeitet wird. Diese natürlichen Salze jedoch sind nichts weiter als verdampftes Meerwasser. Fügen Sie natürliches Meersalz Ihrem Badewasser hinzu, zaubern Sie sich damit Ihr eigenes Meer, das Ihren Körper von Negativität reinigt. Zudem hat es eine physische Wirkung, indem es Toxine durch Ihre Haut ausscheiden lässt. Um Ihr Meersalzbad genießen zu können, müssen Sie lediglich das entsprechende Salz ins Wasser geben. Oder Sie können weitere heilende Energien hinzufügen und Ihr Bad zu einem Ritual machen.

Rituelles Bad

Dazu benötigen Sie:

- 1 Tasse Meersalz
- Weiße Kerzen
- Ihr Lieblings-Räucherstäbchen oder Aromatherapie-Öle in einer Duftlampe (Nag-Champa-Räucherstäbchen und Lavendelöl sind besonders geeignet).

- Lassen Sie sich ein angenehm heißes Bad einlaufen. Die Hitze des Wassers hilft Ihrem Körper, Spannung, Toxine und Stress loszulassen. Zünden Sie die Kerzen an, und fühlen Sie ihre reinigende Eigenschaft. Dann zünden Sie Räucherstäbchen und/oder Aromatherapie-Öle mit etwas Wasser vermischt in der Duftlampe an, die das Element der Luft und die heilende Energie der Engel einladen. Vielleicht möchten Sie Ihre Intentionen für Ihr rituelles Bad in diese Worte fassen:

  »Ihr Engel, ich heiße euch in diesem Raum willkommen. Bitte erlaubt mir, alle niederen Vibrationen aus meinem Wesen loszulassen. Helft mir, vor allem (benennen Sie Ihr Problem) *loszulassen.«*

- Atmen Sie ein paarmal tief ein und aus, um sich zu entspannen. Nehmen Sie das Meersalz, und stellen Sie sich vor, wie es von einem reinen weißen Licht erfüllt ist. Visualisieren Sie die Engel, die weißes Licht in das Salz senden. Fühlen Sie, wie das Salz auf Ihren Handflächen pulsiert und prickelt.

Vertrauen Sie, dass es alle Giftstoffe aus Ihrem Körper ziehen wird, sowohl energetisch als auch physisch. Wenn Sie so weit sind, geben Sie das Salz ins Badewasser.

- Bleiben Sie mindestens 15 Minuten im Wasser. Anschließend trocknen Sie sich vorsichtig ab, um die positiven Energien weiter einziehen zu lassen.

Reinigende ätherische Öle

Arbeiten Sie mit reinen ätherischen Ölen, um toxische Emotionen aufzulösen. Zu den reinigenden Ölen gehören Orangen-, Zitronen- und Eukalyptusöl. Orange stärkt Ihr Selbstvertrauen und Ihre Selbstachtung. Es beseitigt Blockaden und sorgt dafür, dass Sie liebevolle Freundschaften und Beziehungen in Ihr Leben bringen. Zitrone reinigt Ihre Aura und Umgebung von niederen Energien. Es belebt Sie und verleiht Ihnen eine neue Sichtweise jeder Situation, in der Sie sich befinden. Eukalyptus wäscht die toxischen Elemente dieser Erfahrungen weg und hilft Ihnen, sich auf die Lektionen auszurichten, die Sie gelernt haben, anstatt auf den erlittenen Schmerz.

Versuchen Sie es auch mit Geranie und Rose. Diese Öle sind sehr effektiv, wenn es darum geht, sich mit Ihrem Herzzentrum zu verbinden. Beide Öle strömen einen köstlichen Duft aus, der Ihrer Seele guttun wird.

- Lassen Sie den Duft der Öle durch Ihr ganzes Haus ziehen, oder geben Sie einige Tropfen auf ein Papiertaschentuch. Dann können Sie im Laufe des Tages immer wieder den Duft einatmen und auf diese Weise kontinuierlich mit Ihrer Heilung fortfahren.

Entgiftende Aura-Sprays

Die Anwendung eines reinigenden Sprays wirkt sich sofort positiv auf Ihre Aura und Ihr Zuhause aus. Diese Produkte entfalten ihre Wirkung, indem sie negative Energie mittels positiver Vibrationen auflösen. Es gibt nichts, was die Dunkelheit mehr fürchtet als Licht. Diese Sprays sind in verschiedenen Zusammensetzungen erhältlich und können ätherische Öle, Kräutertinkturen und Schwingungsessenzen enthalten oder durch aktive Heilung aufgeladen sein.

- Sprühen Sie Ihre Aura morgens und abends damit ein, um Ihre Energie zu klären und sich von den Emotionen des Tages zu reinigen. Sprühen Sie auch Ihr Heim und Ihren Arbeitsplatz ein, um negative Energien anderer Personen oder schmerzhafte Konversationen aufzulösen.
- Sie können Ihr eigenes Aura-Spray herstellen, indem Sie eine Sprühflasche mit Quellwasser füllen. Fügen Sie intuitiv ätherische Öle, Schwingungsessenzen oder ein Gebet hinzu und schütteln Sie kräftig. Freuen Sie sich über die gute Wirkung!

Blumen, die helfen, alte Emotionen loszulassen

- Schmücken Sie Ihr Zuhause mit diesen Blumen, um Heilung und das Loslassen negativer Emotionen zu fördern. Sie werden alte Energien beseitigen und Freude und Frieden verbreiten.

Die Blüten von **Flammendes Herz/Tränendes Herz** beseitigen alte, schmerzhafte Emotionen, indem sie Sie im Licht verankern. Sie verleihen Ihnen und der ganzen Situation Leichtigkeit. Diese Blumen zeigen Ihnen den Weg des Friedens und erinnern Sie daran, wie es sich anfühlt, den eigenen Weg in Frieden zu gehen. Indem Sie Schmerz und Bitterkeit loslassen, werden Sie mit dem liebevollen Licht Ihrer Engel erfüllt.

Gladiole steigert Ihre Energie und macht Sie glücklicher. Sie hilft Ihnen, erdrückende Emotionen loszulassen, die Traurigkeit verursachen. Diese Blume verbindet Sie mit Ihrem göttlichen Licht und bittet Sie, Ihr Licht auf andere scheinen zu lassen, damit auch sie von den Geschenken profitieren können, die Sie so reichlich besitzen.

Die magische **Hortensie** hilft Ihnen, sich auf Ihre Situation einzustellen. Sie ist die Blume des Wandels, die Ihnen hilft, leichten Herzens von einem Seinszustand in einen anderen zu wechseln. Arbeiten Sie mit Hortensien, um Ihre alten Emotionen zurückzulassen, damit Sie in einem Zustand reiner Freude weitergehen können.

Iris klärt alte Emotionen und lässt Ihren Körper erfrischt und mit neuen Kräften versehen zurück. Iris entgiftet Sie von negativen Emotionen und spornt Ihren Körper zu Gesundheit und Glück an. Wahres Glück basiert nicht zuletzt auf guter Ernährung und ganzheitlicher Pflege Ihres physischen Körpers.

Johanniskraut-Blüten erheben Sie über die Konfusion des Lebens und beseitigen den psychischen Nebel, der Ihnen Schwierigkeiten bereitet. Johanniskraut schenkt innere Ruhe und Klarheit, indem es Ihre Herzensfreude weckt. Johanniskraut bringt Ihnen Ihr natürliches Lachen zurück, *die* Medizin schlechthin! Je mehr Sie lachen, desto schneller sind Sie geheilt.

Kapuzinerkresse macht alles leichter und reibungsloser, bringt Ihre Emotionen ins Gleichgewicht und räumt mit Komplikationen auf.

Löwenzahn-Blumen zeigen Ihnen, warum Sie bestimmte Emotionen empfinden. Sie helfen Ihnen, Ihre Probleme zu verarbeiten und ihre Ursachen voll zu verstehen. Sobald Sie die Wurzel Ihrer Probleme identifizieren, können Sie daran arbeiten, sie zu klären.

Sonnenhut hilft Ihnen, alte Lasten loszuwerden. Sie können die schweren Konflikte der Vergangenheit loslassen und damit bereit werden, die Zukunft freudig anzunehmen. Arbeiten Sie mit dem Sonnenhut, um sich von alten Emotionen und seelischer Last zu befreien.

TRAUER

Wenn Sie einen lieben Menschen verlieren, ist es normal, um ihn zu trauern. Trauer ist ein völlig natürlicher Teil beim Verarbeiten Ihrer Emotionen. Nehmen Sie sich genug Zeit, um die Energie der Trauer zu heilen.

Erzengel Azrael kann Ihnen helfen, weiterzugehen. Wenden Sie sich daher an ihn, wenn Sie fühlen, dass die Zeit gekommen ist, niederdrückende Emotionen hinter sich zu lassen. Er ist der Erzengel des Übergangs von diesem Leben in das nächste, und kann Ihnen helfen, zu verstehen, was passiert ist und wie Sie weitergehen können.

Es ist wichtig anzuerkennen, dass Ihre Lieben nicht ein für alle Mal verloren sind. Sie sind vielmehr auf der »anderen« Seite und möchten gerne wieder mit Ihnen kommunizieren. Machen Sie sich bewusst, dass Sie nach wie vor liebevolle Führung von jenen erfahren, die hinübergegangen sind – Sie müssen sich nur auf eine andere Weise verbinden. Offensichtlich können Sie nicht den Hörer in die Hand nehmen und ihre Nummer wählen oder eine SMS schicken. Doch Sie können ihre himmlische Gegenwart fühlen und sie bitten, Ihnen Zeichen zu senden.

- Bitten Sie darum, dass sie Ihnen Botschaften zukommen und Sie wissen lassen, dass es ihnen gut geht. Als Nächstes achten Sie sorgfältig darauf, ob Sie irgendwo ihre Namen hören. Vielleicht gehen Sie an einem Laden vorbei, wo Sie hören, wie der Name des Verstorbenen gerufen wird; oder Sie sehen seinen Namen in der Zeitung oder hören ihn im Fernsehen. All dies sind Möglichkeiten, durch die Ihre Lieben Sie zu kontaktieren versuchen. Vertrauen Sie Ihrer Präsenz, und Sie werden umfangreichere Botschaften mit noch größerer Klarheit erhalten.

Wenn Sie von Ihren Lieben geträumt haben, dann ist auch das real. Wenn Sie schlafen, können diese lieben Seelen ohne Probleme mit Ihnen kommunizieren, denn dann schläft auch das Ego, und Sie müssen keinen inneren Kampf um die Wahrheit ausfechten. Vertrauen Sie den Botschaften, die Sie im Traum empfangen, und machen Sie sich bewusst, dass diese Botschaften eine tiefe Bedeutung für Sie haben.

Malachit

Malachit-Kristalle helfen Ihnen, die verschiedenen Stufen der Trauer zu verarbeiten. Der Kristall unterstützt Sie und richtet Sie wieder auf. Ihr Leben weiterzuführen bedeutet nicht, dass Sie die Menschen vergessen, die von Ihnen gegangen sind. Sie wählen lediglich, Ihren Fokus auf das Leben und Mitgefühl zu richten, das diese Personen in die Welt gebracht haben. Sie erkennen die Trauer um ihr Hinübergehen an, ohne jedoch darin zu schwelgen.

- Tragen Sie Malachit bei sich, und tragen Sie einen Kristall über Ihrem Herzen, um Trauerenergie zu heilen.

Blumentherapie zur Heilung von Trauer

Die **Calla-Lilie** ist die perfekte Blume, um Ihrem Seelengefährten zu sagen »Ich liebe dich«. Es schickt Ihre von Herzen kommenden Gedanken wie ein Gebet zu dem geliebten Menschen. Seien Sie versichert, dass seine Seele Ihre Liebe fühlen wird. Im Gegenzug werden auch Sie die Liebe dieses Menschen fühlen.

Die **Gladiole** erhebt Sie über die Trauer und erinnert Sie an die Liebe, die Sie geteilt haben und nach wie vor teilen. Nachdem wir mit vielen verstorbenen Lieben kommuniziert haben, können wir (Doreen und Robert) Ihnen sagen, dass sie es vorziehen, über ihre Momente der Liebe mit Ihnen zu sprechen. Sie möchten nicht, dass wir uns auf die schwierigen Zeiten vor ihrem Tod fokussieren. Stattdessen sollten Sie ihre Wünsche – und ihr Leben – ehren, indem Sie sich an die Freude erinnern, die sie in Ihr Leben brachten.

- Umgeben Sie sich mit **Proteusgewächsen**, um die Energie der Trauer zu beseitigen. Diese Blumen helfen Ihnen, Trost in dem Wissen zu finden, dass Ihre Lieben Sie nach wie vor unterstützen. Sie weichen nie von Ihrer Seite; Sie müssen jetzt lediglich auf eine andere Weise mit ihnen in Kontakt treten. Diese Blumen helfen Ihnen, weiterhin heilende Kommunikation mit Ihren lieben Verstorbenen zu pflegen.

WUT

Wut ist fehlgeleitete Energie. Laut Aussage der Engel ist sie ein Zeichen, dass in Ihrem Leben zu viel auf einmal passiert und Ihr Nervensystem überfordert ist. Sie können diese Situation heilen, indem Sie andere um Hilfe bitten. Die Engel sagen, dass wütende Menschen dazu neigen, alles allein erledigen zu wollen. Sie fühlen, dass sie sich nicht auf andere verlassen können, wenn es darum geht, eine Aufgabe gut zu erledigen. Ihre Egos machen sie wütend und frustriert, weil sie denken, sie haben nicht genug Zeit. Wütende Menschen fürchten, ihre Angelegenheiten nie zu Ende bringen zu können und nicht alles erreichen zu können, was sie erreichen zu müssen glauben. Das führt zu großem körperlichem Stress und hat zur Folge, dass Sie Ihre kostbaren Ressourcen schneller verbrennen, als nötig wäre.

Entspannen Sie sich, und finden Sie inneren Frieden, und Sie werden sehen, dass das Leben nicht hektisch sein muss. Wenn Sie aus Versehen in einen Kreislauf von Wut geraten sind: Es gibt einen Ausweg. Sie können dieses Muster unterbrechen, indem Sie um Unterstützung bitten. Denken Sie einfach die Worte *Engel, bitte helft mir*, und schon hat Ihre Heilung begonnen.

Sie müssen diesen Prozess nicht allein durchstehen. Wenn Sie sich der göttlichen Hilfe entziehen, macht das Ihre Aufgabe nur umso schwieriger.

- Nehmen Sie sich jetzt einen Moment Zeit, um die himmlische Hilfe in Ihrem Leben willkommen zu heißen. Bitten Sie um Richtung, Klarheit und – was am wichtigsten ist – um Hilfe.

Wutprobleme können Symptom für eine Leberstörung sein. Wenn Sie unter Verdauungsproblemen aufgrund von zu viel Fett, Blähungen oder Hautunreinheiten leiden, kann es sein, dass Ihre Leber Heilung braucht.

Chrysa Wyland bekam mit 30 Jahren ihr drittes Kind und fiel anschließend in eine Wochenbettdepression. Ihr Arzt verschrieb ihr Antidepressiva und Medikamente gegen Angst, die sie jahrelang nahm. Im Laufe der Zeit wurde sie adipös und griff zu Drogen und Alkohol, um sich zu trösten.

Eines Tages, als sie dabei war, ihren Schrank aufzuräumen, hatte Chrysa das Gefühl, als müsste sie bald sterben. Zu Beginn war sie damit einverstanden und dachte, dass andere Leute dann endlich merken würden, wie wundervoll sie in Wirklichkeit war. Dann dachte sie länger darüber nach und wusste, dass sie etwas tun musste, um einen frühen Tod zu vermeiden. Sie hielt inne und machte sich all die Dinge bewusst, für die sie dankbar sein konnte, und beschloss im gleichen Augenblick, glücklich zu sein. Also begann Chrysa, sich unter Aufsicht eines Arztes von den Medikamenten zu entwöhnen – mit Erfolg. Sie erkannte, dass sie keinen Grund hatte, nicht glücklich zu sein.

Sie fühlte sich angeleitet, mit dem Alkohol- und Drogenkonsum aufzuhören und einfach gesund zu werden. Sie fand einen neuen Job, der ihr Spaß machte, und begann, jeden Tag einige Meilen zu joggen. Chrysa fühlte sich pudelwohl und hätte Bäume ausreißen können! Ihre Kinder und ihr Ehemann waren genauso glücklich, und von außen betrachtet, schien alles wunderbar zu sein. Doch in Wahrheit unterdrückte Chrysa weiterhin alte Emotionen. Sie wollte sich ihnen nicht stellen oder sie zum Ausdruck bringen, also drückte sie diese Gefühle weg und tat so, als würden sie nicht existieren.

Kurz darauf fand Chrysa eine Schwellung in ihrer linken Brust, die sich als Krebs herausstellte. Sie war außer sich vor Wut. Wie konnte das sein, nachdem sie in letzter Zeit gesünder gelebt hatte als all die Jahre zuvor? Eine Abwärtsspirale begann, und bald aß und trank sie wieder alles, wonach es sie gelüstete. Tief in ihrem Inneren wusste sie, dass es falsch war, doch sie hatte keine Ahnung, wie sie damit aufhören sollte. Sie fiel in ihr altes Verhalten zurück, Emotionen durch Essen und Trinken zu unterdrücken.

Chrysa ließ sich operieren und unterzog sich einer Chemotherapie sowie Strahlenbehandlung. Sie erkannte, dass ihr Leben total aus dem Gleichgewicht geraten war. Sie begann, sich mit ihrem Mann zu streiten, und ihre Kinder liefen Gefahr, auf den falschen Weg zu geraten. Sie merkte nicht, dass ihre unausgedrückte Wut die Dinge nur noch schlimmer machte. Kurz darauf erhielt Chrysa die schlimme Nachricht, dass der Krebs zurückgekommen war.

Dieses Mal war sie bereit. Sie war entschlossen, die Vergangenheit hochkommen zu lassen, egal, wie schmerzhaft es sein würde. Sie wusste, dass sie sich von den alten Energien entgiften musste, an denen sie so lange festgehalten hatte. Sie forschte nach, wie sie sich selbst heilen und wieder gesund werden konnte und begann, sich in erster Linie von Gemüse und Obst zu ernähren. Jeden Morgen bereitete sie sich einen frischen Saft zu, während sie Zucker,

Kaffee und Alkohol aufgab. Sie trainierte und meditierte täglich. Chrysa ging sogar zu einem Therapeuten, der ihr half, ihre Wut und alten Emotionen völlig loszulassen.

Und sobald sie begonnen hatte, zu Gott und den Engeln zu beten, wurde ihre zweite Chemotherapie-Runde erträglicher. Die Nebenwirkungen waren trotz der hohen Dosis minimal. Sie konnte fühlen, wie ihr Körper sich selbst reinigte, und dies war nicht nur eine physische, sondern auch eine emotionale Reinigung. Sie ließ die Toxine ihrer früheren ungesunden Ernährungsweise los und befreite sich von allem emotionalen Schmerz aus der Vergangenheit.

Heute fühlt Chrysa sich gesund und stark. Auch ihre Familie hat positiv reagiert und ist ein Spiegelbild ihrer guten Gesundheit.

Beruhigender Kräutertee

- Schenken Sie sich innere Ruhe, indem Sie Kamillentee trinken. Eine oder zwei Tassen pro Tag sind die Norm, und eine weitere, wenn Sie merken, dass Wut aufsteigt. Der Vorgang der Zubereitung des Tees, sich dann hinzusetzen und ihn zu genießen reicht aus, um die Energie der Wut abzuleiten.

Entspannende ätherische Öle

- Genießen Sie den Duft von Lavendel in Ihrem ganzen Haus. Sieben Tropfen in einen Aromatherapie-Ölbrenner sind genug, um wütende Emotionen und negative Energie zu beseitigen, die Ihr Drittes-Auge-Chakra blockieren.

Kristalle zum Loslassen von Wut

- Besorgen Sie sich Amazonit-Kristalle, denn sie helfen, die Wut zu zerstreuen, die Sie vielleicht im Griff hat. Auch Tigeraugen-Steine eignen sich gut, da sie Ihnen helfen, innezuhalten und sich zu fokussieren. Legen Sie öfter eine kurze Pause ein, anstatt von einer Aufgabe zur nächsten zu hasten.

Blumentherapie zur Entgiftung von Wut

Begonien erinnern Sie daran, wie wichtig Geduld ist. Wenn Sie geduldig sind, führen die Engel Sie auf dem Weg zu innerem Frieden. Diese Blumen helfen Ihnen, Ihren Privatbereich zu schützen. Wut kann hochkommen, wenn andere ständig in Ihren Arbeitsbereich eindringen. Wenn Sie Ihr Umfeld mit Begonien schmücken, werden Sie vor Ablenkungen geschützt sein.

Löwenmäulchen sorgen dafür, dass Ihre Worte nicht von Wut und Negativität geprägt sind, sondern ermutigen Sie stattdessen, sich auf eine liebevolle und heilende Weise zu äußern. Durch liebevolle Worte können Sie den Menschen, denen Sie begegnen, helfen und Ihre heilenden Fähigkeiten mit ihnen teilen. Besorgen Sie sich ein Löwenmäulchen, und schreiben Sie dann Ihre Frustrationen auf ein Stück Papier. Falten Sie das Papier winzig klein zusammen, und stecken Sie es in die Blüte des Löwenmäulchens. Werfen Sie die Blume im hohen Bogen in den Garten oder auf eine Wiese, und lassen Sie auf diese Weise Ihre Wut los.

Löwenzahn löst wütende Gedanken und Gefühle auf. Geben Sie Löwenzahnblätter in Ihren Salat, um Wut und Gereiztheit zu zerstreuen. Diese Blumen zeigen Ihnen den Silberstreifen am Horizont in Bezug auf Ihre gegenwärtige Situation.

Tulpen verleihen Ihnen Motivation, wenn Sie das Gefühl haben, keinerlei Fortschritte zu machen. Sie beseitigen Wut und Verdruss, indem sie Frieden und Entspannung bewirken. Sie helfen Ihnen, sich zu fokussieren, damit Sie die bevorstehenden Aufgaben erfolgreich zu Ende bringen können.

RESSENTIMENT

Ressentiments gegenüber anderen Menschen besitzen eine ähnliche Energie wie Eifersucht und Verbitterung. An diesen niederen Energien festzuhalten führt nur dazu, dass Ihre eigene Vibration sinkt und in erster Linie *Ihnen selbst* schadet. Stellen Sie sich die Frage, ob Sie anderen tatsächlich Schaden zufügen wollen. Sie wissen, dass die Antwort *Nein* lautet. Doch wenn Sie an Ressentiments festhalten, bringen Sie sich selbst zu Schaden. Seien Sie bereit, diese alte Energie loszulassen, damit Sie Ihr Leben wieder genießen können.

Das Ego versucht, Sie zu überzeugen, dass es nicht genug von allem gibt; also müssen Sie kämpfen, um überleben zu können. Wenn ein anderer etwas hat, was Sie sich wünschen, müssen Sie mit ihm oder ihr in Konkurrenz treten, um es zu bekommen. In spiritueller Wahrheit gibt es mehr als genug für jeden. Sie müssen nie um etwas kämpfen, um für sich selbst, Ihre Familie oder andere geliebte Menschen zu sorgen.

Das Ego will, dass Sie Zeit vergeuden in dem Versuch, anderen Menschen etwas zu nehmen. Doch Ihre Engel erinnern Sie daran, dass Sie nur fragen müssen, um alles zu bekommen, was Ihr Herz sich wünscht. Dann kann Ihr Gebet direkt zum Himmel fliegen, wo der Schöpfer die Erfüllung Ihrer göttlich geführten Bitten einfädeln kann. Diese Bitten müssen nicht riesig oder grandios sein. Vielleicht geht es bei Ihrer Bitte nur darum, schnell den perfekten Parkplatz zu finden oder auf dem Heimweg nicht in einen Stau zu geraten. Indem Sie den Himmel um Hilfe bitten, werden Sie mühelos alles bekommen, was Sie wollen. Jetzt haben Sie keinen Grund mehr, sich zu stressen oder es anderen zu verübeln, vielleicht das erreicht zu haben, was Sie sich gewünscht hatten.

Sehen Sie, wie einfach es ist, tägliche Aktivitäten zu verbessern? Stellen Sie sich vor, wie entspannt Sie sich fühlen werden, wenn Sie diese Denkweise in jedem Aspekt Ihres Lebens anwenden. Sie werden andere Menschen nicht länger stressen oder ihnen Wut und Verbitterung entgegenbringen. Stattdessen schlagen Sie den richtigen Weg ein, denn Sie wissen, dass Gott für Sie sorgt.

Heilende Kräuter

Löwenzahn erleichtert Ressentiments und Verbitterung. Es gibt viele Möglichkeiten, mit diesem Kraut zu arbeiten.

- Setzen Sie sich neben einer Löwenzahnblume auf die Wiese, um über sie zu meditieren. Die Blume wird Ihnen Ihre niederdrückenden Emotionen nehmen. Wenn Sie irgendwo Löwenzahn-Samen finden, können Sie sich auf Ihren Wunsch nach Frieden fokussieren, indem Sie ihn mit aller Kraft in die Luft pusten.

- Oder gönnen Sie sich eine Tasse Löwenzahntee. Sie können sowohl die Blätter als auch die Wurzel verwenden: Die Wurzel ist gut für die Leber, während die Blätter eng mit den Nieren zusammenarbeiten. Sowohl Löwenzahnblätter- als auch Löwenzahnwurzeltee helfen, Ressentiments und Eifersucht aus Körper und Seele herauszuwaschen. Außerdem gibt es Löwenzahn-Kräuterextrakte und Tinkturen, mit denen Sie tropfenweise Ressentiments und Eifersucht auflösen können.

Blumentherapie zur Entgiftung von Ressentiments

Das **Löwenmäulchen** beruhigt Sie und gibt Ihnen die Möglichkeit zu denken, bevor Sie etwas sagen. Wenn Sie mit diesen Blumen arbeiten, wird Ihnen jede Art von Kommunikation mehr Freude machen. Lassen Sie die niederdrückende Energie der Verbitterung los, und geben Sie sich die Erlaubnis, Zeit mit Ihren Lieben zu verbringen. Jene Personen, denen gegenüber Sie Verbitterung empfinden, meinen es nicht böse. Wenn Sie mit Löwenmäulchen arbeiten, werden Sie erkennen, dass es keinen Grund gibt, mit anderen zu konkurrieren, oder ihnen das, was sie erreicht haben, übel zu nehmen. Sie haben ein genauso von Freude erfülltes Leben verdient wie die anderen.

UNVERSÖHNLICHKEIT

Unversöhnlichkeit oder die Unfähigkeit, zu vergeben, ist eines der größten Hindernisse für die Entwicklung Ihrer spirituellen Gaben. Die damit einhergehende Energie ist extrem schwer und niedrig und verhindert, dass Sie Zugang zu der höheren Frequenz der Engel haben. Wenn Sie in einem Zustand der Unversöhnlichkeit gefangen sind, können Sie die von Gott gesandte Führung weder hören, sehen, fühlen oder wissen.

Die Engel sagen, dass Sie durch die Weigerung, anderen Menschen zu vergeben, nur Ihr eigenes göttliches Licht verdunkeln. Ihr inneres Licht ist schöner, als Sie es sich vorstellen können. Es hat eine ungeheure Strahlkraft, vergleichbar einem Leuchtturm, der im Dunkeln strahlt. Das Licht Ihrer Seele kann nie ausgelöscht werden, doch wenn Sie auf Unversöhnlichkeit beharren, breiten Sie damit eine Decke der Dunkelheit über das Licht. Es scheint nach wie vor, doch jetzt ist es schwerer, die Verbindung dazu herzustellen. Zudem bezeichnen die Engel die Unfähigkeit zur Vergebung als den Damm in einem Fluss, der das Fließen der heilenden Energie Ihres Körpers bremst.

Der Prozess der Vergebung ist einfach, doch der Weg, sie zu akzeptieren, kann eine Herausforderung darstellen. Denn wenn Sie jemandem vergeben, treffen Sie die Entscheidung, negative Energie loszulassen, die sich an Ihnen festgemacht hat. Sie sagen damit nicht, dass das, was der oder die andere Ihnen angetan hat, in Ordnung ist; Sie vergeben den Schmerz und die Macht, die der andere über Sie hatte. Der Zeitpunkt ist gekommen, Ihre eigene Kraft zurückzuholen und Ihre friedliche Zukunft zu affirmieren.

Je nachdem, wie Ihre persönliche Heilungsreise verläuft, mag dieses Konzept momentan noch schwer zu verstehen sein, daher sollten Sie versuchen, sich nicht von Ihrem Ego ablenken zu lassen und zu erlauben, dass es Ihren Fokus von diesem Buch wegzieht. Das Ego will, dass Sie an den niederen Energien festhalten, indem es Sie davon abhält, anderen zu vergeben.

Wenn Sie sich selbst helfen und die Dunkelheit hinter sich lassen, werden Sie sehen, dass wir alle auf göttliche Weise miteinander verbunden sind und aus derselben Quelle stammen. Unsere Essenz, unsere Seelen, kommen von demselben allliebenden Schöpfer. Wenn Sie sich diese Sichtweise zu eigen machen, sehen Sie die andere Person als ein kleines, unschuldiges Baby. Und dann wird der Prozess der Vergebung leichter.

Die Engel stellen Ihnen folgende Frage: »Würden Sie Ihren Schmerz lieber gegen Frieden eintauschen?« Wenn Sie sich weigern zu vergeben, fügen Sie in erster Linie sich selbst Schmerz und Leid zu.

- Wiederholen Sie die Affirmation:

»Ich bin bereit, meinen Schmerz gegen Frieden einzutauschen, indem ich vergebe.«

- Sagen Sie diesen Satz so oft Sie möchten, um Blockaden zu beseitigen und die Heilung Ihrer Engel zu empfangen.

Meditation für Vergebung

- Bringen Sie Ihren Geist zur Ruhe, indem Sie sich auf Ihre Atmung fokussieren. Nehmen Sie ein paar sehr tiefe, langsame Atemzüge. Zählen Sie beim Einatmen bis vier, dann atmen Sie aus. Fahren Sie einige Minuten mit dieser Atemarbeit fort. Sobald Sie sich entspannt und zentriert fühlen, wenden Sie sich an Ihre Engel:

»Engel, bitte kommt zu mir. Ich bitte euch, mir eure heilenden Energien und Führung zu bringen.«

- Fühlen Sie die beruhigende Gegenwart der Engel. Als Nächstes visualisieren Sie sich selbst in einer sicheren, ungestörten Umgebung. Das könnte ein Berggipfel sein, ein heiter dahinfließender Fluss, oder ein sonniger, einladender Strand. Nun sehen Sie vor Ihrem inneren Auge die Engel: Sie sind hier, um Ihnen während dieses Prozesses des Loslassens zu helfen und Schutz zu geben.

- Als Nächstes laden Sie die Person, der Sie zu vergeben bereit sind, ein, zu Ihnen an diesen sicheren Ort zu kommen. Spüren Sie seine/ihre Energie, die ruhig und friedlich Ihre Einladung annimmt. Dies ist Ihre Gelegenheit, alles zu sagen, was Ihre Seele und Ihr Körper so lange unterdrückt haben. Bringen Sie dieser Person gegenüber alles zum Ausdruck in dem Wissen, dass Sie total beschützt sind. Wenn Emotionen hochkommen wollen, erlauben Sie es. Lassen Sie diese Gefühle als Teil Ihrer Heilung los.

- Vielleicht möchten Sie Ihrem Gegenüber Fragen stellen. Warten Sie geduldig auf eine Antwort. Sie werden die Antwort als Gefühle, Worte, Visionen oder Gedanken empfangen. Die Energie dieses Menschen wird Ihnen die Antwort geben. Sie können Ihre Engel um Hilfe bitten, damit Sie verstehen, was gesagt wird; zudem können sie Ihnen helfen, den Schmerz loszulassen, den Sie eventuell aufgrund der Antwort fühlen. Wenn diese Visualisierung beendet ist, bitten Sie die Engel an Ihre Seite. Visualisieren Sie die himmlischen Wesen, wie sie Ihnen und der anderen Person heilende Energie senden. Dann sagen Sie:

»Ich bin bereit, Dich aus meinem Leben zu entlassen, indem ich mich entscheide, zu vergeben.«

Sie werden sofort spüren, wie eine schwere, niedere Energie aus Ihrem Körper weicht. Danken Sie den Engeln für ihre wunderbare Hilfe und vertrauen Sie darauf, dass die Klärung stattgefunden hat.

- Gehen Sie für den Rest des Tages besonders liebevoll mit sich selbst um. Machen Sie wenn nötig ein Nickerchen. Ruhen Sie sich aus, und folgen Sie den Botschaften Ihres Körpers im Hinblick darauf, was Sie essen oder trinken sollen.

HERZENSKUMMER UND ENTTÄUSCHUNG

Herzeleid und Enttäuschung haben Narben auf Ihrem energetischen Körper hinterlassen. Hellsichtig sehen wir diese Narben unmittelbar über Ihrem physischen Körper. Sie zeigen, dass Sie in der Vergangenheit verletzt oder betrogen worden sind. Es ist wichtig, diese alten Wunden zu heilen, um dafür zu sorgen, dass sich die daraus resultierenden Muster nicht wiederholen. Eine schmerzhafte Trennung kann unerlösten Herzenskummer in Ihrem Energiefeld zurücklassen, was es schwierig macht, eine neue Beziehung einzugehen. Sie werden weiterhin die gleichen Partner anziehen; sie mögen sich in scheinbar unterschiedlichen Körpern verbergen, doch ihre Energie fühlt sich immer gleich an. Es gab einen Grund, warum Ihre vergangene Beziehung zu Ende ging, daher setzen Sie sich nicht noch einmal dieser schmerzhaften Erfahrung aus. Arbeiten Sie mit den Engeln zusammen, um diese alten Energien loszulassen und positive Veränderungen und neue, gesunde Beziehungen willkommen zu heißen.

Naomi Sirio aus Australien lebte jahrelang in einer schwierigen Beziehung. Ihr Mann hatte einige Jahre zuvor eine Affäre, aber irgendwann glaubte sie, sich von dem Trauma erholt zu haben. Tief in ihrem Inneren nährte sie den Verdacht, dass er die ganzen 25 Jahre ihrer Beziehung untreu gewesen ist, doch es gelang ihr, sich selbst zu überzeugen, dass sie die Ehe um ihrer Kinder willen aufrechterhalten musste.

Naomi erhielt jedoch immer wieder physische Zeichen, dass sie sich von emotionalem Schmerz entgiften musste. Sie bekam eine Lungenentzündung, Probleme mit der Leber und Schmerzen im Unterleib. Sie betete zu den Engeln um Zeichen – und ignorierte alle, die sie empfing.

Nach langem, intensivem Nachdenken beschloss Naomi, sich scheiden zu lassen. Die Entscheidung fiel ihr schwer, doch sie wusste, dass es nötig war.

Kurz vor Weihnachten sah sie die Ankündigung für ein Engel-Seminar in Sydney. Zum ersten Mal in 25 Jahren war Naomi in der Lage, sich dafür anzumelden, ohne von ihrem Mann dafür verspottet zu werden. Es fühlte sich ungeheuer befreiend an, das Ticket zu kaufen!

Naomi wurde angeleitet, mit einer physischen Entgiftung zu beginnen, die ihre emotionale Entgiftung begleiten würde. Eine gute Freundin gab ihr einen Detox-Ernährungsplan, und eine Woche vor dem Engel-Seminar begann sie mit ihrer Entgiftung. Die Engel forderten sie auf, Kaffee aufzugeben, und sie erhielt die dafür nötigen Voraussetzungen.

Schon zu Beginn des Seminars bemerkte Naomi eine große Veränderung in ihrer Energie. Bis dahin hatte Angst ihr Leben regiert. Doch jetzt fühlte sie sich entspannt, sicher und hatte alles unter Kontrolle. Außerdem sorgten die Engel dafür, dass Naomi von uns (Doreen und Robert) für ein Blumen-Reading ausgewählt wurde! Naomi vertraut der Führung, die sie von den Engeln empfängt, und arbeitet weiterhin daran, ihr Leben zu verbessern.

Heilung von Herzenskummer mit Erzengel Raphael

Raphael heilt Ihre Emotionen und beseitigt Herzenskummer. Arbeiten Sie mit ihm, um negative Erfahrungen aus der Vergangenheit zu klären. Ihre Seele ist mit einer Art Leinwand ausgestattet, die Abdrücke von früheren Beziehungen, Enttäuschung und Herzeleid zeigt. Wenn Sie sich mit Erzengel Raphael zusammentun, können Sie reinen Tisch machen und Veränderungen willkommen heißen.

- Beginnen Sie, indem Sie über Ihren Atem meditieren. Dann rufen Sie Raphael herbei mit den Worten:

  »Erzengel Raphael, bitte komm jetzt mit deiner liebevollen, heilenden Energie zu mir.«

  Eine leichte Veränderung im Luftdruck oder ein Kribbeln sind Zeichen, dass Raphael da ist. Oder vielleicht spüren Sie einfach, dass er da ist.

- Als Nächstes visualisieren Sie nun eine Leinwand, die Ihre schmerzhaften Lebenserfahrungen zeigt. In der Regel erscheint diese Leinwand wie ein chaotisches Durcheinander, mit vielen überlappenden Bildern. Sie können aussehen wie Kritzeleien oder den Eindruck erwecken, als wäre Farbe darüber gespritzt worden. Bitten Sie Raphael, diese alten Verletzungen zu beseitigen, indem Sie sagen:

»Erzengel Raphael, bitte wasche die alten Energien weg, die auf der Leinwand festgehalten sind. Bitte erlaube mir, leicht und mühelos schmerzhafte Erinnerungen aus der Vergangenheit loszulassen. Ich bitte dich, mich zu heilen, damit ich nie mehr die gleichen schmerzhaften Erfahrungen machen muss.«

Visualisieren oder spüren Sie, wie Erzengel Raphael die Leinwand mit seiner heilenden Flüssigkeit besprüht. Fühlen Sie, wie alte Emotionen Ihren Körper verlassen und ins Licht entsandt werden. Die Farben werden sich auflösen und das reine weiße Licht darunter zum Vorschein bringen. Dann wird Raphael Sie fragen, welches Bild Sie auf der Leinwand sehen möchten. Geben Sie sich die Erlaubnis, Ihre Ziele und Ihren Wunsch nach Glück zu realisieren.

- Danken Sie Erzengel Raphael mit den Worten:

»Danke, Raphael, für diese machtvolle Klärung. Bitte arbeite weiterhin mit mir, damit ich eine positive Zukunft anziehen und manifestieren kann.«

Der Quarz, der das Herz heilt

Rosenquarz-Kristalle bringen auf sanfte Wiese die Liebe zurück in Ihr Leben. Sie lösen Blockaden auf, indem sie Ihnen helfen, liebevolle und mitfühlende Menschen anzuziehen. Dann können Sie Ihre Verteidigungsmechanismen aufgeben und andere in Ihrem Leben willkommen heißen. Die Kristalle helfen Ihnen zu sehen, dass nicht jeder Mensch schlecht ist oder es darauf anlegt, Ihnen weh zu tun. Viele Menschen möchten sehen, dass Sie Erfolg haben und Ihr himmlisches Glück und Licht mit Ihnen teilen.

Blumen-Therapie zur Entgiftung von Herzenskummer und Enttäuschung

Die **Gladiole** zieht Sie heraus aus Ihrer Traurigkeit und Ihrem Herzeleid. Sie haben der Welt eine Menge Liebe und Licht zu geben, und Gott will, dass Sie perfekt dazu in der Lage sind. Das Festhalten an den alten Energien von Herzenskummer blockiert die Botschaften der Liebe, die Ihre Engel Ihnen schicken. Lassen Sie diese Blockaden los, und holen Sie die Liebe Gottes in Ihr Leben zurück. Gott und die Engel sind nie von Ihrer Seite gewichen, doch aufgrund Ihrer Umstände in der letzten Zeit haben Sie nicht auf sie gehört. Jetzt ist die perfekte Gelegenheit, sich wieder mit dem Himmel zu verbinden und Ihre tiefsten Emotionen mit Ihren liebevollen Führern zu teilen.

9

Entgiften Sie Ihr Zuhause

Lassen Sie uns einige der alltäglichen Giftstoffe betrachten, die Sie wahrscheinlich auch zu Hause haben. Wie wir bereits wissen, enthalten Leitungswasser und Zahnpasta Fluorid. Angeblich soll es helfen, Karies vorzubeugen, doch Forschungen zeigen, dass es in Wahrheit kaum einen Unterschied macht. Orte, wo das Leitungswasser nicht fluoridiert wird, weisen auch nicht mehr Karies auf als die mit fluoridiertem Wasser. Je nachdem, wie viel Sie davon trinken, kann es schnell passieren, dass Sie Ihren Körper mit diesem Giftstoff überlasten. Es kann Symptome wie Arthritis und alle möglichen Schmerzen hervorrufen. Zudem wird das Fluorid Ihren Geist benebeln und die Konzentration erschweren. Und es wirkt sich auf Kinder und Heranwachsende noch negativer aus als auf ältere Menschen.

Mischen Sie Ihre eigene Zahnpasta aus biologischem Kokosnussöl, essbarem Pfefferminzöl und reinem Backnatron, ohne irgendwelche chemischen Zusätze. Entscheiden Sie sich für natürliches Quellwasser als Getränk Ihrer Wahl, oder investieren Sie in ein Reverse-Osmose-Filtersystem.

Tricosan ist ein hochtoxischer Bestandteil antibakterieller Produkte, Zahnpasten, Kosmetik und der meisten Flüssigseifen. Es ist ein synthetischer antibakterieller und sehr gefährlicher Wirkstoff. Er wurde mit Problemen des Immun- und Drüsensystems in Verbindung gebracht und kann Ihre Schilddrüsenfunktion stören (die Schilddrüse ist verantwortlich für Stoffwechsel und Wachstum). Untersuchungen haben bewiesen, dass Tricosan Zellwachstum beschleunigen und vermehrte Gehirnaktivität auslösen kann. Es bringt die Hormone im Körper durcheinander und wirkt sich zudem negativ auf die Muskeln aus.

Forscher von der University of California, Davis, und der University of Colorado veröffentlichten im Fachjournal *Proceedings of the National Academy of Sciences* einen wissenschaftlichen Text, der zeigte, dass Tricosan Körper- und Herzmuskeln schädigt. Sie kamen zu dem Schluss, dass Tricosan ein echtes Risiko für Menschen darstellt.

Viele Wissenschaftler sagen, dass Tricosan in antimikrobiellen und antibakteriellen Handseifen kaum Vorteile bringt. Wenn Sie beim Waschen die Hände aneinanderreiben, lösen sich Bakterien und Viren, wobei die Präsenz von Tricosan keinen signifikanten Unterschied macht. Es gab eine Untersuchung über die Wirksamkeit von Tricosan als antibakterielle Handseife, wobei der leitende Wissenschaftler zugab, dass es nur in ungewöhnlichen Situationen mit extrem hoher Ansammlung von Bakterien effektiv ist. Außerdem gab er zu, dass die Forschungsstudie vom *American Cleaning Institute* entworfen und finanziert wurde, einer Handelsorganisation für Hersteller von Reinigungsprodukten. Ohne Frage sind es diese Firmen, die durch Verwendung dieses gefährlichen chemischen Stoffes in ihren Produkten am meisten zu gewinnen haben.

Phthalate werden bei der Herstellung von Plastikverpackungen, Plastikfolien und Plastiktüten verwendet. Oft findet man sie auch in Seife, Shampoo, Haarspray und Nagellack. Phthalate werden dem Plastik beigemischt, um es widerstandsfähiger und flexibler zu machen. Kosmetikhersteller benutzen diese Chemikalie, um den Duft von Parfums haltbarer zu machen.

Phthalate sind mit Problemen des Fortpflanzungs- und Drüsensystems assoziiert worden,

BPA (Bisphenol-A) ist Bestandteil vieler Essens- und Trinkbehälter. Mehrere Untersuchungen haben sich mit den Gefahren von BPA-haltigen Plastikprodukten beschäftigt: Sie lassen dieses gefährliche Toxin in die Nahrung sickern, was zu Leberschäden, Herzerkrankungen und Problemen mit der Fortpflanzung führen kann. BPA-Plastikprodukte enthalten auf dem ISBN-Kennstreifen die Zahl 3 oder 7. Vermeiden Sie diese Produkte um jeden Preis.

Natriumlaurylsulfat ist der Stoff, der Hand- und Duschseifen, Gesichtsreiniger und Shampoos zum Schäumen bringt. Bei wiederholter Anwendung kann das Sulfat allergische Hautreaktionen auslösen. Darüber hinaus kann es die schützende Hautschicht schädigen, die gefährliche Chemikalien im wahrsten Sinne des Wortes daran hindern, uns »unter die Haut« zu gehen. Was zum Beispiel Shampoos betrifft, so gibt es diverse Produkte, die laut Etikett frei von Sulfat sind, also sollten Sie vielleicht danach Ausschau halten.

Ätherische Öle als Haushaltsreiniger

Sie können Geld sparen (und Ihre Gesundheit erhalten), wenn Sie reine ätherische Öle benutzen anstatt die teuren, toxischen Produkte, die Sie im Supermarkt finden.

Ätherische Öle können äußerst wirksame Desinfektionsmittel sein, die uns von der Natur angeboten werden. Die Öle besitzen physische Reinigungseigenschaften und gleichzeitig metaphysische Heilungsenergien. Daher sind sie die perfekte Wahl für spirituell bewusste Menschen wie Sie. Ein ausgezeichnetes antiseptisches Öl ist Lavendel.

- Fügen Sie ein paar Tropfen Lavendelöl in eine wassergefüllte Sprayflasche, schütteln das Ganze gut und lassen es einige Stunden stehen. Wenn Sie das Spray dann benutzen wollen, schütteln Sie die Flasche noch einmal kräftig, und sprühen Sie die Oberflächen ein, die Sie reinigen wollen. Wenn Sie fertig sind, zerstäuben Sie noch ein wenig Lavendelöl darüber für zusätzlichen Schutz.

Der Duft von Lavendel ist sehr beruhigend und hilft, Ängste zu zerstreuen. Lavendelöl öffnet Ihr Dritte-Auge-Chakra und weckt Ihre Hellsichtigkeit.

Es gibt viele wundervolle natürliche Produkte, die Sie sowohl zum Reinigen Ihres Hauses als auch zur Körper- und Haarpflege benutzen können. Die meisten dieser Produkte sind ganz normale Mittel, die in jedem Haushalt zu finden sind. Lernen Sie, wie diese Mittel auf unterschiedliche Weise benutzt werden können, um chemisch belastete, toxische Produkte zu vermeiden.

Teebaumöl

Teebaumöl ist ein ausgezeichnetes antibakterielles, antimykotisches und antiseptisches ätherisches Öl. Es eignet sich perfekt zum Reinigen und Desinfizieren, da es die Verteidigungslinien der Bakterien durchbricht. Wenn Bakterien sich in Gruppen zusammenschließen, sondern sie eine Substanz aus, die sie vor Antiseptika schützt. Immer wieder tötet Teebaumöl diese Bakterien ab, die offenbar nicht in der Lage sind, eine Abwehr gegen das natürliche Teebaumöl zu bilden.

Das Öl kann auf viele verschiedene Weisen benutzt werden:

- Tupfen Sie einen Tropfen auf eine Hautunreinheit, und sie wird verschwinden. Geben Sie ein paar Tropfen in einen Aromatherapie-Zerstäuber, um Erkältungen und Grippe fernzuhalten. Ein paar Tropfen im Shampoo beugen Kopfläusen vor. Verwenden Sie es als Allzweckreiniger, indem Sie zwei Teelöffel Öl in zwei Tassen Wasser geben, das Ganze in eine Sprayflasche füllen und gut schütteln. Benutzen Sie dieses extrem wirkungsvolle Öl zum Reinigen von Küchenarbeitsflächen, im Badezimmer und zur Bekämpfung von Schimmel.

  Falls Ihnen der Geruch nicht zusagt, fügen Sie der Mischung ein wenig Geranienöl hinzu.

Natron

Natron (oder Natriumkarbonat) ist ein wunderbares Haushaltsmittel, das Sie und Ihre Lieben ohne Gefahr benutzen können. Natron bringt den pH-Wert von allem ins Gleichgewicht, mit dem es in Berührung kommt.

- Geben Sie einen Teelöffel Natron in ein Glas Wasser, und rühren Sie das Ganze um. Jetzt können Sie damit gurgeln. Ihr Atem wird frisch sein, da das Natron Gerüche neutralisiert und Ihren Mundraum gesund hält.
- Es eignet sich auch als sanftes Peeling, das Sie täglich anwenden können. Machen Sie eine Paste, indem Sie das Natron mit etwas Wasser mischen und die Paste dann in einer kreisrunden Bewegung auf Hals und Gesicht streichen. Sie können auch Ihren ganzen Körper damit abreiben! Zudem ist er ein erstklassiger Handreiniger bei hartnäckigem Schmutz oder Gerüchen.

- Als natürliches Deo können Sie ein wenig Natron unter Ihre Achselhöhlen reiben, indem Sie das trockene Pulver auftragen und den Überschuss einfach abklopfen.

- Auch andere Gerüche lassen sich mit Natron neutralisieren. Stellen Sie zum Beispiel einen offenen Behälter mit dem Pulver in den Kühlschrank, um Gerüche zu absorbieren. Nach ein oder zwei Monaten schütten Sie das alte Natron in den Abfluss. Dann lassen Sie warmes Wasser aus dem Hahn hinterherfließen; auf diese Weise werden alle Abflussgerüche beseitigt, und Ihr Spülbecken ist wieder frisch. Außerdem können Sie ein wenig Natron in Ihren Mülleimer geben, um unangenehme Gerüche gar nicht erst aufkommen zu lassen.

- Und nehmen Sie dieses Wundermittel auch für Ihren Hausputz. Geben Sie ein wenig Natron auf einen befeuchteten Schwamm und reinigen Sie damit die Dusche und das ganze Badezimmer, so wie sonst auch. Dann spülen Sie mit klarem Wasser nach und wischen alles trocken. Die Kacheln werden strahlen wie neu, und Sie müssen keine Gesichtsmaske tragen, da es keine harschen Chemikalien gibt, vor denen Sie sich schützen müssten!

- Bei angebrannten Essensresten streuen Sie ein paar Teelöffel Natron in die Pfanne, fügen etwas Wasser hinzu und lassen es einziehen. Danach lässt sich die Pfanne wesentlich einfacher reinigen. Machen Sie Ihren Ofen mit einer Paste aus Natron und Wasser sauber. Streichen Sie die Paste auf hartnäckige Stellen und lassen sie über Nacht einziehen. Am nächsten Morgen waschen Sie die Innenseite Ihres Backofens mit einem nassen Schwamm ab. Entfernen Sie alle Reste, und wischen Sie mit einem feuchten Tuch nach.

- Putzen Sie Ihre Fußböden mit einer Lösung aus einer halben Tasse Natron in einem Eimer Wasser. Streuen Sie Natron über Ihre Teppiche und lassen es über Nacht einziehen. Am nächsten Tag nehmen Sie den Staubsauger und saugen das Natron ab – zurück bleibt ein sauberer Teppich und ein frisch duftendes Zimmer.

Rohes (oder natives) Kokosnussöl

Verwenden Sie natürliche Hautpflegeprodukte, wie zum Beispiel natives Kokosnussöl. Dieses Öl repariert das Bindegewebe und wird sofort von der Haut aufgenommen. Es kann helfen, feine Linien im Gesicht zu reduzieren, und schenkt Ihrer Haut eine jugendliche Leuchtkraft. Cremen Sie mit dem Öl Ihr Gesicht und Ihren ganzen Körper ein.

Natives Kokosnussöl eignet sich zudem hervorragend zum Kochen. Im Gegensatz zu anderen Ölen wird es weder ranzig, noch bildet es schädliche Transfette, wenn es erhitzt wird. Sie können Kokosnussöl auch bei sehr hohen Kochtemperaturen benutzen, ohne dass es seinen Nährwert verliert. Ihr Körper verdaut dieses Öl schnell, und es ist besonders empfehlenswert, wenn Sie abnehmen wollen. Sobald Sie andere Öle durch Kokosnussöl ersetzen, werden Sie merken, dass Sie mehr Energie haben, die wiederum Ihren Stoffwechsel beschleunigt, was überflüssige Pfunde purzeln lässt.

Nicht-toxische Insektenschutzmittel

Versprühen Sie zu Hause keine toxischen Insektenschutzmittel. Stattdessen zaubern Sie sich Ihre eigene Mischung eines natürlichen, unschädlichen Insektenmittels.

- Geben Sie 10 Tropfen ätherisches Zitronella-Öl, 5 Tropfen Lavendelöl und 5 Tropfen Geraniumöl in eine 100-ml-Sprayflasche; dann füllen Sie mit Wasser auf und schütteln das Ganze kräftig. Versprühen Sie es überall im Haus und draußen, um auf unschädliche Weise Käfer und Insekten zu vertreiben.

- Außerdem können Sie diese Mischung auch auf Ihre Haut sprühen oder ein duftendes Öl daraus zubereiten, um sich damit einzureiben. Als Basis nehmen Sie kaltgepresstes Olivenöl oder biologisches Kokosnussöl, und fügen die gleiche Mischung ätherischer Öle hinzu. Geben Sie eine kleine Menge in Ihre Handfläche und verreiben es sanft auf der Haut. Sie werden wunderbar duften, Ihre Haut pflegen und vor Insekten geschützt sein.

Auch Pfefferminztee eignet sich hervorragend als natürliches Insektenschutzmittel.

- Brauen Sie einen starken Pfefferminztee und füllen ihn in eine geschlossenen Teekanne. Geben Sie für jede Tasse kochendes Wasser drei Teelöffel getrocknete, biologische Pfefferminzblätter hinzu und lassen das Ganze eine halbe Stunde ziehen. Sobald der Tee Raumtemperatur erreicht hat, füllen Sie ihn in eine Sprayflasche, die Sie im Garten für Ihre Pflanzen und Blumen verwenden können. Der Tee verhindert, dass Käfer an Ihren Blumen und Salatköpfen knabbern; allerdings müssen Sie die Pflanzen erneut besprühen, nachdem Sie den Garten gegossen haben oder wenn es geregnet hat, weil das Wasser den Pfefferminzgeruch, der die Käfer vertreibt, weggewaschen hat.

Auch Lavendelöl ist gut als natürliches Insektenschutzmittel.

- Reiben Sie alle Oberflächen damit ein, wo Ameisen oder andere Insekten herumkrabbeln, und sie werden sich schnell zurückziehen.

Kirsti Boothroyd, deren Geschichte in Kapitel 7 beschrieben wird, erfuhr von den schädlichen Auswirkungen von Haushalts-Chemikalien, als sie die Liste der Ingredienzien studierte und entdeckte, dass ihre Zahnpasta, Shampoo, Conditioner, Gesichtscreme und Reinigungsprodukte voll von toxischen Stoffen waren. Sie war entsetzt, nicht zuletzt weil sie drei kleine Kinder hatte und nicht wollte, dass ihnen etwas passiert.

Sie stellte einige Nachforschungen zu diesem Thema an und beschloss, alle Chemikalien aus ihrem Haus zu entfernen. Auf eine Tafel schrieb sie »Chemiefreies Zuhause« als Verpflichtung gegenüber den Engeln, die sie bat, ihr bei der Suche nach Ersatz für diese schädlichen Produkte zu helfen. Schon am nächsten Tag flatterte ihr unerwartet genug Geld ins Haus, um alle Chemikalien durch umweltfreundliche Produkte zu ersetzen.

Eine tolle Website, unterstützt von der *Environmental Working Group*, wird Ihnen umgehend Analysen der Inhaltsstoffe in Tausenden von Kosmetik- und Pflegeprodukten sowie Hygieneartikeln geben. Sie tippen einfach den Namen des Produktes ein und erfahren sofort, ob das Produkt irgendwelche Giftstoffe enthält.

Wir empfehlen Ihnen diese Website: *www.ewg.org/skindeep*!

Auch Nahrungsergänzungsmittel und Kräuterprodukte sind nicht unbedingt frei von Chemikalien und Toxinen. Während wir dieses Buch schrieben, wurden Informationen bekannt, denen zufolge angeblich biologische Produkte aus China mit Schwermetallen wie Blei, Quecksilber und Kadmium belastet sein können. In China gelten andere Bestimmungen in Bezug auf biologische Landwirtschaft als in den USA oder Europa. So lange der Bauer auf seinen Feldern keine zusätzlichen Pestizide oder Düngemittel benutzt, kann er seinen Produkten das Bio-Etikett geben, auch wenn der Boden und das Wasser viele schädliche Stoffe enthält. Die meisten Nahrungsergänzungsmittel und Kräuterprodukte gibt es nur in konzentrierter Form, und wenn sie nicht auf eine wirklich biologisch-organische Weise angebaut werden, kann diese Konzentration auch zu einer Konzentration von Toxinen führen.

Prüfen Sie die Inhaltsstoffe der Produkte und entscheiden Sie sich nach Möglichkeit für biologische Ergänzungsmittel. Finden Sie anhand der Etiketten die Quelle der Inhaltsstoffe heraus oder den Ort, wo das Produkt hergestellt wurde. Eine fundierte Entscheidung führt zu besserer Gesundheit.

Objekte für ein heilendes Zuhause

Neben der Beseitigung bestimmter Gegenstände aus Ihrem Haus finden Sie nachstehend ein paar Produkte, die Sie aufgrund ihrer positiven Wirkung für Ihre Gesundheit *anschaffen sollten*:

Wasserfilter und Wasserreiniger

Informieren Sie sich bei Ihrer städtischen Wasserversorgung, ob dem Wasser Fluorid hinzugefügt wird. Wenn ja, legen Sie

Protest ein gegen diese veraltete und gefährliche Methode. Häufig fügen Städte ihrem Wasser auch heute noch Fluorid hinzu, ohne diese Angewohnheit infrage zu stellen. Informieren Sie sich über die neuesten wissenschaftlichen Erkenntnisse im Hinblick auf Gesundheitsrisiken durch Fluorid, die eventuelle minimale Vorteile für die Mundhygiene bei Weitem überwiegen.

In der Zwischenzeit ist es klug, sich einen Wasserfilter oder Reiniger anzuschaffen. Es gibt viele Variationen, angefangen mit dem kleinen und preiswerten Brita-Filtersystem, wo Sie Wasser und Filter in einen Krug geben und in den Kühlschrank stellen können.

Daneben gibt es aufwendigere Wasserfilter, die Sie unter Ihrer Spüle in der Küche installieren, um das Wasser für den täglichen Gebrauch zu reinigen. Oder Sie können sich ein Umkehr-Osmose-System für das ganze Haus anschaffen. Diese Systeme bestehen aus unterschiedlichen »Stufen«, wobei jede Stufe das Wasser reinigt und filtert. Je mehr Stufen, desto sauberer das Wasser. Unter Umständen müssen Sie diesem Wasser anschließend wieder Mineralstoffe hinzufügen, um sicherzugehen, dass es alkalisch ist und gut schmeckt.

Bio-Textilien

Normale Bettwäsche, Wolldecken, Daunendecken und Handtücher werden aus synthetischen Materialien auf Mineralölbasis oder pestizidbelasteter Baumwolle hergestellt. Diese Materialien werden häufig in Fabriken produziert, sogenannten »Sweat shops«, wo die Arbeiter schlecht behandelt und noch schlechter bezahlt werden. Da die Hersteller ihren Arbeitern keinen adäquaten Lohn zahlen, sind sie in der Lage, diese Produkte in anderen Ländern billig anzubieten. Und wenn man dann ein solches Produkt kauft, glaubt man, ein Schnäppchen zu machen, doch in Wirklichkeit …

Wie wirkt sich die Energie vom Schlafen in Bettwäsche aus, die auf Kosten eines anderen Menschen hergestellt wurde? Und wenn Sie auf synthetischen Laken schlafen, ist Ihnen schon mal aufgefallen, dass Ihre Haut nicht »atmen« kann und Sie nachts oft schwitzen, oder dass es Ihnen zu heiß oder zu kalt ist?

Das ist der Grund, warum wir Ihnen dringend ans Herz legen, in biologische und umweltfreundliche Haushaltstextilien zu investieren, die von *Fair-Trade*-Unternehmen hergestellt wurden (was bedeutet, dass die Arbeiter gut behandelt werden und einen fairen Lohn erhalten).

Der positive Energie-Unterschied beim Schlafen in Bio-Bettwäsche, -Kopfkissen und -Decken ist gewaltig! Bettlaken aus Bio-Bambus und Bio-Baumwolle sind weich und kuschelig, genau wie Ihre Lieblingshemden und -blusen. Wahrscheinich wird Ihnen die Erfahrung so sehr gefallen, dass Sie sich allmählich auf Bio-Kleidung umstellen, die eine ebenso hohe Schwingungsfrequenz hat, die Sie jedes Mal fühlen können, wenn Sie das Kleidungsstück tragen.

Biologische Kosmetikartikel

Kaufen Sie nur Wattestäbchen aus Bio-Baumwolle, da die normalen Wattestäbchen voller Pestizid- und GVO-Rückstände sind. Holen Sie sich so viel Information wie möglich ein, damit Sie sichergehen können, dass die Produkte aus natürlichen Materialien hergestellt und damit ungefährlich sind. Erkundigen Sie sich über die Ethik einer Marke oder eines Herstellers, um sicherzugehen, dass die Arbeiter fair behandelt werden.

Kaufen Sie keine Produkte von Firmen, die Tierversuche machen oder sich gegen das Etikettieren von GVO-Produkten wehren. Alle diese Faktoren werden durch die Energie der Produkte bis zu Ihnen durchsickern. Sie sind bereits heute so bemüht, Ihre Energie und Spiritualität hochzuhalten, daher ist es nur sinnvoll, wenn Sie auch ausgezeichnet für Ihren physischen Körper sorgen.

Infrarot-Sauna

Traditionelle Saunas bieten eine heiße, feuchte Umgebung, um das Schwitzen zu fördern. In der Regel haben sie ein Heizelement aus Steinen, die sehr heiß werden können. Die Luft wird durch das Übergießen der Steine mit Wasser so feucht gemacht, dass Dampf entsteht. Infrarote Steine sind etwas ganz anderes. Sie erhitzen nicht die äußere Umgebung, sondern arbeiten mit Infrarotstrahlung, um Ihren Köper von innen zu erhitzen. Diese infraroten Saunas filtern die UV-Strahlung heraus und setzen die gleiche infrarote Strahlung frei wie die Sonne. Diese Strahlenwellen dringen nur ein wenig in die Haut ein und können helfen, Ihren Stoffwechsel anzukurbeln und auf eine sichere Weise dafür zu sorgen, dass Sie schwitzen.

Ihre Haut ist das größte Körperorgan zur Eliminierung von Toxinen. Durch Schwitzen können Sie alte Giftstoffe loswerden, die sich im Laufe der Zeit angesammelt haben. Infrarote Saunas regen Ihren Kreislauf an und bringen mehr Sauerstoff in Ihre Zellen. Der so entstandene Schweiß treibt Toxine und andere schädliche Rückstände aus Ihrem Körper. Saunas sind vor allem Personen zu empfehlen, die nicht regelmäßig durch körperliches Training ins Schwitzen kommen. Gehen Sie in die infrarote Sauna, um Ihren Körper zu reinigen, wenn Sie längere Zeit nicht trainiert haben. Auf diese Weise lassen Sie jegliche Ansammlung von Toxinen los, und außerdem fühlen Sie sich vielleicht motiviert, wieder zu trainieren.

Fangen Sie langsam mit der infraroten Sauna an, nicht mehr als 20 oder 30 Minuten. Im Laufe der Zeit können Sie dann immer länger in der Sauna bleiben. In den frühen Stadien Ihrer Entgiftung ist jedoch weniger besser.

Biogarten

Ein Biogarten ist vielleicht das Wichtigste, was Sie einem heilungsfördernden Zuhause zum Wohle Ihrer Gesundheit hinzufügen können. Gärtnern ist entspannend, meditativ und bringt Sie in engen Kontakt mit der Natur. Und selbst angebautes Obst oder Gemüse hat die höchste Vibration von allem, was Sie jemals essen könnten! Die Engel sagen, dass der Verzehr von frisch geerntetem Gemüse so ist, als würde man die Tageszeitung von Mutter Natur lesen, da Sie auf diese Weise in Kontakt sind mit den örtlichen Energien und Botschaften von ihnen erhalten.

Sie müssen nicht ein Stück Land besitzen, um einen Garten anzulegen: Er wird überall sprießen! Sie können im Internet Hydrokultur-Gartenkästen kaufen, die Ihnen Rat und Unterstützung bei Ihrem Vorhaben bieten und zudem die Gelegenheit, neue Freunde kennenzulernen. Ähnlich verhält es sich mit kommunalen Gärten, bei denen die Gemeinde ein großes Stück Land bereitstellt und es in Parzellen unterteilt, damit viele Menschen sich ihren eigenen kleinen Garten anlegen können.

Achten Sie darauf, nur althergebrachte, biologische und nicht genveränderte Samen zu pflanzen. Diese können Sie online von seriösen Großhändlern kaufen, die sich dem »Safe Seed Pledge«

verschrieben haben und damit zertifizieren, dass ihre Samen mit keinerlei Bio-Engineering in Berührung gekommen sind. Althergebrachte und biologische Samen können immer wieder geerntet und neu gepflanzt werden. Genveränderte Samen wurden entwickelt, um nur einmal geerntet werden zu können, was Gärtner und Bauern zwingt, den Herstellern von genmanipulierten Samen Geld für neue Saaten zu geben.

Nachwort

Behandeln Sie Ihren Körper wie den kostbaren Tempel, der er ist. Er beherbergt Ihre Seele, die ewig hell und leuchtend strahlt. Sie haben nur einen Körper pro Lebenszeit, also sorgen Sie gut für ihn! Ihr Körper ist Ihr wichtigstes Instrument zur Erfüllung Ihrer göttlichen Lebensaufgabe, daher ist es essenziell, dass Sie liebevoll mit ihm umgehen. Entgiften Sie Ihr Leben mit der Führung der Engel, und Ihr Licht wird hell erstrahlen.

Andere Menschen werden Ihre hohe Energie spüren und wissen wollen, wie Sie diesen Zustand erreicht haben. Vielleicht werden sie fragen: »Was ist dein Geheimnis?« Doch es gibt kein Geheimnis – da ist nichts, was Sie vor anderen verbergen. Sie haben einfach entschieden, Ihren Körper mit dem Respekt zu behandeln, den er verdient. Wenn Sie physisch, emotional und spirituell bestens für sich sorgen, werden auch alle anderen davon profitieren!

Doreen und Robert

Literaturverzeichnis

De Re V., Caggiari L., Tabuso M., Cannizzaro T., »The versatile role of gliadin peptides in celiac disease«, *Clin. Biochem*, 2012. Clinical and Experimental Pharmacology. Centro di Riferimento Oncologico. IRRCCS, National Cancer Institute, Italien.

Nicholas Eriksson, Shirley Wu, Chuong B. Do, Amy K. Kiefer, Joyce Y. Tung, Joanna L. Mountain, David A. Hinds, Uta Francke, »A genetic variant near olfactory receptor genes influence cilantro prefrence«, *Flavour,* 29.11.2012.

Über die Autoren

Doreen Virtue hat einen Ph.D. in beratender Psychologie. Als ehemalige Psychotherapeutin hat Doreen Klienten sowohl in stationärer als auch ambulanter Praxis geholfen, sich von Alkohol-, Drogen- und Esssucht zu entgiften. Mithilfe der Engel fühlte sich Doreen vor vielen Jahren angeleitet, Alkohol, Koffein, Zucker und Tierprodukte aufzugeben und eine biologische, vegane Lebensweise anzunehmen, der sie ihr hohes Maß an Energie und ihren jugendlichen Spirit verdankt. Darüber hinaus hat Doreen in ihren Büchern *Die Heilkraft der Engel* und *Das Heilgeheimnis der Engel* über Entgiftung geschrieben.

Doreen war Gast bei *Oprah, CNN, The View* sowie anderen Fernseh- und Radioprogrammen weltweit und schreibt regelmäßige Kolumnen für das Magazin *Woman's World*.

Ihre Produkte sind in den meisten Sprachen weltweit erhältlich, auf Kindle und anderen E-Book-Plattformen sowie als iTunes Apps. Für weitere Informationen über Doreen und die von ihr geleiteten Seminare besuchen Sie bitte ihre Website: *www.AngelTherapy.com*.

Auf *www.HayHouseRadio.com* können Sie Doreens wöchentliche Live-Radiosendungen hören und sie telefonisch um ein Reading bitten.

Robert Reeves, N.D., ist ein anerkannter Naturheiler, der Kräutermedizin und Ernährungstraining mit seinen außersinnlichen und mediumistischen Fähigkeiten verbindet. Er hat eine starke Verbindung zu den Engeln und zur Welt der Natur und ist davon überzeugt, dass die Natur göttliche Heilungseigenschaften besitzt. Robert fühlt, dass wir alle davon profitieren würden, ein natürlicheres Leben zu führen.

Robert gibt Seminare zu den Themen Selbstheilung und spirituelle Entwicklung, schreibt Artikel für Magazine und war Gast bei internationalen Radiosendern. Er besitzt eine erfolgreiche Praxis für Naturheiltherapien in Australien, mit der er im Alter von 17 Jahren begann. Außerdem hat er eine Reihe von Schwingungsessenzen entwickelt, die sich auf Kristalle und Engel-Energie fokussieren und mittlerweile als Aura-Sprays erhältlich sind. Robert ist, zusammen mit Doreen Virtue, Koautor von *Das Heilgeheimnis der Blumen* und den *Blumen der Engel*-Orakelkarten.

Für weitere Informationen über Robert besuchen Sie bitte seine Website: *wwwRobertReeves.com.au.*